Karl Schattenhofer

Selbstorganisation und Gruppe

W0065498

Beiträge zur psychologischen Forschung

Band 27

Karl Schattenhofer

Selbstorganisation und Gruppe

Entwicklungs- und Steuerungsprozesse in Gruppen

Westdeutscher Verlag

Die Deutsche Bibliothek – CIP-Einheitsaufnahme

Schattenhofer, Karl:
Selbstorganisation und Gruppe: Entwicklungs- und
Steuerungsprozesse in Gruppen / Karl Schattenhofer. –
Opladen: Westdt. Verl., 1992
(Beiträge zur psychologischen Forschung; Bd. 27)
ISBN 3-531-12349-1
NE: GT

Der Westdeutsche Verlag ist ein Unternehmen der Verlagsgruppe Bertelsmann International.

Umschlaggestaltung: Christine Nüsser, Wiesbaden
Druck und buchbinderische Verarbeitung: Weihert-Druck, Darmstadt
Gedruckt auf säurefreiem Papier
Printed in Germany

ISSN 0932-5263
ISBN 3-531-12349-1

Inhalt

Vorwort

III. Methodisches

IV. Die Ergebnisse

V. Schritte zur Erweiterung des Selbststeuerungspotentials

Anhang

Vorwort

Wer sich und anderen in einer Selbsthilfegruppe helfen, wer politisch oder kulturell initiativ werden will, muß sich mit anderen zusammenschließen und sich selbst organisieren. In der vorliegenden Arbeit wird die Praxis der sozialen Selbstorganisation nach folgenden Leitfragen untersucht: Welche Gruppen entstehen aus diesen Zusammenschlüssen und wie entwickeln sie sich? Wie verstehen die Beteiligten ihren sozialen Prozeß und wie steuern sie ihn? Diese empirischen Ausgangsfragen machen theoretische Vorüberlegungen notwendig. Um die Praxis der Selbstorganisation zu erfragen und zu untersuchen, muß erst geklärt werden, was unter Entwicklungs- und Selbststeuerungsprozessen in Gruppen zu vertehen ist und mit welchen Fragen und Begriffen diese erfaßt werden können. Der theoretische Hintergrund des Begriffes Selbstorganisation kommt hier zum Tragen: Selbstorganisation bezeichnet nicht nur eine bestimmte soziale Praxis, sondern ein spezielles Verständnis von Entwicklungs- und Veränderungsprozessen in Systemen verschiedenster Art. Das soziale System Gruppe kann als ein Sonderfall eines autonomiefähigen, sich selbst organisierenden und lernenden Systems gesehen werden. Aus diesen beiden Verständnisweisen von Selbstorganisation ist die Arbeit entstanden: Die Prozesse in selbstorganisierten Gruppen sollen aus dem Blickwinkel des Konzepts der Selbstorganisation betrachtet und auf ihr Potential zur Selbststeuerung hin untersucht werden.

Im ersten Kapitel wird in die verschiedenen Bedeutungen von Selbstorganisation eingeführt. Selbstorganisation wird als gesellschaftliches Phänomen und als politisches Programm beschrieben. Im Kontrast dazu wird anhand von Beobachtungen in einer Schulklasse, einer Trainingsgruppe und einem Arbeitsteam ein erster konkreter Eindruck vom Systemverständnis der Selbstorganisation vermittelt. Der folgende theoretische Teil behandelt die zentralen Konzepte Selbstreferenz und Autonomie sowie das Prozeß- und Veränderungsverständnis mit dem Ziel, daraus Anregungen für die Betrachtung sozialer Systeme wie selbstorganisierte Gruppen zu gewinnen.

Im zweiten Kapitel entsteht das Untersuchungsmodell, aus dem sich die Fragen an die einzelnen untersuchten Gruppen ergeben. Nach einer kurzen Bezugnahme auf soziologische und psychologische Gruppentheorien werden zwei Ebenen der Analyse des Gruppengeschehens unterschieden:

* Die Ebene des Entwicklungsprozesses: Hier wird einerseits nach Regelungen, Normen, Strukturen etc. gefragt, die die Kontinuität und die Identität des Systems aufrecht erhalten, andererseits nach Ereignissen, die die Gruppe "bewegen" und verändern.

* Die Ebene der Selbststeuerung erfaßt die Möglichkeiten und Versuche den Entwicklungsprozeß zu steuern. Dabei geht es vor allem um die Funktion von Leitung und Reflexion und um den steuernden Einfluß des gruppeneigenen Modells.

Das dritte Kapitel behandelt die Methodik der Untersuchung und die Auswahlkriterien. Die Methode des Gruppengesprächs wird ausführlicher dargestellt, weil in ihr Möglichkeiten liegen, das Selbststeuerungspotential von Gruppen zu erweitern.

Im vierten Kapitel der Arbeit findet sich nach einer tabellarischen Übersicht und einer Zusammenfassung der Entwicklungsgeschichten der untersuchten Gruppen die Darstellung der Ergebnisse, die sich an die Gliederung des zweiten Kapitels anlehnt. Ziel der qualitativen Untersuchung war es, typische Lösungen und Verfahrensweisen in den selbstorganisierten Gruppen auf die Probleme des Erhalts, der Veränderung, der Entwicklung und der Selbststeuerung herauszuarbeiten. Die Entwicklungsprozesse der Gruppen werden zum einen - auf einer Oberflächenebene - als eine sich zyklisch wiederholende Abfolge von Phasen und zum anderen - im Sinne von Veränderungen 2.Ordnung - als Übergänge zu anderen Systemtypen beschrieben. Danach kommen die kontinuitätsstiftenden Normen und Strukturen gefolgt von den bewegenden Elementen. Dieser Teil der Auswertung auf der Ebene des Entwicklungsprozesses wird in "bedrohlichen" und/oder "bewegenden" Spannungen zusammengefaßt und systematisiert. Der abschließende Teil der Auswertung behandelt die Ebene der Selbststeuerung: Die erkennbaren Formen von Leitung und Reflexion sowie die Modelle, an denen sich die Beteiligten bei der Gestaltung ihrer Gruppen orientieren, werden beschrieben und in ihrer Bedeutung für das Selbststeuerungspotential der Gruppen bewertet. Eine individuumsbezogene, eine sachliche, eine gemeinschaftliche "Brille", durch die die Beteiligten das Gruppengeschehen wahrnehmen, werden als Grundtypen herausgearbeitet und der "Brille" der Selbstorganisation gegenübergestellt.

Im fünften Kapitel werden die typischen "blinden Flecken" der selbstorganisierten Gruppen zusammengefaßt und methodische (Lern-)Schritte zur Erweiterung des Selbststeuerungspotentials besprochen, die sich aus der Praxis "systemischer Interventionen" und den Ergebnissen der Arbeit ableiten lassen.

Das Thema verbindet verschiedene meiner Erfahrungen und Interessen miteinander: Als Mitglied von Jugendgruppen, Wohngemeinschaften, Bürgerinitiativen, Theatergruppen, Arbeitsteams habe ich mich immer schon selber organisiert und versucht die Abläufe in diesen Gruppen zu verstehen. Im Rahmen einer gruppendynamischen Zusatzausbildung und als Berater von Teams und Gruppen entwickelte ich ein professionelles Interesse am Verständnis von Gruppenprozessen.

Nach fünf Jahren meistens freudvoller Beschäftigung mit dieser Arbeit ist es an der Zeit mich bei vielen zu bedanken. Die Arbeit war von vielen interessanten Begegnungen und Eindrücken begleitet, zu allererst mit den Vertreterinnen und Vertretern der Gruppen. Die Gespräche haben mir sehr viel mehr vermittelt, als ich hier verarbeiten und darstellen konnte. Die große Energie und oft die Begeisterung für die eigene Sache und die eigene Gruppe haben mich sehr beeindruckt. Hoffentlich erkennen sich die Betroffenen in den Texten auf eine Art und Weise wieder, die ihnen gefällt.

Meinem Doktorvater Heiner Keupp danke ich für die sehr sorgsame und interessierte Betreuung der Arbeit, den Kolleginnen und Kollegen im Seminar für die Kontinuität, die sie in meine Bemühungen gebracht haben und die immer wieder notwendigen Anstöße. J. Schmidt sei bedankt für die auslösende Anregung zur Auseinandersetzung mit dem Thema Selbstorganisation, Helmut Quast für die aufmunternden Diskussionen in unserer Theoriewerkstatt. Wolfgang Kraus und Waltraud Knaier verdanke ich viele methodische Anregungen und das Gespräch über einzelne Abschnitte. Thomas Giernalczyk hat auf den letzten Metern sehr geholfen, und Oliver König danke ich für die kritische und sorgfältige Lektüre des Manuskripts. Susanne Holzbauer und Mathias Schopf haben ihre Verbindungen zu einzelnen Gruppen besonders ausgiebig für mich spielen lassen. Besonders bedanke ich mich bei Irmengard Hegnauer-Schattenhofer.

Großhesselohe, im Juli 1992   Karl Schattenhofer

I. Verschiedene Bedeutungen von Selbstorganisation

1. Selbstorganisation und gesellschaftlicher Freisetzungsprozeß

"Immer häufiger machen wir die Erfahrung, daß uns für die Gestaltung alltäglicher Beziehungen die Modelle fehlen und daß wir sie selbst inszenieren sowie mit den anderen daran beteiligten Personen aushandeln müssen" (Keupp, 1988, S.122).

Mit der zunehmenden Individualisierung gehen nicht nur für den einzelnen immer mehr biographische Orientierungen verloren, an denen er sein Verhalten und seine Lebenspläne ausrichten könnte. Auch für die Gestaltung der sozialen Beziehungen werden die Modelle, von denen man lernen oder die man sich zum Vorbild nehmen könnte, immer weniger tragfähig. Das gilt für die Beziehungen zwischen den Geschlechtern ebenso wie für die Verhaltensmuster in Familien und am Arbeitsplatz. Vor allem gilt das für Formen der sozialen Gesellung, die selbst unmittelbar Ausdruck und Teil des Freisetzungs- und Individualisierungsprozesses sind und für die es schon deshalb nur wenige historische Vorbilder gibt.

"Der Typus des "Beziehungsmanagements durch Aushandeln" (De Swaan 1981) wird zur durchschnittlichen gesellschaftlichen Normalform, "die jetzt entstehenden Sozialbeziehungen und Kontaktnetze (werden) individuell selegiert, individuell hergestellt, erhalten und immer wieder erneuert.(...) Das durch Mobilität etc. entstehende soziale "Beziehungsvakuum" setzt zu seiner Auffüllung das Subjekt als entscheidenden und aktiven Initiator und Gestalter seiner eigenen Kontakt-, Bekanntschafts-, Freundschafts- und Nachbarschaftsbeziehungen voraus."(U.Beck 1983,S.50) Vom modernen Subjekt wird aktives Arbeiten am eigenen Beziehungsnetz gefordert. >Die Bewegung weg von einer eng geknüpften Gemeinschaft erhöht die Zahl der Gelegenheiten, bei denen das Individuum eine Auswahl treffen muß und dadurch ein Fortschreiten der Individuation in Gang setzt< (Klein 1965, S.274)". (H.Keupp 1988, S.125)

Das bedeutet, daß die soziale Kompetenz, sich als Gegenüber in all diesen Beziehungen darzustellen und zu verhalten, sowie die Beziehungen für alle Beteiligten befriedigend zu gestalten, erworben werden muß, und zwar zu einem Zeitpunkt, zu dem die traditionellen Muster immer weniger verfügbar sind.[1] Für die einzelnen entsteht daraus ein erhöhter Reflexionsbedarf darüber, wie sie solche Beziehungen gestalten und wie ihre persönliche Art bei denen ankommt, mit denen sie zu tun haben. Das unübersehbare Angebot an Orientierungshilfen nicht nur auf dem *freien* "Psycho-" und Therapiemarkt, sondern immer mehr eingebunden in betriebliche ("Personalentwicklung") und kommunale (verschiedenste Beratungsangebote und -dienste) Strukturen, zeugt von diesem Bedarf.[2] Die persönliche Gestaltungsfreiheit, der Individualisierungs- und Freisetzungsprozeß haben nicht nur sehr ambivalente Konsequenzen, sie werden von den Betroffenen auch so erlebt. Die neu gewonnenen Spielräume müssen ganz individuell mit der Unsicherheit erkauft werden, ob der eingeschlagene Weg der richtige sei, und die Notwendigkeit, sich kontinuierlich darüber zu verständigen und seiner Richtigkeit zu versichern, nimmt zu.

Traditionelle soziale Netzwerke wie die Familie, die verwandtschaftlichen Beziehungen im engeren Sinne, die Nachbarschaft müssen und können durch selbstgewählte und gestaltete Beziehungsnetze ergänzt und ersetzt werden. Es entsteht Bedarf an neuen "Anknüpfungspunkten" für Beziehungen, die über die traditionellen der räumlichen Nähe und der familiären Herkunft hinausgehen.[3] Vor allem für die Menschen mit den entsprechenden sozialen Ressourcen bedeutet die Freisetzung aus den traditionellen Beziehungsmustern die Chance, den einerseits individuell einengenden und andererseits entpersönlichenden und entfremdenden Sozialstrukturen eigene, selbst gestaltete und organisierte soziale Innovationen entgegenzustellen. Die Gruppen und sozialen Netze, die in den letzten 20 Jahren als Alternativen zu den bestehenden Formen des Zusammenlebens, -arbeitens und Zusammenhaltens entstanden sind, stehen in zweifacher Hinsicht mit den gesellschaftlichen Freisetzungs-, Indivi-

---

1 Die dafür verfügbaren sozialen Ressourcen sind nicht gleich verteilt: "Voraussetzungen für Selbstorganisation sind spezifische soziale und kulturelle Kapitalien (im Sinne Boudieus), die bei der Aufbauarbeit von Netzwerken bestimmte gesellschaftliche Schichten privilegieren (hier kommt die klassische soziale Frage auf den Tisch)" (Keupp, 1988, S.74)
2 Als Ursachen für den "psychosozialen Professionalisierungsboom" kommen auch andere Faktoren in Betracht außer der gestiegenen Nachfrage an Orientierungs- und Bewältigungshilfen für den unüberschaubaren Alltag. Er kann auch als veränderte Form sozialer Normierung und Kontrolle interpretiert werden, oder als "Machtergreifung der Experten". Zu den verschiedenen Interpretationen siehe H.Keupp 1987, S.56-64.
3 Gerade im großstädtischen Bereich führt die erhöhte "Wahlfreiheit" zu einer "Auswahl von Freunden und Bekannten, die sich an einer Ähnlichkeit der Interessen orientiert und zu einer starken Homogenisierung sozioökonomischer Merkmale im Netzwerk beiträgt" (Keupp 1988, S.114). Zur Entwicklung und Veränderung sozialer Netzwerke in quantitativer und qualitativer Hinsicht und zum Stand der Netzwerkforschung Keupp 1987,1988 und Keupp H., Röhrle B.(Hg.) 1988, Schenk 1983.

dualisierungs- und Differenzierungsprozessen in Verbindung. Man kann sie als Ergebnis des Freisetzungsprozesses verstehen, der für bestimmte Gruppen neue Gestaltungsspielräume eröffnet. Man kann sie auch als "Gegen-welt" oder alternativen Entwurf zur bestehenden sozialen Normalität verstehen, die zum Motor für Veränderungen und Entwicklungen der Normalität wird. Gruppen, die sich nach neuen Gesichtspunkten formieren als den bisher legitimierten, spielen bei gesellschaftlichen Veränderungen eine wichtige Rolle. [4]

Die eigene Subjektivität soll nicht mehr und mehr an technisch rationale Prozesse angepaßt werden. An die Stelle der fremdbestimmten und funktionalisierten Interaktionsformen, die vor allem im beruflichen, öffentlichen Alltag dominierten und in denen die Personen der Beteiligten mit ihren jeweiligen individuellen Wünschen und Bedürfnissen weitgehend ausgeklammert bleiben, sollten selbstbestimmte und persönliche Begegnungs- und Beziehungsformen treten. Ein Teil der gesellschaftlichen Oppositionsbewegung begann damit, "die nach wie vor vorhandenen Freiräume und interaktiven Ressourcen dazu zu verwenden, ein "Gegenmilieu" aufzubauen, in dem realisiert werden sollte, was im Zentrum der Normalität keinen Platz hatte" (Schülein, 1983, S. 265). Trotz der Vielfältigkeit und Diffusität dieser Alternativbewegung lassen sich folgende Srukturmerkmale[5] zusammenfassen, die zugleich etwas über die Art der hier entstehenden sozialen Systeme aussagen:

1. "Das hohe Ideal der Alternativbewegung ist die Selbstverwirklichung in Gemeinschaft. ... Man kann darin sowohl die fortschreitende Differenzierung individueller Identität als auch eine verstärkte Orientierung an der Bezugsgruppe erkennen."

2. "Ein zweiter wesentlicher Zug ist die Affinität zur Konkretion und Direktheit, zur interaktiven "Wärme", die der "Kälte" der technisierten Lebensbedingungen entgegengesetzt wird."

3. "Von zentraler Bedeutung ist dabei auch das "Selbst-Machen"..das lust- und unlustvolle, auf jeden Fall intensive "Abenteuer" selbstbestimmter Aktivität .... Statt Subjektivität auszuklammern soll sie der Funktionalität, den Systemimperativen vorgeordnet werden." (Schülein 1983, S. 268-269)

---

4 Der Satz, mit dem F.Tenbruck und W.Ruopp die Rolle der Vereinsbildung für die Modernisierung der Gesellschaft im 19. Jahrhundert bewerten, gilt sicher auch für die aktuellen neuen Gesellungsformen. "Gruppenbildungen ermöglichen und bedingen, indem sie Gesellungsformen nach neuen Grundsätzen ermöglichen und die Menschen aus ihren herkömmlichen Gesellungsformen herauszogen, gesellschaftliche Veränderungen. Im Vereinswesen des 19. Jahrhunderts entstanden durch soziale Neugruppierungen jene dynamischen Kräfte, die - unter gewissen Voraussetzungen - die Verhältnisse fort und fort weitertrieben" (1983, S.70-71).

5 Unter dem Titel "Normalität und Opposition. Über die Ursachen und gesellschaftlichen Funktionen der Alternativebewegung" faßt J.A. Schülein (1983) die hier angedeutete Entwicklung in der BRD nach dem zweiten Weltkrieg zusammen. Der Umfang und die genaue Definition der "Alternativbewegung" muß dabei im wesentlichen unklar bleiben: "Ihre Diffusität ist eines ihrer wesentlichen Merkmale; sie unterscheidet sich von der Normalität der Industriegesellschaft gerade durch ihren geringen Strukturierungsgrad und den damit verbundenen Rückgriff auf wenig abstrakte, stärker personengebundene Formen der Integration." (S.267)

Die Alternative besteht in der besonderen Art der Beziehungen, die zwischen den Beteiligten entstehen soll. Eine Alternative, die nicht einfach und auf Beschluß herbeizuführen ist, sondern die sich als sehr voraussetzungsvoll erweist, wenn es an ihre Verwirklichung geht.

2. Selbstorganisation als politisches Programm - Selbst- statt Fremdbestimmung

Auf den verschiedensten Gebieten, mit ganz unterschiedlichen Zielen[6] entstehen seit Beginn der 70er Jahre verstärkt Gruppen in eigener Regie der Beteiligten: Selbsthilfegruppen im sozialen und gesundheitlichen Bereich, politische und kulturelle Initiativen, Bürgerinitiativen, Wohngemeinschaften, selbstverwaltete Betriebe und Projekte beginnen die Forderung nach erweiterten individuellen Selbstgestaltungsmöglichkeiten gegenüber alten und neuen Formen der Abhängigkeit und Kontrolle in die Tat umzusetzen.[7] Das Wort "Selbst" tritt seinen Siegeszug an. Der kleinste gemeinsame Nenner der Gruppen, Initiativen und Bewegungen, die sich als Selbstorganisierte verstehen, ist der Anspruch, Lebensbreiche, die der eigenen Verfügbarkeit verlorengegangen bzw. entzogen sind, (wieder) selbst in die Hand zu nehmen. Weiterführende und abgrenzende Definitionen von sozialer Selbsthilfe betonen vor allem den Aspekt der Autonomie (von äußerer Bevormundung) und der Selbstgestaltung, die sich nicht auf Mitbestimmung beschränkt. Vilmar und Runge fassen als Bestimmungsstücke und als zentrale Handlungsnormen von sozialer Selbsthilfe folgende Merkmale zusammen (1986, S.17):

* Autonomie: Handeln aufgrund selbstbestimmter Vereinigungen von Bürgern, nicht veranlaßt und geleitet von einer Organisationszentrale.
* Selbstgestaltung: Handeln als freiwilliges Mitgestalten, nicht nur Mitbestimmung gesellschaftlicher Tatbestände - sei es als Ergänzung, sei es als Reform von oder als Alternative zu bestehenden Sozialstrukturen.
* Solidarität (Sozialengagement): Handeln nicht nur für sich, sondern auch für andere bzw. für ein größeres Gemeinsames, ein Gemeinwohl mit dem Ziel einer alternativen Lebensordnung, einer solidarischen statt der bestehenden Herrschaftsgesellschaft.

---

6   Zu den einzelnen historischen Vorläufern und Wurzeln der Selbsthilfe und Alternativbewegung s. W.Hollstein, B.Penth (1980), K.W.Brand (1988), Brand K.W., Büsser D., Rucht D. (1986)
7   Zur quantitativen und qualitativen Breite der Alternativ- oder Selbsthilfebewegung sowie zu den verschiedenen inhaltlichen Richtungen: F.Vilmar, B.Runge (1986). Sie schätzen die Größenordnung nach der Zusammenstellung verschiedener Umfragen auf ca. 40 000 Selbsthilfegruppen: Alternative Betriebe und Projekte, Kranken- und Lebensselbsthilfegruppen, Dritte-Welt-Gruppen, Jugendzentren, Arbeitsloseninitiativen, Frauenprojekte, Friedens- und Bildungsinitiativen etc., mit ca. 400 000 - 600 000 beteiligten Menschen (vgl. S. 27 - 31).

* Betroffenheit: Handeln in einem überschaubaren, von den Handelnden kompetent mitgestaltbaren gesellschaftlichen Nahbereich in der Lebens- oder Arbeitswelt.[8]

Diese und ähnliche Zusammenstellungen von zentralen Merkmalen selbstorganisierter, alternativer Gruppen haben vor allem die besondere Beziehung zwischen der einzelnen Gruppe und ihrer jeweiligen Umwelt im Blick. Mit der Emanzipation von der einschränkenden und bevormundenden Umwelt und dem Erhalt der Unabhängigkeit steht und fällt der Anspruch der Selbstorganisation. Selbstorganisation wird hier als "aufrechter Gang" oder als Empowerment verstanden. Durch den Zusammenschluß kann sich der einzelne gegenüber übermächtigen und anonymen Institutionen behaupten (vgl. H. Keupp 1988, S.71f).

Trotz der oft unbegrenzten Einsatzbereitschaft - man spricht auch von Selbstausbeutung - einzelner, wird immer wieder deutlich, daß es mit dem Vorsatz des Selbermachens und Selberbestimmens allein nicht getan war. Was als Startbedingung gedacht war, erwies sich eher als Zielvorstellung, die in der einzelnen Gruppe in die Praxis umgesetzt werden müßte. Die Alternativen zu den fremdbestimmten und von außen kontrollierten sowie den funktionalen, entpersönlichten Beziehungs- und Kooperationsformen erweisen sich als schwerer realisierbar und voraussetzungsvoller, als daß sie sich im selbstbestimmten Freiraum einfach von selbst einstellen würden. Auch in sozialen Systemen, die nicht "von oben oder außen" gesteuert werden, deren Struktur von der Umwelt nicht mehr bindend vorgeschrieben ist, müssen Entscheidungen getroffen, Mitglieder geworben, Regelungen für die Zusammenarbeit gefunden, zeitliche und sachliche Ressourcen erschlossen, Kontakte zur relevanten Umwelt hergestellt und erhalten werden, und es muß für ein gewisses Maß an Kontinuität gesorgt werden. Mit dem Wort "Selbst" vor Organisation als Emanzipationsprogramm von Fremdbestimmung und Außenlenkung hatte sich nicht soviel verändert, wie man erwartet hatte.

"Auch hier gilt, daß Alternativen nicht nur aufgrund der Repressivität der Normalität unrealisiert bleiben, sondern weil sie komplexer und damit auch voraussetzungsvoller sind und daher schon gar nicht im ersten Versuch praktiziert werden können."(Schülein 1983, S.270)

In allen Gruppen, die sich als Alternative zu den "normalen" Gesellungsformen verstanden, mußte ein Lernprozeß beginnen, um die Ziele in die Praxis umsetzen zu können. Oft erwiesen sich die Alternativen nicht als tragfähig und dauerhaft praktizierbar. Vergleiche mit der Geschichte der Wohlfahrtsverbände [9] oder die Analyse

---

8 Als weitere ergänzende Normen können dazukommen: Graswurzelrevolution (Veränderung durch Selbstveränderung und alternative Formen des Zusammenlebens), Basisdemokratie, Kooperationsbereitschaft (kritische Zusammenarbeit mit kooperationswilligen Verwaltungen und Verbänden), Subsidiarität (Dezentralisierung).

9 R. Bauer (1988) beschreibt, daß sich die Wohlfahrtsverbände teilweise aus ähnlichen Zusammen-

des Übergangs von Selbsthilfegruppen in Selbsthilfeorganisationen [10] legen - an den ursprünglichen Zielen gemessen - pessimistische Prognosen nahe: Mit dem erfolgreichen Wachstum der einzelnen Gruppe wird sie immer mehr zu einer anonymen Organisation, die gerade nichts mehr mit den Zielen der Unmittelbarkeit, des "Selbermachens" zu tun hat, unter denen sie angetreten ist.

Die Eigengesetzmäßigkeiten und Zwänge der entstehenden sozialen Systeme schränkten den - mit dem Abschütteln äußerer Zwänge - erhofften Freiraum für die einzelnen ein. Individuelle und systemeigene Autonomie waren nicht automatisch das gleiche. Der systemspezifische Organisationsdruck in Gruppen, der auch alternativen Zusammenschlüssen zu eigen ist, ließ sich nicht einfach außer Kraft setzen.[11] Gerade Neueinsteiger in bestehende Gruppen, die bereits einen bestimmten Organisationsgrad erreicht haben, fragen sich oft - enttäuscht -, was an den Beziehungen, am Umgang miteinander, an den Entscheidungsstrukturen etc. so alternativ sein soll. Im Rahmen der neuen Gruppen besteht somit ein großer Bedarf an Reflexion nicht nur über das, *was* man dort miteinander machen wollte, sondern auch darüber, *wie* es ablaufen sollte. Die Idee der Selbstorganisation muß andauernd in praktizierbare Schritte umgesetzt werden. Neben besonderen individuellen Fähigkeiten, die sich die einzelnen für die Mitarbeit in solchen Gruppen aneignen müssen, ist es wichtig, bestimmte Steuerungsformen zu entwickeln, die die Gruppe zu einem handlungsfähigen System machen, in dem Sinne, daß die Beteiligten koordiniert tätig werden können.

Für die empirische Analyse von selbstorganisierten Gruppen in bezug auf ihre Lern- und Selbststeuerungskapazität muß der Blickwinkel über das Verständnis der Gruppen als alternative Beziehungsformen und als Emanzipation aus fremdbestimmten Systemzwängen erweitert werden, um ein Modell von selbstorganisierenden (Sozial)-Systemen, die sich - in Auseinandersetzung mit sich selbst - steuern können. Oder anders gesagt: Die praktischen sozialen Beispiele der Selbstorgani-

---

schlüssen Betroffener entwickelt haben, wie es heute die Selbsthilfegruppen sind, von denen sie kritisiert werden. Er schließt eine ähnliche Entwicklung der Konsolidierung und Institutionalisierung von Gruppen der Selbsthilfe und Alternativbewegung nicht aus. Ebenso: S.Behrendt et al.(1981)

10 Huber (1987) hält diese Entwicklung für unausweichlich: "Nur selten gelangen Selbsthilfegruppen zu dauerhafter Entfaltung, wo sie dies aber tun, hören sie auf, Selbsthilfegruppen zu sein"(S.71).

11 Claessens (1977) analysiert Gruppen unter dem Blickwinkel des Zwangs, den sie wie alle Formen der Vergesellschaftung auf ihre Mitglieder ausüben. Neben individuellen Werten, die die einzelnen mitbringen, den Sitten und Gebräuchen der Umgebung, sieht er Zwänge, die aus dem Gruppenprozeß automatisch entstehen. Es sind ordnende Faktoren, die sich auf den einzelnen als Zwang auswirken: Der Zwang zur Selbstdarstellung und zum Registrieren des anderen, zur Außendarstellung der Gruppe und zur Entwicklung eines Binnenselbstverständnisses, ein Investitionszwang (zumindest Anwesenheit) und ein spezifisches Realitätsverhältnis der Gruppe. Diese Zwänge lassen sich seiner Meinung nach durch "Ideologie der Herrschaftsfreiheit" nicht wegreden. (v.a. S. 1-25)

sation sollen mit dem theoretischen Konzept der Selbstorganisation als Prozeß in Verbindung gebracht werden. Bisher sind die theoretischen Entwicklungen unter diesem Namen von den selbstorganisierten Initiativen und Gruppen zum Verständnis des *eigenen* Tuns - soweit von mir überblickbar - nicht zur Kenntnis genommen worden.

3. Selbstorganisation als Lern- und Entwicklungsprozeß sozialer Systeme: Die zentralen Fragen anhand von Beispielen[12]

Bevor im nächsten Abschnitt auf eine mehr theoretische Weise das Systemverständnis der Forschungstradition der Selbstorganisation ausgeführt wird, soll im folgenden ein erster Eindruck dieser Perspektive anhand von konkreten Beispielen sozialer Prozesse und Ereignisse vermittelt werden. Vielleicht regt das an, selbst erlebte soziale Prozesse daraufhin zu untersuchen, wo dort "Neues" und "Eigenes" gegenüber "Planmäßigem" und "Von außen Bestimmtem" passiert. Es geht um eine erste Ausrichtung der Beobachterperspektive auf Prozesse der Selbstorganisation, mit der - wie ich hoffe - an manchen Stellen neue Entdeckungen ermöglicht werden.

Eine Schulklasse macht nicht, was der Lehrer will
In der neunten oder zehnten Klasse meiner Schulzeit ging in einer Pause bei einer Auseinandersetzung zwischen uns Schülern der Kartenständer, ein Gestell aus Holz mit einigen Metallbeschlägen, zu Bruch. Im Nachhinein ließ sich nicht mehr feststellen, wer denn der Schuldige war, auch auf häufigeres Nachfragen unseres damaligen Klassenlehrers: Niemand interessierte sich für den Schaden, was den Lehrer mehr und mehr verärgerte. Der Streit zog sich über etliche Monate hin, immer mit der Frage, wer denn jetzt die DM 60 für den Schaden bezahle. Da der Kartenständer aber kaum gebraucht wurde, ging er uns auch nicht ab. Das Geld wurde nie eingesammelt, es konnte kein neuer angeschafft werden.

Schließlich teilte uns der Lehrer mit, er hätte jetzt einen neuen Kartenständer bestellt und jetzt müsse endlich das Geld dafür eingesammelt werden, von wem auch immer. Als er zwei Tage später mit ebendiesem neuen Stück ins Klassenzimmer kam, hing da schon ein Kartenständer, für den neuen war offensichtlich kein Bedarf. Am Tag vorher hatten einige Mitschüler - bei der Besprechung der Angelegenheit in der Klasse - beschlossen, aus den Teilen des alten, mit neuen Holzlatten, schnell einen neuen Kartenständer anzufertigen. Der Lehrer mußte mit seiner Neuanschaffung wieder abziehen, wir hatten ja seiner Forderung: "Jede Klasse muß einen Kartenständer haben" Genüge geleistet.

---

12 Im folgenden verzichte ich auf alle Querverweise zu späteren Textstellen und auf alle Anmerkungen, die die verwendeten Begriffe ausführen, um diese erste Annäherung möglichst lesbar zu halten.

Unter der Perspektive der Selbstorganisation läßt sich der Prozeß folgendermaßen zusammenfassen:

Die Aktion der Klasse wird durch ein relativ zufälliges Ereignis und den zunehmenden Druck des Lehrers ausgelöst. Zunächst wurde einfach gar nicht reagiert, als das nicht mehr möglich war..

* hat sich die Klasse getroffen, um die Lage zu besprechen und zu überlegen, wie denn entsprechend zu reagieren sei. Die eigene Situation wurde reflektiert.

* Dabei ist eine neue Idee entstanden, die im schulischen Kontext nicht vorgesehen war. Hier gab es nur die Möglichkeit, zu zahlen oder - mit den entsprechenden Konsequenzen - nicht zu zahlen. An "Selber-Machen" war nicht gedacht worden, in der Schule liegt dieser Gedanke auch relativ fern.

* Im Zusammenhang damit hat sich eine Untergruppe gebildet und die Idee in die Tat umgesetzt. Eine Differenzierung innerhalb der Klasse hat stattgefunden entsprechend den besonderen Fähigkeiten einzelner und den Erfordernissen der Aufgabe, und...

* die Klasse hat sich als Ganzes dem Lehrer gegenüber durchgesetzt: Sie hat nicht erwartungsgemäß, sondern mit einer dritten Möglichkeit reagiert und diese auch durchgeführt. Der Spaß, den wir dabei hatten, liegt sicher v.a. darin, daß sich die Klasse als Gruppe einen eigenen Handlungsspielraum erobert hat. Das kommt in der Schule nicht jeden Tag vor.

Eine Trainingsgruppe entsteht

Bei einem gruppendynamischen Training werden in der ersten Sitzung nach einer kurzen Einführung und Vorstellung der Teilnehmerinnen und Teilnehmer sowie der Trainerinnen und Trainer drei Trainingsgruppen gebildet, die vorher nach den Kriterien Alter, Geschlecht, Vermischung verschiedener Berufsgruppen von den Trainern eingeteilt wurden. Nach zwei Tagen Arbeit in diesen Untergruppen trifft man sich wieder im Plenum, und die einzelnen Gruppen stellen mit verschiedensten Mitteln ihren bis dahin gelaufenen Prozeß und die Situation dar, in der sie sich jetzt befinden.

Während der Darstellung im Plenum wird deutlich, daß von den Ausgangsbedingungen her (Verteilung der Teilnehmer) und auch von den bisher bearbeiteten Themen (z.B. erstes Kennenlernen, erste Anfragen an Rolle und Aufgabe der Trainer, erster Eindruck von den anderen, Ängste und Befürchtungen in bezug auf das Training) die Gruppen einen sehr ähnlichen Verlauf genommen hatten.

Was aber das Zusammengehörigkeitsgefühl innerhalb der einzelnen Gruppen und die Zugehörigkeit zu einer bestimmten dieser Gruppen anbetrifft, so waren drei für alle Beteiligten deutlich unterscheidbare Gruppen entstanden. Im Unterschied zur ersten Plenumssitzung wollte niemand mehr die Gruppe wechseln, alle wollten den Prozeß mit gerade diesen (am Anfang zufällig zusammengewürfelten Leuten) fortsetzen. Die Vorzüge der eigenen gegenüber den anderen Gruppen wurden betont, und zugleich wurde viel Verwunderung darüber laut, daß es bei den anderen doch um soviel anders gelaufen sei.

Ein alltägliches Beispiel aus der gruppendynamischen Praxis. Es läßt sich unter ganz verschiedenen Perspektiven betrachten: den Unterschieden zwischen Teilnehmern, im Trainerverhalten, der Konkurrenz zwischen den Gruppen, dem Bedürfnis der einzelnen nach Zugehörigkeit und Orientierung, der Analyse unterschiedlicher Gruppennormen etc. Auf der Ebene des Prozesses der Gruppen kann man ganz allgemein feststellen, daß durch die beiden Tage des Zusammenseins, der Interaktion miteinander, etwas Gemeinsames entstanden ist, das sich deutlich von der Großgruppe am Anfang abhebt und für alle wahrnehmbare Grenzen gegenüber den anderen Gruppen aufweist. Die gemeinsame Auseinandersetzung anhand von ähnlichen Fragen und Themen hat zu Gruppen geführt, die sich voneinander unterscheiden. Der Zustand dieser Gruppen ist damit nur teilweise aus den relativ gleichen gemeinsamen Eingangsbedingungen zu verstehen. Das vorgegebene Design des Trainings (Bildung von TG´s und zwei Tage Arbeit in diesen Gruppen) setzte diesen speziellen Prozeß in Gang, der allgemein natürlich von den Erwartungen der Teilnehmerinnen und Teilnehmer (Fortbildung, soziale Kontakte, Selbsterfahrung etc.) ausging. In Auseinandersetzung damit entsteht aber auch etwas Neues: Eine Identität der einzelnen Trainingsgruppe. Das Verhalten der einzelnen steht jetzt in Zusammenhang mit der jeweiligen Gruppe und nicht mehr nur mit den jeweils individuellen Verhaltensmustern, Wünschen und Bedürfnissen wie am Anfang des Trainings.

Ein Team spaltet sich
Ein Team aus fünf (gleichberechtigten) Mitarbeiterinnen und Mitarbeitern einer sozialpädagogischen Einrichtung steht vor folgender - für sie im Augenblick unlösbar erscheinenden - Frage: Das Team hat die Aufgabe bekommen, für die weitere Arbeit in neuen Räumen das bisherige Konzept zu überarbeiten und beschäftigt sich nun seit einiger Zeit mit der Frage: Was wollen wir in der "neuen" Einrichtung an Aktivitäten beibehalten, was wollen wir verändern. Zugleich wollen sich ein Kollege und eine Kollegin von ihrer Arbeitszeit her verändern: Nach ihrer Vorstellung sollen aus eineinhalb Stellen drei Halbtagsstellen entstehen, die übrigen wollen diese Stellenveränderung nicht, da sie glauben, die Arbeit in der neuen Stelle würde darunter leiden. Die Folge ist, daß das neue Konzept nicht erarbeitet werden kann, da die eine Partei zuerst über den neuen Stellenplan, als Voraussetzung und Grundlage des neuen Konzeptes, reden will, die andere Partei zuerst das Konzept und als Konsequenz daraus den Stellenplan entwickeln will. Das Team beschließt, einen Berater von außen hinzuziehen, um das Gespräch wieder in Gang zu bringen, aber mit unterschiedlichen Vorzeichen: Die einen wollen, daß er das Gespräch über den Stellenplan (und die damit verbundenen Enttäuschungen) ermöglicht, die anderen erwarten, daß er gerade das verhindert: Zuerst soll über Inhaltliches gesprochen werden.

Wenn das Team selbst keine Entscheidung über die Form der Weiterarbeit in Gang bringt, ist die Lösung von außen, vom gemeinsamen Vorgesetzten zu erwarten. Wie dieser entscheiden wird, darüber gibt es nur Vermutungen, keine der beiden Parteien kann sicher sein, ob die Entscheidung in ihrem Sinne ausfällt. Es ist aber davon auszugehen, daß er sich nicht gegen eine gemeinsame Entscheidung des Teams stellt. Der Zusammenhalt des Teams ist gefährdet. Zumindest steht in Frage, ob der Freiraum für eigene Entscheidungen, den die Gruppe hat, bewahrt werden kann oder ob die Fähigkeit, einen Teil der eigenen Belange selbst zu bestimmen, verlorengeht. Die Autonomie der Gesamtgruppe steht auf dem Spiel und ebenso die Autonomie der Subgruppen und der einzelnen. Wenn keine dritte, neue Lösung gefunden wird, muß zumindest eine Partei auf ihr Anliegen verzichten.

Erstmal wird deutlich, daß die Anforderung der Selbstbestimmung innerhalb eines bestimmten Rahmens eine komplizierte und aufwendige Sache ist; mit einer straffen Leitung von oben würde das Problem überhaupt nicht entstehen, dafür allerdings andere Folgeprobleme. Der Bestand des Teams, der sich am deutlichsten darin ausdrückt, ob die gemeinsamen Probleme gelöst werden können, hat zwei Grenzen: Die Bedürfnisse der einzelnen müssen auf irgendeine Weise miteinander vereinbar sein, sonst kann der eigene Spielraum nicht erhalten bleiben. Gegen die Bedürfnisse der einzelnen Mitglieder ist keine Lösung möglich, die das System in dieser Form erhält. Darüber hinaus muß die Umwelt, in diesem Fall v.a. die hierarchisch übergeordnete Instanz, einen Freiraum für selbstorganisiertes Verhalten ermöglichen, oder dieser Spielraum muß erkämpft werden. Selbstorganisation ist immer an einen bestimmten Kontext gebunden, den aber das System in vieler Hinsicht selbst mitgestalten kann. Hier hängt die Autonomie des Teams von der Fähigkeit ab, sich zu einigen oder eine qualitativ neue Lösung zu finden. Das jeweils beobachtete System darf nicht abgegrenzt von seiner Umwelt gesehen werden, sonst ist das, was darin vorgeht, nicht zu verstehen. Es darf sich selbst nicht als völlig abhängig (von der Leitung) oder völlig unabhängig sehen, es muß die eigenen Umweltbezüge mitthematisieren. Die Grenzziehung nach innen und außen wird damit eine Leistung der Gruppe.

Die drei Beispiele sollen einen ersten Eindruck von dem vermitteln, was ich unter Prozessen der Selbstorganisation verstehe. Dabei wird folgendes Problem deutlich: Selbstorganisation ist - wie andere Herangehensweisen und theoretische Konzepte der Analyse sozialer Systeme auch - kein Ding an sich, das dem jeweiligen System als Eigenheit innewohnt, sondern das, was man sehen will und mit den verfügbaren Instrumenten sehen kann. Wenn im folgenden von (den Perspektiven der) Selbstorganisation die Rede ist, sind damit immer die Konstruktionen der verschiedenen Beobachter oder Forscher gemeint, die soziale Systeme unter diesem Aspekt betrachten.

Die zentralen Fragen, die für mich die Untersuchung von sozialen Systemen unter der Perspektive der Selbstorganisation ausmachen, lassen sich folgendermaßen zusammenfassen:

Die Frage nach der Autonomie sozialer Systemen gegenüber ihrer Umwelt
Wo und wie entsteht eigenständiges Verhalten, das nicht von der Umwelt kontrolliert wird? Eigenes Verhalten - im Gegensatz zu Reiz-Reaktionsschemata - ist nicht von der Umwelt, dem Reiz bestimmt (Auftrag des Lehrers, Gruppenbildungsauftrag),

sondern vom inneren Prozeß (eigene Idee, Zusammenkunft der Klasse, Interaktions-prozeß der Trainingsgruppe) des Systems. Verhalten kann sehr wohl von außen angestoßen werden, aber ob und wie das System darauf reagiert, hängt nicht von der Art des Anstoßes, sondern vom System selbst ab.

Hier wird die tautologische Definition von selbstorganisierenden Systemen sichtbar: Ein System ist selbstorganisierend, wenn es sich autonom verhält; wenn es "nur" vorhersagbar reagiert, dann ist es nicht als selbstorganisierend zu bezeichnen. Verständlicher wird das, wenn man Selbstorganisation als Entwicklungsprozeß versteht, bei dem es kein Entweder-Oder gibt. Das autonome Verhalten ist kein voraussetzungsloser Zustand des Systems, sondern es setzt einen (Lern-)Prozeß voraus. Soziale Systeme werden sich immer mehr oder weniger autonom verhalten (können): Die Schulklasse verband eine lange gemeinsame Geschichte, ein inneres Beziehungsnetz entstand und v.a. dadurch wurde die eigenständige Handlung möglich. Eine frisch zusammengewürfelte Klasse hätte sich wahrscheinlich den beiden vorgesehenen Alternativen entsprechend verhalten. Autonomie und in Verbindung damit die Identität eines sozialen Systems (für den Beobachter) scheint in Auseinandersetzung mit verschiedenen Aufgaben, Fragestellungen oder Problemen zu entstehen, mit denen das System konfrontiert wird. Die Identität ist davon aber nicht vollständig abhängig: Natürlich entwickeln die Trainingsgruppen eine Identität, ein Selbstverständnis als Trainingsgruppen, wie es vom Kontext her vorgegeben ist, und sie werden als solche den Schluß der Veranstaltung nicht überdauern. Daneben kann man aber beobachten, daß noch etwas eigenes entstanden ist: die Unterschiedlichkeit gegenüber den anderen und die spürbare Zugehörigkeit zur eigenen Gruppe, die besondere Sicht- und Verhaltensweisen der Mitglieder mit einschließt.

Die Frage nach Veränderung, nach der Entstehung von Neuem
Wie entstehen neue, bisher nicht dagewesene Verhaltensweisen, Strukturen, Ideen innerhalb eines Systems (das Selbermachen, eine - noch ausstehende - Lösung für das Team, die Eigenständigkeit und Zusammenhalt nicht gefährdet, die Unterschiede zwischen den Trainingsgruppen). Dabei wird man unterscheiden müssen zwischen dem planmäßigen Generieren von Neuem (Treffen der Klasse, Suche nach Auswegen) und dem einfachen Entstehen aus dem Interaktionsprozeß heraus (Trainingsgruppen). Es schließt sich der Gedanke an, ob eine Gruppe die Ausgangsbedingungen für die "Erfindung" von Neuem selbst herbeiführen oder zumindest beeinflussen kann. Das würde ihre Selbststeuerungsfähigkeit, ihr Potential zur Selbstorganisation beträchtlich erhöhen.

Die Frage nach den Grenzen und dem Kontext von sozialen Systemen
Es geht um zweierlei Grenzen: Einerseits bestehen Grenzen gegenüber der äußeren

Umwelt (den anderen Trainingsgruppen, des Teams gegenüber dem Vorgesetzten) und wie das System diese Grenzen gestaltet (z.B. Durchlässigkeit, Isolation, d.h. welche Selektionsleistungen es vollzieht). Es ist einleuchtend: je mehr eine Gruppe über diese Grenzen verfügt und je mehr diese in der Gruppe bewußt und gestaltbar sind, desto mehr eigene Identität wird die Gruppe entwickeln können. Die Grenzen werden also nicht in erster Linie - wenn in den Beispielen (Trainingsgruppen, Klasse, Team) auch vorgegeben - als Teil der begrenzenden Umwelt, sondern als Leistung des Systems gesehen. So kann z.B. das Team, wenn es sich einigt, die eigenen Grenzen (Stellenplan und Konzept) (mit-)bestimmen.

Die andere Grenzziehung könnte man als "innere" Grenze bezeichnen: Soziale Systeme bestehen aus Individuen, die dem System aber nie ganz angehören. Teammitglieder, Schüler, Teilnehmer leben auch in ganz anderen Bezügen und haben noch ganz andere Seiten als gerade die, die im jeweiligen System angesprochen und gebraucht werden. Die Frage für den Beobachter und das System selbst ist, welche ihrer individuellen Bedürfnisse, Verhaltensweisen, Vorstellungen etc. im System ihren Platz haben und innerhalb der Grenzen liegen und welche nicht. Beide Arten der Grenzziehung werden in jeder Gruppe vollzogen. In den wenigsten Fällen handelt es sich allerdings um bewußte Entscheidungen.

Die Frage nach Selbstthematisierung/Reflexion
Die Klasse trifft sich, um ihre Lage zu besprechen und zu einer Lösung zu kommen. Die gleiche Aktion wäre auch als Einzelaktion einiger Schüler denkbar gewesen. Ob sie dann gegenüber dem Lehrer hätte durchgesetzt werden können, bleibt offen. Die Unterschiedlichkeit in den Trainingsgruppen wird erst in der Auswertungssitzung im Plenum deutlich. Das Team versucht eine Reflexion mit Hilfe eines Beraters von außen, es erweitert damit die eigenen Reflexions- und Selbstbeobachtungsmöglichkeiten. Ob und wie eine Gruppe Reflexion im Sinne von Thematisierung der eigenen Situation lernen und bewußt einsetzen kann, wird für die Fähigkeit der Gruppe zur Selbststeuerung von besonderer Bedeutung sein.

Die verschiedenen Fragenkomplexe hängen alle zusammen. Sie sind eine Auffächerung des zentralen Problems: Wie entwickelt eine Gruppe autonomes Verhalten gegenüber der Umwelt und damit eine eigene Identität als Gruppe? Eine Gruppe *ist* nicht autonom oder heteronom, sondern sie *wird* es. Autonomie ist nicht voraussetzungslos und ohne die Geschichte des jeweiligen Systems zu verstehen. Zwei verschiedene Blickwinkel der Selbstorganisationsperspektive werden erkennbar: Einerseits ist Selbstorganisation als Prozeß zu verstehen, der unter bestimmten Ausgangsbedingungen sich in *jedem* System wiederfinden läßt, und andererseits wird Selbstorganisation als *reflektierter* Prozeß verstanden, über den die Gruppe selbst verfügen kann. Der zweite Bereich wird besser mit dem Wort Selbststeuerung erfaßt.

4. Zum Systemverständnis der Selbstorganisation

Mit dem Begriff *Selbstorganisation* wird heute eine seit ca. 30 Jahren bestehende Forschungstradition bezeichnet, die ganz unterschiedliche und voneinander unabhängige Wurzeln in naturwissenschaftlichen Forschungsbereichen hat. In den späteren Entwicklungsphasen ging man daran, sie auch in sozialwissenschaftliche Fragestellungen mit einzubeziehen. Schon heute sind hier die Auswirkungen nicht mehr überschaubar. Im Rahmen dieser Arbeit möchte ich - neben dem Verweis auf zusammenfassende Beschreibungen des Systemverständnisses aus interdisziplinärer Sicht[13] einige Begriffe und Elemente daraus hervorheben, die mir für das Verständnis der zu untersuchenden Sozialsysteme von besonderer Bedeutung erscheinen. Die Gruppen sollen - im Gegensatz zu anderen Vorstellungen - nicht als von außen gemacht und bedingt, sondern als selbstorganisierende, lern- und autonomiefähige Systeme begriffen werden können.

4.1 Die Ausgangsfrage der Selbstorganisation und die Etappen der Theorieentwicklung

Bei der Frage nach der Ausbildung von Funktionen und Strukturen zu höheren Ordnungen handelt es sich um eine Frage, die Wissenschaft und Philosophie schon immer beschäftigt hat: Wie entsteht aus etwas Ungeordnetem, einer Anhäufung von Elementen, etwas Ganzes, Geordnetes, Neues, das sich aus den Eigenschaften der Teile nicht mehr erklären läßt? Dabei wurde und wird Ordnung als etwas "Entstehendes" und nicht als Produkt von absichtsvoller, steuernder Tätigkeit einzelner Akteure angesehen. Prozesse der Ordnungsbildung (und des Ordnungsverlustes) in Systemen ganz unterschiedlicher Qualität (physikalisch, chemisch, biologisch, sozial) sollten in einem Systemmodell beschreibbar und begreifbar sein.

Die wissenschaftliche Aufmerksamkeit wurde immer mehr weg von der Untersuchung der Eigenschaften von Elementen und Systemen innerhalb einzelner (isolierter) Wissensgebiete auf die Merkmale und Gesetzmäßigkeiten von Ordnungsprozessen selbst als zentrale, interdisziplinäre Forschungsfrage gerichtet. Letztlich geht es darum, ein Grundmuster der Evolution auf ihren verschiedenen Ebenen zu entdecken. Für E. Jantsch erscheinen unter diesem Blickwinkel "genetische, epigenetische, soziale und soziokulturelle Evolution durch homologe, nicht nur durch analoge Prinzipien verbunden, durch Prinzipien, die in vielen Spielarten auf verschiedenen

---

13 Z.B. E. Jantsch (1982): Die Selbstorganisation des Universums, F. Capra (1982): Wendezeit, S.J. Schmidt (Hrsg.) (1987): Der Diskurs des radikalen Konstruktivismus. J. Bloch, W.Maier (Hrsg.): Wachstum der Grenzen: Selbstorganisation in der Natur und die Zukunft der Gesellschaft.

Ebenen der Evolution immer von der gleichen Art sind, da sie, wie die ganze lebende Welt, aus dem gleichen Ursprung sind" (1987, S.161).

Auf dem Hintergrund dieser Fragestellung haben sich in den letzten Jahrzehnten immer präzisere und einheitlichere Sichtweisen des Prozesses der Ordnungsbildung entwickelt, die in dem Ausdruck Selbstorganisation[14] auch begrifflich einen gemeinsamen Nenner - neben anderen - gefunden haben.[15] Die Vorstellung von lebenden (biologischen, psychischen, sozialen) Systemen als selbstorganisierende Systeme ist der vorläufige Endpunkt einer Reihe ganz unterschiedlicher und immer komplexerer Systemtheorien, die in der Regel nicht genau unterschieden werden. Man kann sie nach verschiedenen Gesichtspunkten klassifizieren: Nach der Berücksichtigung der Umwelt des Systems[16], nach den "groben" Unterschieden in den Differenzierungsformen[17], nach strukturbewahrenden und evolvierenden Systemen[18] und nach selbst- und fremdreferentiellen Systemen (P.Heijl 1982).

Bei der herrschenden Begriffsfülle und der rasanten Entwicklung in den verschiedenen Disziplinen werden ganz unterschiedliche Systembegriffe und -modelle synonym gebraucht. Es erscheint mir sehr wichtig, den jeweils gebrauchten Systembegriff näher zu charakterisieren. Es macht schon einen Unterschied, ob man darunter etwas versteht, das zuvörderst den eigenen Erhalt und das eigene Gleichgewicht

---

14 Die Geburtsstunde des Begriffs und die erste Formulierung des damit verbundenen Systemverständnisses gehen auf Heinz v. Foerster (1960) zurück: On Self-Organizing Systems and their Environment. Eine Übersetzung dieses Vortrags und andere Beiträge zum Thema finden sich in H.V. Foerster (1985).

15 Kurze Zusammenfassungen der Entstehungsgeschichte des Paradigmas der Selbstorganisation finden sich bei G.J. Probst (1987, S. 16 - 26) und W.Krohn, G.Küppers u. R.Paslack (1988, S.441-465), und eine kurze Zusammenfassung der Anwendung in verschiedenen Wissenschaftsbereiche bei S.J.Schmidt (1987) S.11-89.

16 Luhmann (z.B.1971) und in Anschluß daran Hejl (1982): Das Ausmaß, in dem der jeweilige Systemtyp Umweltkomplexität reduzieren kann, bestimmt seine Einordnung in einzelne Klassen von sich weiterentwickelnden Systemtheorien.

17 Willke (1987) unterscheidet drei "grobe" Unterschiede der Differenzierungsformen in den drei wichtigsten Paradigmen der Systemtheorie (S.250 ff.): 1. **Leitdifferenz Teil - Ganzes:** "Systeme werden gesehen als das Zusammenspiel von Teilen zu einem Ganzen. Die innere Ordnung des Zusammenspiels wird durch evolutionär variable Differenzierungsprinzipien (segmentär, hierarchisch, funktional) bestimmt. Ordnung wird verstanden als eine aus der umfassenderen Ordnung abgeleiteten Ordnung..": Ordnung durch Ordnung" 2. **Leitdifferenz System - Umwelt:** Systeme konstituieren sich in Abgrenzung zu ihrer Umwelt. Die Ordnung des Systems wird durch evolutionär variable Muster der Selektivität bestimmt: Ordnung durch Selektivität. Dabei gibt es unterschiedliche Grade der Koppelung zwischen System und Umwelt. 3. **Leitdifferenz Selbstreferenz - Fremdreferenz:** Systeme konstituieren sich durch die Beobachtung von Differenzen und den intern regulierten Bezug auf die so gewonnenen Informationen. Die Ordnung des Zusammenhangs von Selbstreferenz und Fremdreferenz ist nicht mehr als Identität, sondern nur noch ihrerseits als Differenz zu begreifen. Sie kann nur beobachtet oder erschlossen werden und ist deshalb notwendig systemrelativ und ohne äußeren Bezugspunkt. "Die Ordnung eines solchen Systems folgt nicht mehr aus einer höheren umfasseneren Ordnung, sondern bildet sich in der Auseinandersetzung mit Turbulenzen der Umwelt:"Order from noise"- (v.Foerster 1984)".

18 G.J. Probst 1987, E. Jantsch 1982, S.67 im Überblick

zum Ziel hat, oder etwas, das sich selbst verändern und entwickeln kann. Für das Verständnis selbstorganisierter Gruppen als Sozialsysteme ist ein Systembild evolvierender, die eigene Struktur und Gestalt verändernder Systeme gegenüber gleichgewichtsbewahrenden, "konservativen" Systemen, sehr wichtig. Die erstere Sichtweise betont die Autonomie lebender und sozialer Systeme und ihre Entwicklungs- und Lernfähigkeit im Gegensatz zur Anpassung an die Umwelt. Als Beispiel einer Theorie sozialer Systeme der sogenannten "konservativen Selbstorganisation", die von der optimalen Umweltanpassung und Umweltoffenheit der Systeme spricht, seien die Ausführungen von Watzlawik et al. (1971) genannt.[19]

4.2 Bestimmungsstücke des Systemverständnisses der (evolvierenden) Selbstorganisation

Das politische Programm der Selbstorganisation, das ich oben beschrieben habe, findet von den verwendeten Begriffen und der spezifischen Sichtweise von Systemen im Konzept der "evolvierenden" Selbstorganisation (überraschenderweise?) eine weitgehende Entsprechung. Deshalb lohnt es sich, dieses Verständnis von Selbstorganisation etwas zu vertiefen, auch wenn ich damit dem Konzept in seiner Breite in keiner Weise gerecht werden kann. Im Gegensatz zum emanzipatorischen Verständnis geht es bei der Selbstorganisation als Systemverständnis nicht um ein wünschenswertes oder abzulehnendes Phänomen, sondern um einen bestimmten Denkrahmen, der für das Verständnis sozialer Systeme besonders geeignet erscheint. Wurde in früheren Systemkonzepten das Prinzip der Umweltanpassung und Umweltoffenheit als Grundlage des Überlebens eines Systems angesehen, so tritt in diesem Paradigma die Autonomie lebender Systeme als grundlegendes Überlebensprinzip an diese Stelle (vgl. G. Roth 1986, 1987). Die Fähigkeit eines Systems, sich von seiner Umwelt weitgehend unabhängig machen zu können, um darin zu überleben, rückt ins Zentrum der Aufmerksamkeit. Es sind drei Merkmale, anhand derer sich moderne Konzepte der Selbstorganisation von älteren unterscheiden lassen.

Die Systeme werden verstanden
1. als offen für Materie und Energiefluß aus der Umwelt: Die energetische Offenheit verhindert, daß diese - im Unterschied zu geschlossenen Systemen - den Zustand des Gleichgewichts erreichen. Ein interner dynamischer Gleichgewichtszustand wird aufrechterhalten, Instabilitäten (interne, externe Störungen) führen zum Übergang von einem Ordnungszustand in den anderen und werden zum Motor der Systemveränderung.

---

19 Hier wird (noch) die Aufrechterhaltung des Gleichgewichts, der Homeostase in sozialen Systemen wie Familien, Paaren etc. besonders betont. (Watzlawik et al. 1971, bes. S. 114-138) Die erste Generation der systemischen Familientherapie basiert auf diesem Systemverständnis (Selvini-Palazzoli et al. 1975, 1978, 1981).

2. als operational geschlossen: Als Organisationsprinzip autonomer Systeme in der Interaktion mit ihrer Umwelt. Aufgrund der eigenen rekursiven Funktionsweise reagiert das System nicht auf einen Reiz der Umwelt, sondern verhält sich nach der Störung von außen entsprechend der eigenen Organisation und Struktur. Nicht die Störung, die Umwelt bestimmt, ob und wie sich ein System verhält, sondern das System selbst.

3. Mit dieser Theorie der Organisation des Lebendigen wird - notwendigerweise - eine Theorie der Wahrnehmung und Erkenntnis verbunden. Einfach formuliert, beinhaltet das, daß bei operationaler Geschlossenheit lebender Systeme die Umwelt nicht real, objektiv wahrgenommen werden kann, sondern systemintern konstruiert werden muß. Das Systembild der SO stellt also nicht nur **eine** Perspektive unter anderen Systemmodellen dar, sondern **die**, die sich als Perspektive selbst thematisiert. Die Theorieentwicklung geht von einer Theorie beobachteter Systeme zu einer Theorie beobachtender Systeme über: "Alles was gesagt wird, wird von einem Beobachter gesagt" (z.B.v.Foerster 1987)

Diese Systemsicht hat viele verschiedene Ursprünge in der Erforschung physikalischer, chemischer, technischer, biologischer und sozialer Systeme, die hier nicht behandelt werden können.[20] Die Auswahl der im folgenden beschriebenen Konzepte und Begriffe erscheint u.U.willkürlich und unzusammenhängend. Die Auseinandersetzung mit dem oben skizzierten Systemverständnis führte zu teilweise recht widersprüchlichen und uneinheitlichen Konzepten *sozialer* Systeme.[21] Die Probleme und Fragen, die bei der Übersetzung des Systemverständnisses in soziale Verhältnisse auftauchen, sollen an einigen Beispielen deutlich werden. Darüber hinaus fand ich einzelne Ideen und Sichtweisen so anregend und plastisch, daß sie etwas zum Verständnis von selbstorganisierten Gruppen beitragen können, auch wenn die Geschehnisse in Systemen verschiedener Art an manchen Stellen vorschnell analog gesetzt werden.[22]

Drei Fragen möchte ich in den Mittelpunkt stellen:

1. Was ist unter der Autonomie von Systemen zu verstehen, wie können Systeme überhaupt autonom werden?

2. Wie können die (Veränderungs- und Entwicklungs-) Prozesse verstanden werden?

3. Die konstruktivistische Position der Selbstorganisation.

---

20 S. zusammenfassend Krohn et al. 1987 a.a.O.
21 Zu einzelnen Entwürfen und der sich anschließenden Diskussion z.B. Heijl 1982 1987 a,b; Luhmann 1984,1987; H.Haferkamp, M.Schmid (hg.) 1987, Maturana 1980,1987, M.Krüll 1987, G.Probst 1987, O.Neuberger 1989 a,b,c.
22 Zur Übertragbarkeit von Systemeigenschaften von einem Systemtyp zum anderen s. N.Luhmann (1984), v.a. S.15-28 und zu Analogien zwischen naturwissenschaftlichen und sozialen Systemen W.Bühl (1987), U.Druwe (1988).

4.2.1 Selbstreferenz als grundlegendes Merkmal selbstorganisierender Systeme

Der eigentliche Motor, der "Explosivstoff" (G.Teubner 1987 S.114) der Selbstorganisationsperspektive liegt im Prinzip der Selbstreferenz. Es bedeutet, daß ein System mit sich selbst in Beziehung steht, sich auf sich selbst beziehen kann. G.Roth (1987) definiert:

> "Solche Systeme sind selbstreferentiell, deren Zustände miteinander zyklisch interagieren, so daß jeder Zustand des Systems an der Hervorbringung des jeweils nächsten konstitutiv beteiligt ist" (S. 137)

Vorangegangene "Outputs" wirken auf das System zurück und verändern dessen nachfolgendes Verhalten. Rückbezüglichkeit ist ein universelles Phänomen und man kann ganz verschiedene Beispiele dafür finden: Die Lernprozesse eines Organismus, die Selbstkorrektur eines Servomechanismus wie etwa des Reglers einer Dampfmaschine oder die Aussage: "Diese Aussage ist falsch". Begriffe wie positive, negative Rückkopplung, Feedback, Rekursivität, Zirkularität, Reflexion und Reflexivität etc. sind Namen für die verschiedenen Arten von Rückbezug. Als allgemeinstem Begriff, der jede Art von Rückbezüglichkeit umfaßt, möchte ich von *Selbstreferentialität* sprechen (vgl. G.Teubner 1987, G.Roth 1987, 1986).

> "Rekursivität oder Selbstreferentialität hat zwei Implikationen, nämlich Autonomie und, gleichsam als Kehrseite, als Komplementarität, Abgeschlossenheit" (G.Portele 1989, S. 4o).

Rekursive Beziehungen innerhalb eines Systems werden als Voraussetzung dafür angesehen, daß diese Systeme - indem sie sich auf sich selbst beziehen können - unabhängig (im Sinne von "nicht unmittelbar beeinflußbar"), von ihrer Umwelt werden können. Mit den Worten von F.Varela (1979, S.171): "Jedes operational geschlossene System hat >Eigenverhalten<." Heinz von Foerster findet für das Eigenverhalten, das aus dem zyklischen Rückbezug von Systemzuständen und Operationen entsteht, Beispiele wie die mathematische Operation der Quadratwurzel (1984 S.8-19) und - für Sozialwissenschaftler viel plastischer - die Entwicklung sensumotorischer Schemata, wie sie von J. Piaget beschrieben wurden (z.B. 1987 S.144f.).

> Ein Kind hat einen Ball in seinem Laufstall und beginnt damit auf verschiedene Weise herumzuspielen. Die einzelnen aufeinanderfolgenden Operationen mit dem Ball verdichten sich mit der Zeit zum sensumotrischen Schema "Ball". Das, was den eigenen Bewegungen entgegenstand, wird zum konstanten Gegenstand, zum Eigenwert. Die jeweils neuen Operationen mit dem Ball bauen auf den alten auf und verändern sie. Der Umgang mit dem Ball wird immer sicherer.

Metaphorisch kann man das auf (selbstorganisierte) Gruppen übertragen: Die Gruppe erfüllt mit dem Prozeß ihrer Selbstorganisation kein vorgegebenes Ziel, sondern im Laufe der (aktiven) Auseinandersetzung mit den relevanten Umwelten bilden sich immer präzisere Eigenwerte im Sinne von Normen, Verhaltensmustern und Kommunikationsgrenzen heraus, die wiederum das nachfolgende Geschehen in der Gruppe beeinflussen.

Der Rückbezüglichkeit kann man nicht entgehen: Selbstreferenz ist ein "Nicht vermeidbares Konzept" (Portele 1989, S.39). So wie jemand, der über Sprache nachdenkt, das nicht außerhalb der Sprache tun kann und seine Reflexionen diesen Zustand mitberücksichtigen müssen, so kann sich der Organisierende in einem selbstorganisierenden System nicht hinausdefinieren als jemand, der von außerhalb zusieht und nicht beeinflußt wird. So einfach das als Metapher zu verstehen ist, so verwirrend wird es, wenn man zu präzisieren versucht, wie sich welches System, welches Element, welcher Prozeß auf sich selbst bezieht.

Das Konzept der Selbstreferenz und die spezifischere Art der für Rückbezüglichkeit gebräuchlichen Begriffe (Rekursivität, Feedback, Selbsterhaltung, Selbsterzeugung, Autopoiese, Reflexivität, Reflexion) ist deshalb so schillernd und bedeutungsreich, weil nicht immer eindeutig zu unterscheiden ist,

* auf welches Selbst oder "Auto" sich die Rekursivität bezieht (ein Element des Systems, Strukturen, Prozesse, die Grenzen des Systems, das System als Ganzes),

* wie die Art des Bezugs aussieht, was darunter vorzustellen ist (Selbstbeobachtung, Selbstkontrolle als "weiche Formen des Rückbezugs, Selbsterhaltung und -herstellung als "harte" Formen des Rückbezugs) und

* wie die Beziehung zwischen Referent und Referat zu verstehen ist. Sind Referent und Referat identisch (Tautologien etc.), oder enthält der Referent mehr oder weniger als das Referat, auf das er sich bezieht? [23]

Für soziale Systeme wie selbstorganisierte Gruppen ist es von Bedeutung, welche und wieviele Systemkomponenten sie in bezug auf sich selbst im Gegensatz und in Ergänzung zum Bezug auf Anderes gestalten.

> "Quantität und Qualität subsystemischer Autonomie bestimmen sich danach, welche und wieviele der Systemkomponenten - Elemente, Strukturen, Prozesse etc. - selbstreferentiell konstituiert sind... Es wird behauptet, daß aus der allgemeinen gesellschaftlichen Kommunikation Teilbereiche allmählich dadurch eine größere Autonomie gewinnen, daß sie nach und nach ihre Systemkomponenten selbstreferentiell konstituieren, und zwar in der Weise, daß sie ihre Elemente, Strukturen, Prozesse, Grenzen, Umwelten, Identität selbst definieren." (G. Teubner 1987, S.98)

---

23 Zu verschiedenen Bezügen und Arten der Rückbezüglichkeit, die für eine empirische Nutzung des Konzepts unterschieden werden können, finden sich wichtige Differenzierungen bei G.Teubner (1987, 89-128) und G. Roth (1986, 1984) und Luhmann (1984, S.593 ff.)

Für die Untersuchung selbststeuernder Sozialsysteme ist dabei von besonderer Bedeutung, inwieweit die eigene Organisation nicht "nur" selbstreferentiell organisiert, sondern auch der Reflexion zugänglich ist. [24] In Kapitel II wird näher darauf eingegangen, was Reflexion in selbstorganisierten Gruppen bedeuten kann. Rekursive, zirkuläre Interaktions- und Kommunikationsmuster sind keine selbstverständliche Gegebenheit in sozialen Systemen. Sie können zugelassen, aber auch unterbrochen werden. Alle Formen von "Einbahnkommunikation" [25] schränken die Rekursivität ein, wenn sie auch nie ganz zu unterbinden sein wird. Viele - ursprünglich gruppendynamische - Experimente zum Führungsverhalten und zur Kommunikationsstruktur lassen sich daraufhin analysieren, inwieweit sie Rückbezüge zwischen den Beteiligten zulassen. In Gruppen, in denen die Interaktion auf eine (Führungs-) Person zentralisiert und unter den anderen unterbunden ist, ist die Zusammenarbeit störungsanfälliger als in Gruppen, in denen die Mitglieder direkt und ungestört miteinander verhandeln können (z.B. v.Foerster 1984, S. 20f.).

> Auch am Beispiel des bereits erwähnten gruppendynamischen Trainings läßt sich das nachvollziehen: Wäre in den drei Trainingsgruppen während der ersten zwei Tage nur wenig direkte Kommunikation zwischen den Teilnehmern möglich gewesen, hätte man z.B. in der Form des frontalen Schulunterrichts miteinander verkehrt, wären sicher auch unterschiedliche, aber nicht so deutlich unterscheidbare Gruppen entstanden, da die Rückwirkungen der Aktionen und Verhaltensweisen des einzelnen auf die anderen und die Gruppe stark eingeschränkt gewesen wäre. Beim vergleichenden Plenum wäre sicher mehr Uniformität zwischen den Gruppen und weniger Eigenes der einzelnen Gruppe sichtbar geworden.

Die jeweilige Systementwicklung, die sich aus der rückbezüglichen Organisationsform ergeben kann, ist nicht von außen organisierbar (als fremdbestimmtes selbstreferentielles System), aber sie ist von außen stör- und zerstörbar. Die Kompliziertheit und Unübersichtlichkeit, die sich aus dem Rückbezug ergibt, wird an vielen Stellen im alltäglichen wie im wissenschaftlichen Umgang durch "trivialisierende" (v.Foerster 1984, S.1-24) Sichtweisen vereinfacht und dadurch handhabbar gemacht. Damit wird vielen bedrohlichen Erscheinungen die Unberechenbarkeit genommen, aber sie werden eigentlich nicht verstanden. Die Trivialisierung des Verständnisses von Lernen als rückbezüglichem, aktiven Prozeß des Lernenden zum Training im Sinne von "etwas beigebracht bekommen" sei als Beispiel für eine folgenschwere Trivialisierung angeführt.

---

24 Luhmann unterscheidet zwischen basaler Selbstreferenz, Reflexivität und Reflexion als immer voraussetzungsvollere Formen des Rückbezugs (Luhmann 1984, S.600 ff.).

25 Bavelas (1950) untersuchte die Wirksamkeit und Störbarkeit von verschiedenen Kommunikationseinschränkungen und - möglichkeiten in Gruppen. Dabei konnte jeweils direkt, nur über Dritte, in eine oder zwei Richtungen miteinander geredet werden.

4.2.2 Die Autonomie sozialer Systeme

Wenn - aufgrund bestimmter Ausgangsbedingungen - einmal Zirkularität, Selbstreferenz entsteht, dann bilden die Prozesse eine "sich selbst berechnende Organisation, die durch ihre eigene Tätigkeit Kohärenz gewinnt und nicht durch Interventionen von außen" (F.Varela 1987, S.122). Oder:

> "Immer wenn Selbstreferenz auftritt, wenn gesellschaftliche Kommunikation auf sich selbst trifft, entsteht eine Beziehung der von außen nicht zu steuernden Selbstbestimmung - eben Autonomie" (G.Teubner 1987, S.93).

Es gibt verschiedene Begriffe und Definitionen der Art und des Umfangs der Eigengesetzlichkeit von Systemen allgemein und von sozialen Systemen im besonderen. Es ist umstritten, ob sich das in der Biologie und der Neurophysiologie entwickelte Konzept der Autopoiese auf soziale Systeme übertragen läßt, wie N. Luhmann (1984) das im Rahmen einer allgemeinen Systemtheorie versucht.[26] Ich wähle hier den leichter übertragbaren Begriff der Autonomie, weil er - in der Tradition der Selbstorganisationstheorien - weiter und allgemeiner gefaßt ist als das Autopoiesekonzept. F. Varela definiert autonome Systeme folgendermaßen:

> Allen autonomen Systemen ist gemeinsam, daß sie organisationell geschlossen sind. Eine organisationell geschlossene Einheit wird als zusammengesetzte Einheit bestimmt durch ein Netzwerk von Interaktionen der Bestandteile, die
> 1. durch ihre Interaktionen rekursiv das Netzwerk derjenigen Interaktionen regenerieren, das sie hergestellt hat, und
> 2. das Netzwerk als eine Einheit in demjenigen Raum verwirklichen, wo die Bestandteile existieren, in dem sie die Grenzen der Einheit als Ablösung vom Hintergrund konstituieren und spezifizieren. (Varela 1987, S.121)

Beispiele für autonome Systeme dieser Art sind für F. Varela einzelne Zellsysteme, das ZNS und das Immunsystem. Bestandteile des zentralen Nervensystems z.B. sind die Nervenzellen oder Aggregate von Nervenzellen mit einer gewissen funktionalen Kohärenz. Die Interaktionen sind Zustände relativer Aktivität, die durch die synaptische Koppelung hervorgebracht werden. Der entscheidende Unterschied gegenüber

---

26 Zum Konzept der Autopoiese und der Übertragung auf soziale Systeme H.Maturana (1980, 1981, 1987) H.Maturana, F. Varela (1987) und F. Varela (1981, 1987). Zusammenfassungen z.B. bei S.J.Schmidt (1987), G.Roth (1986). Letztlich kommt es auf die engere oder weitere Definition von autopoetisch an. G.Roth (1986, 1987 b) nennt drei Bestimmungsstücke: Selbstherstellung, Selbsterhaltung, Selbstreferenz. Damit können nur die jeweils beteiligten Akteure Elemente des Systems sein, sondern wie N.Luhmann vorschlägt, *Handlungen* oder in der letzten Fassung (1984) *Kommunikationen*. Zur Diskussion zwischen N. Luhmann und H. Maturana: M.Krüll (1987): Ein Interview mit den beiden zu den Grundkonzepten der Theorie autopoietischer Systeme und P. Hejl (1987 b).

autopoietischen Systemen ist die Trennung von Bestandteilen und Interaktionen. Diese Organisationsform hält er für übertragbar auf soziale Systeme wie Gruppen, Familien, Institutionen. Autonomie im Sinne von "Selbstgesetz" in sozialen Systemen hat demnach folgende Bedingungen:

* Die Kommunikation, die Handlungen (Interaktionen) müssen aufeinander bezogen und aneinander anschließbar sein können. Man muß einander verstehen können, die gleiche "Sprache" sprechen.

* Dazu müssen die Bestandteile (Mitglieder) im gleichen Interaktionsraum "anwesend" sein. Anwesenheit ist dabei nicht im räumlichen Sinne zu verstehen, sondern als die Möglichkeit, sich aufeinander beziehen zu können. Ist die Beziehungsmöglichkeit nicht gegeben, dann bleibt es bei einem Aggregat, einem Nebeneinander der Bestandteile des Systems.

Einen entscheidenden Vorteil sehe ich in der Möglichkeit, daß Autonomie (ausgehend von den Eingangsbedingungen) als gradueller Begriff verstanden werden kann, als etwas, das mit der Genese des Systems entstand und nicht als Alles-Oder-Nichts-Prinzip, so wie die autopoietische Organisation oft verstanden wird. (H.Maturana 1981, N.Luhmann 1984, G. Teubner 1987). Das führt nochmal zur Frage der Bestandteile eines sozialen Systems wie einer selbstorgansisierten Gruppe. Wie die Prozeßbeschreibungen zeigen werden, geht die Entwicklung über das Zustandekommen von Selbstreferentialität zwischen den Beteiligten hin zu einem zunehmend kohärenten Prozeß, der sich (beim Übergang von Gruppe zur Organisation) zunehmend von den Beteiligten ablöst. Sie werden ersetzbarer, und das System gewinnt mehr und mehr überindividuelle Eigenschaften. Es wird autonomer gegenüber den Personen mit ihren individuellen Eigenschaften, diese werden mehr und mehr zu Mitgliedern, und ihre gruppenrelevanten Eigenschaften treten gegenüber den persönlichen in den Vordergrund.

Am deutlichsten wird die Bedeutung der Autonomie sozialer Systeme in der Gegenüberstellung zur Allonomie, der Eigen- und der Fremdgesetzlichkeit. Nicht zuletzt empirische Forschungen über das Verhalten von Organisation haben zu der Auffassung geführt, daß soziale Systeme wie Firmen, Verwaltungen etc. keine ausschließlich umweltabhängigen und von außen steuer- und kontrollierbaren Einheiten sind. Sie entwickeln ein Eigenleben und sind kein Abbild planerischer, zweckrationaler Intentionen , sondern evolvierende Sozialsysteme (vgl J.Berger 1987, S.134 f). Der Gedanke der Selbstorganisation hat sich in diesem Sinne als Gegenbegriff zu Kontrolle und Intentionalität entwickelt: Ordnung in sozialen Systemen entsteht, sie wird m.E. nicht gemacht. Das System-Umwelt-Paradigma wird durch das der Selbstreferenz ersetzt, Systeme werden nicht mehr als umweltabhängig, sondern als von der Umwelt abgeschlossen (Closure-Type, Varela 1984) verstanden und analysiert: Das System bestimmt seine Identität von innen her (Autonomie), sie wird nicht von außen festgelegt (vgl. F.Varela 1987).

In welcher Weise tritt aber dann die Umwelt in Erscheinung, spielt sie auf einmal keine Rolle mehr? Sind solche autonomen Systeme überhaupt steuerbar oder kontrollierbar? Um nicht in eine "solipsistische" Sichtweise sozialer Phänomene zurückzufallen, die Menschen, Gruppen, Institutionen etc. als isoliert und nur für sich existierend begreift, muß das Verständnis von Autonomie in dreierlei Hinsicht präzisiert werden:

1. Systeme entwickeln sich immer in Abhebung von einer Umwelt, die die notwendigen Ressourcen enthält und die "Anfangsbedingungen" sichert. Durch Eingriffe von außen kann die selbstreferentielle Geschlossenheit unterbrochen werden und damit das System als autonomes zerstört werden. Es entsteht also das Bild eines gewissen Spielraums für Systeme, in dem sie sich autonom entwickeln können, das eines Korridors (vgl. A.Aulin 1986): Autonomie innerhalb bestimmter Grenzen.

2. Die Umwelt des Systems erscheint für das System selbst nicht als Realität außerhalb, sondern als selbstproduziertes Abbild, sie wird intern konstruiert (s.u. zum Konstruktivismus). Damit wird das System selbst zur Begrenzung der Ereignisse, die als Umwelt und damit als relevant wahrgenommen werden können. Im Sinne von einer notwendigen Reduktion der Komplexität von außen, aber auch im Sinne einer u.U. gefährlichen Blindheit.

3. Autonomie ist nichts Absolutes, das einem System anhaftet als Eigenschaft oder eben nicht, sondern ein Begriff relativ zu einem Beobachter (der auch das System selbst sein kann!): Nach einem Beispiel von R.Uribe (1981) erscheint eine Ameise für sich gesehen als autonomes Lebewesen, im Kontext der größeren Einheit des Ameisenhaufens betrachtet, erscheint sie als allonomes Lebewesen. In der Interaktion mit den anderen Ameisen verliert sie (teilweise) an Autonomie. Beobachter jeder Art fragen immer nach Autonomie *in bezug* auf was oder wen; nur anhand einer solchen Unterscheidung ist zu erkennen, ob sich ein System relativ dazu autonom oder allonom verhält.

Zusammenfassend ist zu sagen, daß Selbstorganisation als Forschungsperspektive nicht die "falsche" Perspektive der Fremdbestimmung von oben und außen durch die "richtige" Perspektive der Selbstbestimmung von innen ersetzt, sondern den Spielraum im Verhalten jeder, auch kleinerer Einheiten gegenüber dem *großen* Kontext betont. Was die Kontrolle anbetrifft, so widmet die Perspektive der Selbstorganisation mehr Aufmerksamkeit den eigenen Möglichkeiten (ich soll) als der Kontrolle von anderen (du sollst). Kontrolle von außen führt weniger zu Veränderungen als zur Zerstörung des Gegenübers. Interventionen sollen dementsprechend neue Möglichkeiten und Sichtweisen eröffnen und diese nicht kontrollierend einschränken (v. Foerster 1985, H.Willke 1988).

4.2.3 Entwicklungsprozesse in (sozialen) Systemen: Zwischen Kohärenz und Veränderung

4.2.3.1 Zur Wahrnehmung von Veränderungsprozessen

Die selbstreferentielle Organisation eines Systems läßt in einem System in Form von Strukturen, Prozessen, Grenzen etc. Ordnung entstehen, aber diese Ordnung kann sich verändern und wieder vergehen. Für das Verständnis von Entwicklungs- und Veränderungsprozessen in sozialen Systemen kann das Systemverständnis der Selbstorganisation wichtige Anregungen bieten. Versteht man (soziale) Systeme als Prozeß, das heißt als Ablauf in der Zeit, so muß bei der Betrachtung der Entstehung und der Veränderung eines Systems von Entwicklungs- und Veränderungsprozessen die Rede sein. Wer Entwicklungsprozesse eines Systems beschreiben will, stößt auf das Problem, daß Veränderungen, besonders wenn sie sich über längere Zeiträume erstrecken, nur schwer wahrnehmbar sind. Entsprechend dem eigenen Beobachterschema kann man beschreiben, was gerade geschieht, also den aktuellen Prozeß des Systems, aber es braucht sehr viel weitere Kategorien um zu erfassen, wie es zu diesem Prozeß kam. Man muß unterscheiden können, was sich in der betreffenden Zeit verändert haben soll, und nimmt damit nur die Veränderungen wahr, die man wahrnehmen will und kann. H. v. Foerster (1985, S.3-14) beschreibt das schön in seinem Artikel: Zukunft der Wahrnehmung, Wahrnehmung der Zukunft: Alltägliche wie wissenschaftliche Beobachtung geht normalerweise davon aus, daß die Regeln der Vergangenheit gültig bleiben. Veränderungen, die die Regeln der Vergangenheit auslöschen, können somit als Veränderungen nicht wahrgenommen werden. Zur Verdeutlichung ein Beispiel aus einer selbstorganisierten Gruppe, die an der Untersuchung teilgenommen hat:

> Eine Inititativgruppe trauert nach fünf Jahren noch - längst erfolgreich mit drei Hauptamtlichen, eigenem Büro und Sachmitteln ausgestattet - den spontanen Gründungszeiten nach, in denen die Arbeit ehrenamtlich nach Lust und Laune gestaltet wurde. Die Mitglieder versuchen die Arbeit immer noch so spontan und wenig organisiert anzugehen wie zur Gründungszeit. Sie gehen damit nach Regeln vor, die längst nicht mehr auf das System zutreffen. An diesem Anspruch arbeitet man sich mit vielen gemeinsamen Enttäuschungen ab, kann die veränderte Situation aber nicht als eine qualitativ neue Situation ansehen, in der das System nur mit anderen Regeln zu erfassen ist. Die Hauptklage lautet: Die Leute engagieren sich nicht mehr so wie früher und es sei alles so unpersönlich geworden.

Entwicklungsprozesse in Systemen lassen sich nicht anhand kontinuierlicher Veränderungen einzelner Variablen (Größe, Komplexität, Autonomie) beschreiben, mit den Entwicklungsmodellen müssen auch diskontinuierliche Entwicklungen erfaßt werden können. Die Punkte, an denen sich die Regeln ändern, an denen das System insgesamt ein anderes wird und es nicht mehr nur um quantitative Veränderungen geht, sind besonders interessant.

4.2.3.2 Zufall und Notwendigkeit, Phantasie und Strenge

Die beiden Prozesse, mit denen Ordnungsbildungen, -veränderungen und -verluste in selbstreferentiellen Systemen erklärt und beschrieben werden, heißen:

* Ordnung durch Störung, "Order from Noise" [27] : Das heißt, daß organisatorisch geschlossene Systeme zwar von außen gestört (oder auch zerstört) werden können, daß sie sich aber - wenn überhaupt - nicht entsprechend der Störung, sondern entsprechend der eigenen Form verändern oder weiterentwickeln.
* Ordnung durch Fluktuation [28]: Fluktuationen in einem System können sich selbst über positive Rückkoppelungen soweit verstärken, daß sie, wenn sie eine bestimmte Schwelle überschritten haben, zu einer neuen Ordnung und zu einem neuen System führen. In der bildhaften Übertragung auf soziale Systeme kann man sich unter Fluktuationen abweichende Ideen, Verhaltensweisen, Gefühle, aber auch Personen vorstellen, die Fluktuationen erzeugen (vgl. E. Jantsch 1982, S. 345 ff.). Soziale Systeme müssen danach nicht mehr als naturgemäß konservativ verstanden werden, sie können sich über Selbstverstärkung von Fluktuationen selbst verändern.

(Veränderungs-)prozesse sind allgemein durch eine abstrakte Relation gekennzeichnet. Sie ist eine Komponente jeder Veränderung und taucht bei der Beschreibung von Veränderungen unter vielen verschiedenen Namen auf: Strenge/Phantasie, Konvergenz/Divergenz, Erstmaligkeit/Bestätigung.[29] Ganz allgemein scheint Veränderung darauf zu basieren, daß zunächst etwas Neues passiert, etwas Erstmaliges, bisher in der Realität nicht Vorgekommenes und damit Phantastisches. Dieses Neue muß im nächsten Schritt daraufhin überprüft werden, ob es zum Bestehenden paßt, ob es zumindest nicht schlechter ist als das Vorhergehende. Das Neue muß in einer "strengen" Prüfung auf Konsistenz mit dem Alten erst bestätigt werden. Wie kann man dieses Zusammenspiel von Zufall und Notwendigkeit begreifen?

Einerseits - auf mikroskopischer Ebene und Sichtweise - benötigt das System

---

27 H v. Foerster (1960, 1985). Anderen Systemmodellen liegen andere "Quellen" der Ordnung zugrunde.

28 I.Prigogine (1976), I. Prigogine u. I.Stengers (1981), im Überblick E. Jantsch (1982, S. 32, S. 77 ff.)

29 Die Gedanken leiten sich von einem Prozeßverständnis her, wie es G. Bateson (1982, v.a. S 218 ff.) formuliert hat. Er geht dabei von einem Vergleich der biologischen Evolution und dem geistigen Prozeß des Denkens und Lernens aus. G.Bateson meint, daß man diese nur im wechselseitigen Vergleich begreifen könne. Trotz anderer Begrifflichkeit decken sich diese Anschauungen mit den Prozeßmodellen der Selbstorganisation (z.B. Jantsch 1982, v.a. S.242 ff).

einen Zugang zum Zufall. Es muß laufend Neues, Unvorhergesehenes (Fluktuationen) entstehen können , das vom Bisherigen abweicht. Im Computer entspricht das einem Zufallsgenerator, in der Evolution der zufälligen genetischen Variation, im Denk-, Lern- und Kommunikationsprozeß sind das neue Gedanken, Ideen, Fragen, Kombinationen von Ideen. Andererseits benötigt das System (aus makroskopischer Sicht (E.Jantsch 1982, S.79ff.) auf einer anderen logischen Ebene (G.Bateson, 1982)) einen Vergleichs- und Auswahlmechanismus, anhand dessen aus dem enstandenen oder produzierten Neuen das bleibende, überdauernde Neue ausgewählt wird. Natürliche und innere Selektion sind diese Mechanismen in der Evolution, für Denk- und Lernprozesse nennt Bateson Verstärkung oder Präferenz als Äquivalente. Hierher gehört der schon erwähnte Begriff der Kohärenz: Darunter ist der innere Zusammenhang in einem System zu verstehen, die Vereinbarkeit der verschiedenen Elemente und Prozesse. Der Auswahl- und Überprüfungsvorgang ist konservativ: Paßt das Neue, das da entstanden ist, zu den inneren und äußeren Bedingungen des Systems?

Im geistigen Prozeß stellt G.Bateson der Phantasie die Strenge gegenüber.Über den Balanceakt zwischen Phantasie und Strenge bei der Steuerung von Veränderungen ist zwar in der biologischen Evolution einiges bekannt, in geistigen und sozialen Prozessen dagegen sehr wenig (G.Bateson 1982, S. 216). Jeder Teil für sich gesehen, wirkt tödlich: Strenge allein führt zu lähmendem Tod, Phantasie allein zur Geisteskrankheit. Beides zusammen ist eine grundlegende Voraussetzung für die Lebensfähigkeit eines Systems. Zwei Formen der Selektion bzw. der Kohärenzprüfung lassen sich mit den Begriffen Struktur und Prozeß einander gegenüberstellen; dies ist eine "grundbegriffliche Relation der Systemtheorie"[30] Die Strukturen eines Systems sind im Sinne von Wegen zu verstehen, die sich, weil sie im Laufe des Systemprozesses häufiger begangen werden als andere, langsam ausprägen und verfestigen. Strukturen bilden nach diesem Verständnis relativ starre, schwer veränderliche Filter gegenüber neuen, abweichenden Geschehnissen. Prozesse stellen die flexibleren, oberflächlicheren Formen der Auswahl dar, die fallweise verändert und angepaßt werden können. G. Bateson (1982) konstruiert das Verhältnis zwischen Struktur und Prozeß aus dem Vergleich geistiger und sozialer Entwicklungsprozesse mit den Entwicklungsprozessen der biologischen Evolution. Auf der strukturellen (genetischen) Ebene werden den Veränderungen durch zufällige Variationen mit strengen Auswahlmechanismen sehr enge Grenzen gesetzt. Auf der prozessualen - somatischen - Ebene finden schnelle, aber auch flexible Veränderungen statt (z.B. Anpassung des Kreislaufes an die Höhenverhältnisse). Die strikten Grenzen zwischen den beiden stochastischen Prozessen sichert auf Dauer die Flexibilität.

---

30 H.Willke (1988, S.11-23). Verschiedene Entwicklungsstufen der Systemtheorie fassen diese Relation je nach Art der Abhängigkeit. Hier wird sie als "doppelte Selektion" verstanden.

Die Steuerungsprobleme in sozialen Systemen lassen sich analog zu diesen beiden Formen der Veränderung in biologischen Systemen als Verhältnis zwischen strukturellen und prozessualen Lösungen verstehen. Zu schnelle, zu starre und zu viele strukturelle Regelungen begrenzen die Veränderungsfähigkeit und Flexibilität eines sozialen Systems. Zu große Offenheit und zu viele prozessuale Formen der Auswahl überlasten das System und verhindern ein gewisses Maß an Kontinuität.

4.2.4 Es ist nicht wirklich so, es sind "nur" Modellvorstellungen

In den bisherigen Ausführungen habe ich immer von *Modellvorstellungen* (sozialer) Systeme gesprochen, nicht von den Systemen selbst. Damit soll ausgedrückt werden: Wahrscheinlich werden Systeme aller Art, vor allem soziale Systeme, nicht von einem unabhängigen Beobachter in der Wirklichkeit "draußen" vorgefunden und als solche beschrieben, sondern sie werden vom Beobachter erfunden.

"Die Logik der Beobachtung ist durch die Logik des beobachtenden Systems und nicht durch den Gegenstand definiert" (H.Willke 1987, S.94).

Jede Wahrnehmung und damit auch jede wissenschaftlich systematische Wahrnehmung ist eine aktive, konstruierende Handlung des Wahrnehmenden. G.Bateson (1982, S. 120) faßt das zusammen in dem Satz: Innerhalb bestimmter Schwellen werden nur Unterschiede wahrgenommen, "die zu Unterschieden gemacht werden." Die konstruktivistische Sichtweise muß hier nicht in Einzelheiten begründet und ausgeführt werden, das ist an vielen anderen Stellen ausführlich geleistet worden (zusammenfassend z.B. S.J. Schmidt 1987, G.Portele 1989, v. Glasersfeld 1987, 1981, J.Richards, v. Glasersfeld 1984, v. Foerster 1985, P.Watzlawik (Hg.) 1981). Es handelt sich nicht um eine neue Erfindung der "Autopoieten" oder "Selbstorganisierer", sondern sie hat eine lange erkenntnistheoretische Tradition, die in diesem Jahrhundert in ganz verschiedenen Wissenschaftszweigen viele neue Begründungen und Formulierungen erfahren hat.[31]
Die alltägliche Wahrnehmung eines jeden Individuums kommt ohne die dauernde

---

31 Beispielhaft möchte ich in diesem Zusammenhang nennen:
- Die genetische Erkenntnistheorie von J.Piaget (z.B. 1973,1981).
- Untersuchungen zu den neurophysiologischen Grundlagen der Wahrnehmung und Erkenntnis (Dargestellt bei z.B. Roth 1987, a u. b) von H.Maturana und F.Varela (1987).
Davon unabhängig, gibt es in den Sozialwissenschaften viele Ansätze, die Wirklichkeit als soziale Konstruktion (z.B. P.Berger, Th.Luckmann 1969) beschreiben bzw. die Perspektivität des Beobachters thematisieren, die bestimmt, was gesehen wird; z.B. G.Devereux (1984) und K. Gergen (1985).

Thematisierung des automatisch ablaufenden Konstruktionsprozesses aus. Wir nehmen unsere Umwelt so wahr, als ob sie wirklich und objektiv und unabhängig von uns existieren würde. In den allermeisten Fällen können wir uns zudem darauf verlassen, daß die anderen Wahrnehmenden in unserer Umgebung unsere Sichtweisen teilen und daß sie die gleichen Unterscheidungen treffen wie wir es tun. Sonst wäre keine Verständigung über die "Wirklichkeit" und kein gemeinsames Handeln möglich. Auch systematische, wissenschaftliche Erkenntnis baut darauf auf, daß die Erkenntnisse des einzelnen vergleichbar und kommunizierbar sind. Mit der Position des Konstruktivismus zerfällt das Modell von der "Wirklichkeit" zwar in fast beliebig viele, aber nicht unvergleichbare Einzelmodelle. Im Gegenteil, die Modelle ähneln sich weitgehend, weil sich die Sichtweise des einzelnen in Abhängigkeit von und in Auseinandersetzung mit den Sichtweisen der Umgebung entwickelt. "Realität bedeutet Gemeinschaft" (v.Foerster 1985, S. 41).

Daß es sich um konstruierte Modelle von der "Wirklichkeit" handelt, wird im Kontext dieser Arbeit an zwei Stellen wichtig und sichtbar.

1. Das Modell eines sozialen Systems wie einer selbstorganisierten Gruppe ist Ausgangspunkt meiner Untersuchungen. Um überhaupt so etwas wie eine Gruppe und ihren Prozeß wahrnehmen und untersuchen zu können, müssen Unterscheidungen getroffen, muß eine Theorie vor den Daten entwickelt werden. So "naiv" kann keine Frage sein, daß sie nicht auf etwas abzielen würde. Auch jede qualitative Methode, die dem Beantwortenden den größten Freiraum läßt, die eigene Perspektive zu entwickeln, geht von irgendwelchen Annahmen aus, die zur Formulierung dieser und keiner anderen Frage führt. In der Begründung für die jeweilige Frage und den Ausschluß aller möglichen anderen liegt die Modellannahme. Bei "einfachen" Gegenständen in der Umwelt wie Bäumen, Bällen, Steinen etc. mag das schwer nachvollziehbar sein, denn sie scheinen unmittelbar sinnlich erfahrbar. Auch hier kann man aber die Entstehung der Vorstellung von einem Baum, einem Ball, einem Stein als Konstruktionsprozeß beschreiben. Bei so flüchtigen, ungreifbaren "Gegenständen" wie sozialen Systemen scheint mir das um so plausibler: Die an sich verwirrende Vielfalt aller Beziehungen, Interaktionen, Strukturen in einer Gruppe - die es ja erst gibt, wenn ich sie auf irgendeine Weise wahrnehme - kann aus denkbar vielen Perspektiven untersucht werden.

Was oben (Kap I. 2.) unter den Modellvorstellungen der Perspektive der Selbstorganisation beschrieben wurde, muß jetzt in Fragen (Handlungen) umgesetzt werden, um zu überprüfen, ob sich die Beobachterschemata in der Auseinandersetzung mit dem "Gegenstand" rekonstruieren lassen oder nicht. Über den "Gegenstand" an sich kann nichts ausgesagt werden, nur über das Modell. Es kann nicht richtig oder falsch sein, es kann für die verschiedenen Beobachter nur mehr oder weniger brauchbar sein: "Willst du sehen, so lerne zu handeln" (v.Foerster 1985, S.42).

2. Das gruppeneigene Modell der Gruppe: Das Selbstbild

Innerhalb der Gruppe selbst ist ein Modell erforderlich, an dem sich die Mitglieder bei expliziten oder impliziten Entscheidungen orientieren, ob etwas zum System paßt oder nicht. Im sozialen System selbst entsteht - und muß im Sinne der Selbstorganisation entstehen - eine Konstruktion, ein Bild der Gruppe in bezug darauf, wie sie ist und sein sollte. Die Qualität dieses Bildes ist keineswegs mit einer Art Satzung zu verwechseln, in der alle Beteiligten das Selbstverständnis des sozialen Systems nachlesen können. Es mag dem einzelnen bewußt oder unbewußt, im System besprochen oder tabuisiert, einfach oder differenziert, mit fließenden oder starren Grenzen konstruiert sein, immer ist es ein "eigenes" Modell der Gruppe, das in der Selbstbeobachtung und Selbstbeschreibung des Systemprozesses sich entwickelt und verändert.

Entscheidend verkompliziert wird dieser Zusammenhang dadurch, daß ein soziales System kein individuelles Bewußtsein vom eigenen "Selbst" entwickeln kann. Das käme einer völligen Gleichschaltung aller Beteiligten gleich. Jedes Mitglied hat aber - sonst käme, wie oben bei Selbstreferenz gezeigt, gar kein soziales System zustande - eine eigene Sichtweise und ist auf ganz unterschiedliche Weise an dem Gemeinsamen beteiligt. Auf eine gemeinsame Sichtweise müssen sich die Mitglieder erst in ihrem kommunikativen Prozeß "einigen", sie muß erst konstruiert werden. Der Vergleich zwischen dem ("wissenschaftlichen") Modell des Beobachters und dem systemeigenen Modell der Beteiligten (aus einer anderen Beobachterperspektive!) kann durch die wechselseitige Ergänzung zu jeweils adäquateren Modellen führen. Sie bestehen aber nicht unabhängig voneinander, da das Selbstbild des Systems eine Konstruktion innerhalb des Modells des Beobachters ist. Im Zusammenhang mit den Überlegungen zur Reflexion in Gruppen wird das Thema "Selbstbild" an anderer Stelle weitergeführt.

II. Gruppen als selbststeuernde und selbstreferentielle Systeme: Das Untersuchungsmodell

Nach den verschiedenen Annäherungen an die vielfältigen Bedeutungen von Selbstorganisation im ersten Kapitel geht es jetzt um die Übertragung auf einen speziellen Typ von sozialem System: die Gruppe. Im zweiten Kapitel werden die Fragen und Perspektiven der Selbstorganisation auf (selbsorganisierte) Gruppen bezogen, um darauf die empirische Befragung und Untersuchung der Gruppen in bezug auf ihren Prozeß der Selbstorganisation und ihr Potential zur Selbststeuerung aufbauen zu können.

Im ersten Abschnitt wird kurz die Art des Vorgehens skizziert, wie sie für systemtheoretische Betrachtungsweisen typisch ist. Danach soll in Abgrenzung zu anderen Gruppenmodellen die spezielle Sichtweise dieser Untersuchung herausgearbeitet werden. Im Hauptteil des Kapitels beschreibe ich, wie der Prozeß der Selbstorganisation und der Selbststeuerung in den Gruppen zu verstehen und zu untersuchen ist.

1. Systemvergleich: Vom Allgemeinen zum Besonderen

Kybernetische und systemtheoretische Modelle haben immer schon sozialwissenschaftliche Konzepte beeinflußt. Immer schon war es offensichtlich anregend, den eigenen Gegenstand mit fremden (Theorie-)Augen zu sehen.[1] Die Familientherapie

---

1   Zwei interessante Beispiele für die wechselseitige Befruchtung sind in diesem Zusammenhang:
    * Die im ersten Drittel des Jahrhunderts v.a. in Berlin um Wertheimer und Köhler (vgl. H.Walter 1985, W.Stadler 1986) entstandene Gestalttheorie. Sie kann als Vorläufer systemischen, ganzheitlichen, vernetzten Denkens angesehen werden, von dem Wirkungen auf naturwissenschaftliche

und in der späteren Form die Systemtherapie hat sich sehr weitgehend bei der Formulierung ihres Modells der Intervention und Veränderung sozialer Systeme von Systemmodellen der Kybernetik und der Selbstorganisation leiten lassen. Ebenso finden sich in der neueren Organisations- und Managementlehre viele Konzepte auf der Basis der Selbstorganisation.[2] Die Vorgehensweise der Abstraktion allgemeiner Funktionsweisen und Strukturen aus spezifischen Systemtypen (z.B. physikalische, biologische Systeme) zu einer allgemeinen Systemtheorie und ihre Respezifizierung in bezug auf andere Arten von Systemen (z.B. psychische, soziale Systeme) ist in der Systemtheorie üblich.[3]

Auf der Ebene sozialer Systeme unterscheidet N. Luhmann Interaktionen, Organisationen und Gesellschaft.[4] In der Soziologie wird in Ergänzung dazu "zwischen" Interaktion und Organisation der Systemtyp "Gruppe" eingefügt, dessen sehr weite Definition alle Sozialsysteme wie Familien, Vereine, Schulklassen, Trainings- und Reisegruppen etc. umfassen soll.[5] Aufgabenbezogene Gruppen, wie Arbeits- und Forschungsteams, aber auch die hier untersuchten Initiativgruppen (s.Kap. III) hält F. Neidhardt (1983 b) für "hybride" Sozialssysteme. In diesem Mischtyp stoßen

---

Modelle ausgegangen sind.

* K.Lewin wurde nach seiner Emigration in die USA und seiner Hinwendung zur Sozialpsychologie bei seinen Arbeiten zur Gruppendynamik auch von N. Wieners Formulierungen zu Feedback und Kybernetik beeinflußt (vgl. W.Metzger 1979).

2   Beide Richtungen - und sehr viele andere - betrachten soziale Systeme wie Familien, Institutionen und Betriebe besonders unter dem Gesichtspunkt der Veränderung und Lenkung. Sie werden deshalb im fünften Kapitel dieser Arbeit kurz eingeführt, wenn es um die Frage der möglichen Hilfestellungen für und Intervention in selbstorganisierte Gruppen geht.

3   Vgl. N. Luhmann (1984, S. 16 ff.) Die direkte Analogsetzung von biologischen und sozialen Systemen wird dadurch unmöglich, der Vergleich muß über eine Verallgemeinerung von Systemprinzipien erfolgen.

4   N. Luhmann (1984 S.16 ff) Sie stehen auf einer Ebene der Systemtypen und sind nur über eine abstrahierte Theorie sozialer Systeme miteinander zu vergleichen. Mit dieser zunächst eher intuitiv getroffenen Zuordnung bestimmter Systemarten (vgl. S.18), sollen Vergleichsebenen eingeführt werden, anhand derer nach funktionalen Äquivalenten eines Systemtyps im Vergleich zu anderen gefragt werden kann. Zu dieser Form des Erkenntnisgewinns durch den Vergleich von Mustern und Prozessen in biologischen und geistigen Entwicklungsprozessen s.a. G. Bateson 1982 (S. 218.ff).

5   Vgl. F. Neidhardt (1979, 1983), H.Tyrell (1983 a,b). Die Elemente der Definition sind:

* Face to face: Unmittelbare Beziehungen müssen möglich sein, ohne daß es eine rein numerische Grenze gibt. (Im Gegensatz zu Großorganisationen)

* Diffusheit der Mitgliederbeziehungen (als Abgrenzung von den zweckbezogenen und zumindest von der Intention her rational gestalteten Beziehungen in Organisationen): Beziehungen in Gruppen lassen eine Vielzahl von Bezügen zu und sind nicht von vorneherein auf spezifische Zwecke eingegerenzt.

* Relative Dauerhaftigkeit: Zur Unterscheidung vom einfachen Sozialsystem (Interaktion), oder "Quasisystem". Gruppen hören nicht auf zu existieren, wenn die Mitglieder nicht anwesend sind (Fähigkeit zur Latenz).

Insgesamt lautet der Definitionsvorschlag, Gruppen als Systeme persönlicher Beziehungen anzusehen. Je nach dem Ausmaß der Unmittelbarkeit, der Diffusität und der Dauer lassen sich dann unterschiedliche Gruppierungsgrade unterscheiden. An bestimmten Grenzen hält er "Sprünge" von einem Systemtyp zum anderen für möglich.

zwei Rationalitäten aufeinander: Die Gefühlsorientierung der Gruppe, die auf persönlichen und vielfältigen Beziehungen zwischen den Mitgliedern basiert, und die fachliche Orientierung der Organisation, die sich an der sachlichen Aufgabe orientiert und nur die funktionalen Seiten der jeweiligen Akteure in Betracht zieht. Die Balance zwischen den widersprüchlichen Anforderungen wird für diese Systeme zum besonderen Problem.

2. Bezüge und Unterschiede zu anderen Gruppentheorien

Gruppen sind Konstrukte des jeweiligen Beobachters, und somit sind die möglichen Perspektiven, die er bei der Beobachtung einnehmen kann, unendlich viele. Ähnlich vielfältig sind theoretische Aussagen über Gruppen: Sie sagen vor allem etwas über das Interesse und den speziellen (teilwissenschaftlichen) Standpunkt der Untersuchenden aus. Gruppentheorien lassen sich nach vielen Gesichtspunkten unterscheiden und vergleichen.[6] Mit den folgenden symbolischen vertikalen und horizontalen Schnitten durch die Gruppen soll die Sichtweise herausgearbeitet werden, die in dieser Untersuchung notwendig und auf Grund der methodischen Bedingungen möglich ist.

---

6 Man könnte die Theorien differenzieren nach
   * ihrer theoretischen Herkunft
   * der Art der untersuchten Gruppen (v.a. "künstliche" ad hoc Gruppen, "natürliche" Gruppen, Familien, Cliquen, Teams Therapie- oder selbstanalytische Gruppen)
   * der Untersuchungsmethode: v.a. teilnehmende Beobachtung, Analyse von Sitzungsprotokollen, Verhaltensbeobachtung mit verschiedenen Methoden.
   * nach dem Interesse des Modellierenden: Als Trainer, Therapeut, Mitglied, Leiter /Führer /Manager, Politiker,

2.1 Der vertikale Schnitt: Die Trennung von "äußerer" und "innerer" Umwelt

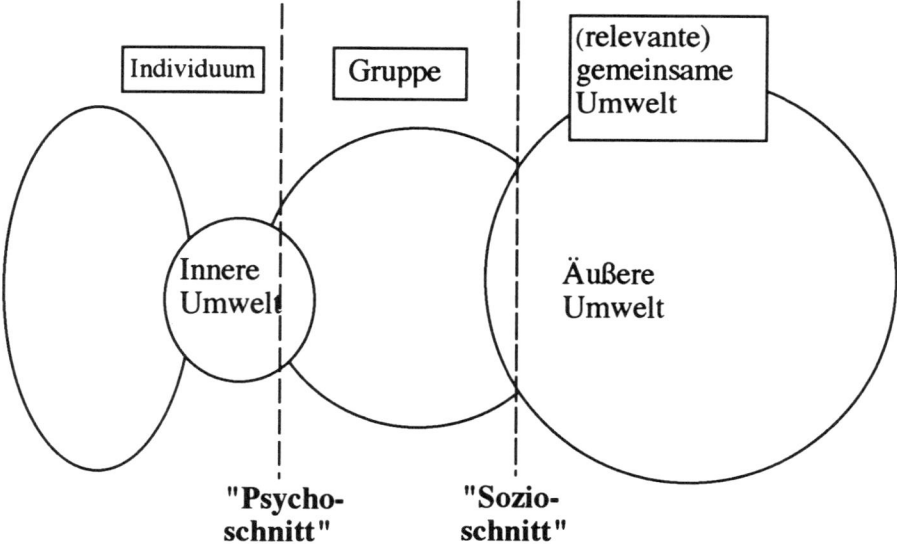

Die Unterscheidung des inneren und äußeren Systems von Gruppen geht auf G.C. Homans (1960) zurück. Entsprechend wird in der Gruppensoziologie zwischen der inneren Umwelt einer Gruppe, den Mitgliedern mit ihren Motivationen, Gefühlen, Verhaltensweisen, die sie nie vollständig in eine Gruppe einbringen (können), und einer äußeren Umwelt der Gruppe, im Sinne der gemeinsamen relevanten Umgebung, differenziert.

Wer auf die Grenzziehung zwischen der Gruppe und ihrer inneren Umwelt sieht, den beschäftigen Fragen wie: Wie sind die einzelnen mit der Gruppe verbunden, wie wird ihr Verhalten beeinflußt und wie sind sie an der Norm-, Rollen- und Strukturentwicklung der Gruppe beteiligt? Welche Orientierung und Sicherheit finden die einzelnen in der Gruppe, aber auch: Wie werden sie eingeschränkt, welche Teile ihrer Identität können sie nicht einbringen? Das ist die sozialpsychologische Sicht der Gruppe: Die klassischen Untersuchungen zum sozialen Vergleich und zur sozialen Kontrolle gehören hierher, ebenso die Theorien zur sozialen Identität.[7] Für diese "Schnittstelle" interessieren sich auch die mehr psychoanalytisch ausgerichteten Theorien über das Geschehen in selbstanalytischen und therapeutischen Gruppen.[8] Dieser Gruppentyp zeichnet sich dadurch aus, daß er vor allem von der psychischen

---

7   Z.B. in der Zusammenfassung von D. Cartwright and A.Zander (1968) Und zur sozialen Identität z.B. A. Mummendey (1984).
8   Vergleichend z.B. D.Sandner (1978) , A.Heigl-Evers (1972).

Dynamik der Teilnehmer geprägt wird. Für ihn ist damit das innere System charakteristisch (vgl. H.Willke 1976).

An der eher soziologischen Schnittstelle zur äußeren Umwelt beschäftigt man sich mit Themen wie: Wie wirken sich äußere Bedingungen, z.B. Handlungsdruck, Mitgliedschaftsalternativen und Ressourcen, auf die Gruppe aus? (F. Neidhardt 1979). Die Gruppe als Subkultur, als unterscheidbare Einheit in größeren sozialen Systemen, und die wechselseitige Abhängigkeit zwischen Umwelt und Gruppe. Wie entstehen von der Umwelt abweichende Normen in der Gruppe und wie wirken sie sich auf deren Struktur, Rollengefüge etc. aus? (z.B. Willke 1976). Welcher Druck geht vom zunehmenden Organisatonsgrad der Gruppe und ihrer Zugehörigkeit zu Zusammenschlüssen von mehreren Gruppen aus? (D. Claessens 1977, 1983).[9] Die Gruppensoziologie "muß zwar davon ausgehen, daß Varianzen zwischen Gruppen nur annähernd von außen determiniert sind", da "der Primat der Binnenorientierung, der für Gruppen typisch ist, bedeutet, daß die Indifferenz gegenüber Umwelteinflüssen relativ stark ausgeprägt ist. Wegen der Interdependenz zur Umwelt muß die Soziologie Gruppe aber auch als abhängige Variable behandeln". (F.Neidhardt 1983a, S.26).

An der "Psycho-" wie an der "Sozio-"Schnittstelle wird die Abhängigkeit der Gruppe von der jeweiligen Umwelt betont, zu der sie in Beziehung gesetzt wird. Hauptaugenmerk der Perspektive der Selbstorganisation liegt bei der Frage des Unabhängig-Werdens des fokussierten Systems von seiner Umwelt: Welche Normen, Grenzziehungen, Strukturen etc. entstehen, die Außeneinflüsse mindern und Selbststeuerungsmöglichkeiten eröffnen? Dabei ist die Konsequenz des Abschlusses nach außen oder der "Entpersönlichung" mit eingeschlossen.

---

9 Zusammenfassungen zu Ergebnissen der Gruppensoziologie: F. Neidhardt (Hg.) (1983), B.Schäfers (Hg.) (1980). Hier werden v.a. "natürliche" Gruppen untersucht wie Motorradclubs, Vereine, Forschungsteams, Wohngemeinschaften, also solche mit einer konkreten äußeren Umwelt.

Das beobachtbare Geschehen in Gruppen kann als Zeichen für unterschiedlich Ebenen des Gruppengeschehens interpretiert werden.

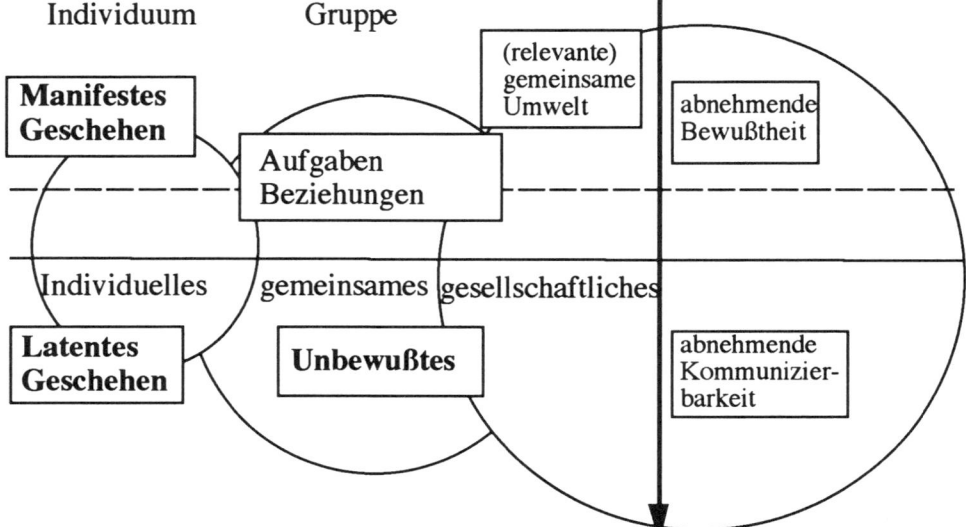

Die Begriffe, die für diese verschiedenen Ebenen verwendet werden, sind sehr vielfältig. Man spricht von der Tiefendimension von Gruppen und Organisationen (z.B. A.Heigl-Evers (1972), R.Harrison (1970)), obwohl weder räumliche noch bedeutungsmäßige "Tiefe" gemeint sein kann. Die psychoanalytische Trennung von Bewußtem, Vor- und Unbewußtem kann im Sinne der Zugänglichkeit von Themen, Verhaltensweisen und Gefühlen für die Kommunikation auf Gruppen übertragen werden: Man kann nach kommuniziert, kommunizierbar, nicht kommunizierbar unterscheiden (z.B. v.Cranach 1986, H.Brück 1986, E.Krainz 1990). Hier genügt die Unterscheidung in eine manifeste und eine latente Ebene des Gruppengeschehens, die je nach Sichtweise der Gruppe in Betracht gezogen werden.

1. Manifeste Ebene:
Damit wird das beobachtbare interaktive Geschehen in der Gruppe bezeichnet, das sich zwischen den Beteiligten abspielt. Dazu gehört die sogenannte Sachebene, "der alle aufgabenbezogenen Interaktionen zugerechnet werden. Auch hier drängen sich dem Beobachter Geschehnisse ohne eigene Aktivität von selbst auf". Das Wort manifest ist am besten mit "leicht zugänglich" entsprechend den Beobachtungskriterien der Beteiligten zu übersetzen. Hier spielt sich z.B. das ab, was in gruppendynamischen

Trainings zur Sprache kommt: Das was zwischen den Beteiligten abläuft und was ihnen durch wechselseitige Beobachtung und Rückmeldung verfügbar ist.

2. Latente Ebene:

Hier wird (das gleiche wie auf der manifesten Ebene!) Geschehen daraufhin gedeutet, wie es mit der psychodynamischen Situation der einzelnen verbunden ist. In allen Gruppen, aber v.a. in therapeutischen und selbstanalytischen Gruppen, wird nach dem psychoanalytischen Verständnis von Gruppen davon ausgegangen, daß die Teilnehmer ihre (gelernte) psychodynamische Situation mit den für sie typischen Beziehungsängsten und -wünschen in der Gruppe abbilden.[10] Die mitgebrachten und v.a. in verunsichernden Gruppensituationen aktivierten inneren Konflikte können aus dem manifesten Geschehen (mit der entsprechenden Theorie) gedeutet und verstanden werden. Neben dieser individuumsbezogenen Sichtweise lohnt es sich auch, das Gruppengeschehen nach Unbewußtem zu untersuchen, das die Beteiligten miteinander teilen.

"Die gesellschaftliche Relevanz des Unbewußten wird durch seine doppelte Funktion bestimmt. Es scheint einmal als eine Art Orkus, in welchem all das verschwindet, was nicht bewußtseinsfähig ist, und zum anderen als ein Reservoir an Kräften, das die Kreativität des Menschen speist." (M.Erdheim 1984, S.205)

Geht man davon aus, daß Gruppen auf ähnliche Weise Unbewußtes und Unkommunizierbares produzieren, um den eigenen Bestand und Zustand zu konservieren, dann erscheint es wichtig, für Veränderungen und Weiterentwicklungen ein wenig von diesem kreativen Potential verfügbar zu bekommen. In Untersuchungen, in denen das Verhalten in Gruppen direkt beobachtet, analysiert und gedeutet wird, bestimmt das theoretische Konzept, inwieweit bewußtes, unbewußtes, manifestes und latentes Geschehen in die Analyse miteinbezogen wird. In dieser Untersuchung, in der die Analyse auf die Befragung von Gruppenvertretern aufgebaut ist, möchte ich mich vor allem auf die *gruppeneigenen* Grenzen zwischen Besprechbarem und Nichtbesprechbarem beziehen, soweit dazu Aussagen gemacht werden können. Das setzt ein Beobachterschema voraus, das zwischen Kommunizierbarem und Nicht-Kommunizierbarem, unterscheidet. Die "Alltagsunterscheidung" zwischen kommunizierbar und nicht-kommunizierbar ist in sozialen Systemen wie Gruppen leichter verfügbar als ein Konzept von unbewußt wirkenden Konflikten, welches überwiegend an ein professionelles, wissenschaftliches Beobachterschema gebunden ist. Die

---

10 z.B. A.Heigl-Evers, F.Heigl (1975): "Das soziale Interaktionsfeld wirkt ständig auf latente intrapsychische Konflikte ein, je nachdem mobilisierend und verstärkend oder immobilisierend abschwächend oder auch scheinbar ohne Effekt. ... Die intrapsychischen pathogenen Konflikte werden also aufgrund der Beteiligung von mehreren oder vielen anderen und deren Reaktionen und Antworten zu interpersonellen Konflikten mit anderen umgeformt." (S.243, 244)

Analyse wird sich demnach überwiegend am manifesten Geschehen orientieren. Die Grenze zwischen dem, was in Gruppen selbst für besprechbar oder tabuisiert gilt, kann Hinweise darauf geben, wo die von M. Erdheim genannten kreativen oder bedrohlichen Potentiale des Verschwiegenen liegen.

3. Zwei Analyseebenen des Gruppenprozesses

Um Selbstorganisation und Selbststeuerung in sozialen Systemen wie Gruppen untersuchen zu können, sollen zwei Ebenen der Analyse unterschieden und beschrieben werden.
1. Die Ebene des Entwicklungsprozesses des selbstreferentiellen Systems.
2. Die Ebene der Selbststeuerung, des Einflusses des Systems (bzw. der daran beteiligten Akteure) auf den eigenen Prozeß.
Der erste Bereich erfaßt umgangssprachlich ausgedrückt "das, was passiert", der zweite beschäftigt sich damit, "wie es beinflußt, gesteuert wird".
An diesen beiden Bereichen orientieren sich die Fragen und Analysemethoden der Untersuchung. Sie sind am Ende des Kapitels noch einmal zusammengefaßt.

3.1 Die erste Ebene: Der Entwicklungsprozeß, oder: Was passiert?

In bezug auf das in Kapitel I skizzierte Verständnis von Entwicklungs- und Veränderungsprozessen in Systemen, müssen bei der Untersuchung von Gruppen als soziale Systeme zwei Fragen beantwortet werden:

> 1. Wie entwickelt und erhält eine Gruppe ihre Identität in bezug auf ihre Umwelt, wie gestaltet sie ihre Grenzen, wie kann sie Kontinuität gegenüber einer sich verändernden Umwelt erzeugen? Bei dieser Frage geht es um den konservativen, bewahrenden Pol des Entwicklungsprozesses.
> 2. Wie verändert, erweitert, verwandelt eine Gruppe ihre Identität. Wo kommt es zu Brüchen, grundlegenden oder oberflächlichen Veränderungen? Wo und wie tauchen neue Ansichten, Verhaltensweisen etc. auf, die Veränderungen zur Folge haben? Hier geht es um den Zugang zu Neuem, Veränderndem, den progressiven Pol des Entwicklungsprozesses.

3.1.1 Das "Feste": Kontinuität und Bewahrung der Identität

Jedes System muß, um überhaupt als solches wahrnehmbar zu sein, sich von seiner Umwelt absetzen, Grenzen ziehen zwischen dem, was dazugehört und dem, was "draußen" bleibt. Innerhalb gewisser Rahmen- und Ausgangsbedingungen ist das eine Leistung des Systems und nicht der Umwelt des Systems. Die Grenzziehungen finden, um im Bild des vorhergehenden Abschnittes zu bleiben, nach verschiedenen Seiten hin statt: gegenüber einer sogenannten inneren und einer äußeren Umwelt. Zunächst muß in einer Gruppe geregelt werden, wer dazugehört und wer nicht, so daß ein gewisses Maß an Kontinuität über die Mitglieder entstehen kann. Es muß aber nicht nur geklärt werden, wer dazugehört, sondern auch, in welchen Aspekten ihrer Person die einzelnen dazugehören.[11] Die Identität einer Gruppe ist anhand der gruppenspezifischen Normierung und Orientierung der Mitglieder erkennbar. Ihre

* Sichtweisen, Meinungen, Ideen, theoretische Annahmen gegenüber Problemen, die die Gruppe betreffen, oder die sich auf die Aufgabe der Gruppe beziehen (kognitiver Aspekt), ihre
* Gefühle der Gruppe und den anderen Mitgliedern gegenüber und ihre
* Verhaltensweisen und Handlungen

werden jeweils gruppenspezifisch normiert. Diese orientierenden und normierenden Grenzen eines jeden sozialen Systems, die implizit wie explizit festlegen, was "erlaubt" ist und vom einzelnen erwartet wird, kann man anhand von Normen, Rollen und Institutionalisierungen erfassen (z.B. N.Luhmann 1964). Die Normen einer Gruppe sind dabei auf die Gleichheit und Integration der Mitglieder bezogen (H.Willke 1976). Rollenerwartungen beziehen sich auf jeweils unterschiedliche, aber aufeinander bezogene Erwartungen an einzelne Mitglieder (differenzierender Aspekt) und Institutionalisierungen auf überindividuelle, zeitlich überdauernde Ordnungen und Regelungen.[12] Normen, Rollen und Institutionalisierungen, kurz die Gruppenstruktur[13] oder die dadurch markierten Gruppengrenzen, können unterschiedlich rigide gestaltet sein, sie werden in der einen Gruppe nur einige wenige (z.B. Sportverein), in der anderen aber sehr viele Verhaltensbereiche umfassen (z.B. Familie).

Die "Gruppenstruktur" kann im Hinblick auf ihre normierenden Auswirkungen auf die einzelnen Mitglieder einer Gruppe untersucht werden (Die "Psychoschnitt-

---

11 Die einzelnen Mitglieder mit ihren spezifischen Gedanken, Gefühlen und Verhaltensweisen können zugleich Teil und Umwelt der Gruppe sein. Nur in totalitären Verhältnissen ist es denkbar, daß jemand vollkommen ohne eine Alternative einer Gruppe, einer Organisation, einem Clan angehört, der kein Außerhalb zuläßt.

12 Es scheint mir nicht so wichtig, diese sehr gebräuchlichen Konzepte hier auszuführen.(Zusammenfassungen z.B. bei M. Schwonke (1980), U.Froschauer und S.Titscher (1984). N.Luhmann (z.B. 1964) beschreibt sie als Formen der Generalisierung von Verhaltenserwartungen, die die Systembildung vorantreiben, allerdings nicht unabhängig voneinander beliebig maximierbar sind.

13 Normen und Rollen, die Struktur der Gruppe, sind konkretere Begriffe für die Kategorie *Sinn*, die nach N. Luhmann (v.a. 1984 S. 74ff) die Identität eines sozialen Systems ausmacht. Die Sinnkonstruktion (und damit die Grenzziehung) wird als selbstreferentieller Prozeß verstanden: Soziale Systeme sind sinnkonstituiert und sinnkonstituierend (zusammenfassend H. Willke 1982, 1987).

stelle"). Die so definierte Gruppenstruktur kann andererseits auch in Beziehung zu den auf Systemebene notwendigen Leistungen der Entstehung, des Erhalts und der Entwicklung des jeweils fokussierten Systems gesetzt werden. Unter der Rubrik "das Feste" wird so zu fragen sein: Was tragen die spezifischen Regelungen explizit oder unausgesprochen zum Erhalt, zur Kontinuität und in gewisser Weise zur "Unveränderlichkeit" des Systems bei? Gegenüber der äußeren Umwelt (der "Sozio-schnittstelle"), zu der sich die Gruppe über ihre Ziele und Aufgaben in Verbindung setzt, muß ebenso die Kontinuität und die Identität gewahrt bleiben. Es muß geregelt werden, wie die handlungsrelevanten Ressourcen beschafft werden, welchem Handlungsdruck man sich aussetzt, etc. (vgl. F.Neidhardt 1979). Gruppen lassen sich nach ihren Aufgaben und ihren daraus folgenden unterschiedlichen Bezügen zu ihrer Umwelt unterscheiden. Selbsthilfegruppen, bei denen es vor allem um den Austausch von Erfahrungen zwischen Betroffenen und die gegenseitige Unterstützung geht, entwickeln andere Strukturen als eine Bürgerinitiative, die ihr Anliegen vernehmbar an die Öffentlichkeit und die jeweils zuständige Behörde bringen will.

Unter der Überschrift "Das Feste" ist zu fragen, in welcher Hinsicht eine Gruppe ihre Autonomie gegenüber den äußeren Bedingungen entwickeln und bewahren kann, unter dem Aspekt des Veränderungs- und Entwicklungsprozesses ("Das Bewegliche" s.u.) geht es um Verstörungen von außen, die interne, möglicherweise strukturelle Veränderungen anstoßen, solange sie nicht zerstörend wirken. Neben den ziel- und aufgabenbedingten Umweltbezügen ist es notwendig, noch eine allgemeinere Art von Umwelt, die sich nicht in eine innere und äußere trennen läßt, zu unterscheiden. Sie beeinflußt die Identität der Gruppen in besonderer Weise: Gruppen überhaupt und selbstorganisierte Gruppen im besonderen sind nur als Teil der gesellschaftlichen Entwicklung zu verstehen, die sie selbst wiederum beeinflussen (s. Kap.I, 1. u. 2.). Viele Elemente der Gruppenstruktur werden erst verständlich, wenn sie zur gesellschaftlichen Umgebung in Beziehung gesetzt werden. Im Zusammenhang selbstorganisierter Gruppen interessieren vor allem Formen und Normen der Zusammenarbeit und des Zusammenseins, die übernommen oder abgelehnt werden und die mit dem Erhalt und der Entwicklung des Systems in Verbindung stehen.

3.1.2 Das Bewegliche: Der Entwicklungsprozeß, die dynamische Perspektive

Die Entwicklung und Veränderungsprozesse von Gruppen werden normalerweise in Phasenverläufen[14] oder aus der soziologischen Sicht als Strukturveränderungen dar-

---

14 B.Tuckmann (1965) zeigt in der Analyse von 50 Artikeln über Phasenverläufe in Therapiegruppen, Trainingsgruppen, natürlichen (Job-orientierten) Gruppen und Laborgruppen einen typischen, in fast allen Untersuchungen gefundenen Phasenablauf des Prozesses auf. Die inhaltlichen Beschreibungen der Phasen: Dependence and Testing, Intra group conflict (storming), Develope-

gestellt.[15] E.Halves und H. Wettendorf (1986) präzisieren die strukturellen Veränderungen für Selbsthilfegruppen im Gesundheitsbereich mit der Unterscheidung zwischen folgenden Gruppentypen: Eine Gruppe kann sich von der offenen Selbsthilfegruppe zur Aktionsgruppe und dann zur Selbsthilfeorganisation entwickeln. Die phasentypischen und die strukturellen Veränderungen laufen nicht unabhängig voneinander und nicht alternativ zueinander ab, sie umfassen verschieden große Veränderungszeiträume. Mit den strukturellen Änderungen werden längerfristige Entwicklungen erfaßt. Es wird sich zeigen, ob und welche phasentypischen und strukturellen Veränderungen sich bei den untersuchten Gruppen unterscheiden lassen. Als "hybride" Sozialsysteme stehen die selbstorganisierten Gruppen hier vor einem besonderen Dilemma: Je mehr sie sich in Richtung der funktionalen Orientierung der Organisation entwickeln und von den einzelnen Mitglieder unabhängiger werden, desto weniger Vielfalt an Beziehungen kann verwirklicht werden.

Unter dem dynamischen Aspekt versucht man die ablaufenden Veränderungen in einem Modell zu veranschaulichen, um die unendliche Vielfalt der beobachtbaren Ereignisse überhaupt erfassen zu können. Th. Mills (1969) unterscheidet zwischen Modellen verschiedener Komplexität und Reichweite.[16] Nur im Rahmen seines eigenen Modells des "kybernetischen Wachstums" kann man Veränderungen nicht (nur) als Reaktionen auf Anstöße von außen, sondern (auch) als das Ergebnis von Selbststeuerungsprozessen des Systems verstehen. Es wird deswegen im nächsten Abschnitt des Kapitels näher ausgeführt. Im Sinne des in Kapitel I dargestellten Prozeßverständnisses (s.S. 34 f.) ist zunächst nach der Quelle von neuen Ideen, Verhaltensweisen etc. zu suchen, die als "Zugang zum Zufall" Veränderungen überhaupt in Gang setzen können. Es sind laufend Abweichungen von der Norm, vom "Festen" der Gruppe notwendig (vgl. Willke 1976,1978) um die Gruppe nicht erstarren zu lassen. Auf der Ebene des Prozesses der Selbstorganisation lassen sich Polaritäten innerhalb der Gruppe beschreiben, (Grund-)spannungen, von denen die einzelne Gruppe geprägt und in Bewegung gehalten wird. Auf der Ebene der Selbststeuerung

---

ment of group cohesion (norming) und Working phase (performing) ähneln sich in den verschiedenen Darstellungen sehr (z.B. A. Däumling u.a. (1974), S. Bernstein, L.Lowy (1969)). Alle Modelle, besonders aber die psychonanalytischen, beschreiben die Gruppenentwicklung v.a. in bezug auf sich verändernde Abhängigkeit von der Leitung im Sinne eines "Erwachsenwerdens" der Gruppen (zusammenfassend D.Sandner 1976).

15 Z.B. als Übergang oder Entwicklung vom Systemtyp "Gruppe" zum Systemtyp "Organisation" (F. Neidhardt 1979). Ein anderer Klassifikationsvorschlag zur Erfassung von unterschiedlichen Graden der Organisiertheit kommt von D.Claessens (1977): Absprachen, Organsieren, Organisation als Stufenleiter zu zunehmend festeren und irreversiblen Regeln und Differenzierungen in einem sozialen System.

16 Der Gruppenprozeß wird als mechanistisches Kräftespiel im physikalischen Sinne, als organismische Entwicklung (im biologischen Sinn), als Ergebnis einer endlosen Reihe von Konflikten, als Gleichgewichtssystem, das Störungen von innen und außen mit entgegengesetzten Kräften begegnet und das Gleichgewicht wiederherstellt, oder als strukturell-funktionales System verstanden (dazu auch K.Schütz 1990).

geht es um die Frage, inwieweit sich eine Gruppe den Zugang zu neuen Ideen, Handlungsweisen, Strategien, Zielen selbst schaffen kann.

3.2 Die Ebene der Selbststeuerung

Auf einer anderen Ebene der Analyse liegt der Prozeß der Selbststeuerung, des Einflusses, den die Gruppe selbst, natürlich über die Subjekte in der Gruppe, auf diesen Prozeß zu nehmen versucht. Im Gegensatz zu der Selbstreferenz des Gruppenprozesses, die eine Bedingung des sozialen Systems "Gruppe" ist, weil kommunikative Prozesse selbstreferentiell sind, möchte ich die Selbststeuerungsprozesse in einem sozialen System als "organisierte Selbstreferenz" bezeichnen. Diese autonome, selbstbezogene Steuerungsform eines Systems kann man der "organisierten Fremdreferenz" als Steuerung von außen gegenüberstellen. Selbststeuerung in diesem Sinne beschreibt alle in der Gruppe getroffenen Normierungen, Differenzierungen, Regelungen etc., die die Gruppe in die Lage versetzen, über sich (neue) Informationen zu erzeugen und sie steuernd für den eigenen Verlauf einzusetzen. Um das Selbststeuerungspotential sozialer Systeme untersuchen zu können, muß der Begriff noch weiter konkretisiert werden. Das ist in verschiedenen empirischen Kontexten jeweils neu zu leisten. [17] Im Zusammenhang dieser Arbeit, in der Selbststeuerung in selbstorganisierten, alternativen Gruppen als systembezogener Lernprozess transparent gemacht werden soll, ist das Verständnis von Reflexion und Leitung und - damit verbunden - von den gruppeneigenen Modellen der Gruppe näher zu bestimmen.

3.2.1 Reflexion

Die Fähigkeit eines Systems zur Selbstthematisierung, zur Selbstbeobachtung und -beschreibung, also zur Reflexion, gilt allgemein bei psychischen wie sozialen Systemen als Basis der Selbststeuerungsfähigkeit. Dazu muß ein System sich selbst in seinen Bezügen zu den relevanten Umwelten sehen können. Das ist eine sehr voraussetzungsvolle Fähigkeit, die zugleich die Lernfähigkeit eines Systems begründet: Es wird nicht nur von Erfahrungen der eigenen (Lern-)Geschichte geprägt, sondern es kann aus diesen Erfahrungen klug werden und sich selbst in Auseinandersetzung

---

[17] Vergleichbare Modelle für Selbststeuerungsprozesse in verschiedenen Formen sozialer Systeme finden sich u.a. bei M.Giesecke (1988) und in Anlehnung daran K.Rappe-Gieseke (1990) für Supervisionsprozesse in Teams und Gruppen, bei J. Schmidt 1989 ein Steuerungsmodell für Trainingsgruppen, (s.3.2.4. in diesem Kapitel) und bei W. Frindte, H.Schwartz, F.Roth (1989). Letztere entwickeln ein Modell der Intervention in Arbeits- und Sportgruppen. Von den strukturellen Gegebenheiten unterscheiden sich die hier untersuchten Gruppen v.a. dadurch, daß sie keine formalen Berater oder Leiter zur Prozeßsteuerung haben.

damit verändern. Reflexion wird in diesem systemtheoretischen Zusammenhang als Äquivalent zum Bewußtsein des psychischen Systems verstanden: Ein Teil kann sich in Beziehung zum (umgebenden) Ganzen setzen, es kann sich in seiner Umwelt sehen (z.B. H.Willke 1982, S.62ff.)

Voraussetzung dafür ist, daß ein Selbst besteht, das sich zum Gegenstand der eigenen Beobachtung und Kommunikation machen kann.[18] Das bei der Selbstbeobachtung und -thematisierung enstehende Selbstbild entspricht einer Konstruktion. Wenn in einer Gruppe die Gruppe selbst zum Thema wird, dann kann die Selbstthematisierung nur die Konstruktion eines Selbstbildes der Gruppe bedeuten, nach dem bestimmte Beobachtungen für wichtig gehalten, andere tabuisiert und ausgespart werden. Soll Reflexion zur Entwicklung eines Systems beitragen, so muß sie über die Bestätigung des Selbstbildes hinauskommen und Zugang zu "abweichenden", neuen Sichtweisen bekommen. Die Gruppe muß lernen, sich mit "fremden", unterschiedlichen Augen zu sehen. Das Gespräch in der Gruppe über die Gruppe findet nicht automatisch statt. Es braucht bestimmte Anlässe, die den "Alltagsprozeß" unterbrechen und die Beteiligten in eine Art "Forscherperspektive" bringen, aus der sie sich und die Gruppe von außen sehen und thematisieren können.[19] Selbstorganisierte Gruppen sind besonders darauf angewiesen, sich diese Unterbrechungen zu schaffen, weil sie nicht automatisch auf Leitungsrollen zurückgreifen können, zu deren Aufgaben die Reflexion in der Regel zählt. Ähnlich den "Biographiegeneratoren" als "institutionalisierte Selbstthematisierungsmöglichkeiten" (A.Hahn 1987, S.11) brauchen auch die Gruppen Gelegenheiten, die Gruppenbiographie gemeinsam zu erfinden sowie eine Idee der Zukunft zu entwerfen. Wichtig ist dabei vor allem die Schaffung von Distanzierungsmöglichkeiten aus dem alltäglichen Geschehen.

3.2.1.1 Modelle lernfähiger Gruppen

So wie sich für das Individuum jeweils gesellschaftstypische Formen der Selbstthematisierung beschreiben lassen (vgl. Hahn, Kapp 1987), so kann man die Entwicklung und Ausdifferenzierung von Sozialsystemen anhand von sie kennzeichnenden Reflexionsanlässen und -formen beschreiben. Für den Systemtyp der sich selbststeuernden Gruppe war die "Erfindung" der T-Gruppe ein entscheidender Schritt. Das Verhalten, aber v.a. die Sichtweisen des einzelnen Mitglieds, konnten durch Rückmeldungen von anderen erweitert und verändert werden. Damit war der Typ von Gruppe erfunden, der sich selbst in Hinblick auf das "Gruppe-Sein" zum Thema

---

18 A.Hahn 1987 nennt das ein "explizites Selbst - ein Ich, das seine Selbstheit zum Gegenstand von Darstellung und Kommunikation erhebt"(S.10), also selbstreflexiv ist.
19 Zum Verhältnis von Reflexion und Alltagshandeln am Beispiel des Aktionsforschungsansatzes J.A. Schülein (1979).

machen konnte: die selbstanalytische Gruppe (vgl. W.Metzger 1979, R.Lippit 1979). Sie beforschte sich - unter Anleitung der nicht mehr wie bisher völlig "unbeteiligten", sondern jetzt integrierten und engagierten Forscher - selbst und die Ergebnisse der Erhebungen wurden dadurch besonders wirksam. Daraus entwickelte sich die Grundidee der Aktionsforschung. Reflexionsgegenstand war (und ist in gruppendynamischen Verfahren[20] schwerpunktmäßig immer noch), die Befindlichkeit des einzelnen im sozialen Kontext der jeweiligen Gruppe, also im obigen Systemverständnis die *innere* Umwelt eines Systems.

Es gibt nur wenige Analyse- und Interventionsmodelle für Gruppen, die Reflexion als Faktor der Gruppenentwicklung und -steuerung überhaupt berücksichtigen. Diese Aufgabe wird meistens einer speziellen Rolle zugeordnet und die Fähigkeit zur Selbstreflexion nicht als Merkmal und Potential der Gruppe selbst begriffen. Es genügt, wenn ein geschickter Trainer, Berater, aber auch Vorgesetzter etc. über den Zustand der jeweiligen Gruppe Bescheid weiß und entsprechend intervenieren kann. Sehr ausführlich befaßt sich Th. Mills (1969, 1977, 1978) mit dieser Frage. Er entwickelt im Rahmen seines kybernetischen Gruppenmodells die Vorstellung, daß die Reichweite der Rückkoppelungsprozesse in einer Gruppe ihre Lern- und Entwicklungsfähigkeit beeinflußt. In einem dreistufigen Modell unterscheidet er

1. Rückkoppelung über eine zielgerichtete Handlung und deren Korrektur (Beispiel Torpedo).
2. Rückkoppelung in bezug auf die Gruppenstruktur und äußere Anforderungen (Lernen).
3. Gruppe als sich selbst beobachtendes und damit handlungsfähiges System, das eigene Ziele setzt und Rückschlüsse auf seinen Gesamtzustand ziehen kann.

Den Lernprozeß hat Mills bei der Untersuchung gruppendynamischer Trainings empirisch nachvollzogen. Nach einem längeren Trainingsprozeß konnten in den Gruppen bei Mills von den Teilnehmern zwei Bereiche beobachtet und thematisiert werden: Das, was man tat, um das Ziel der Gruppe zu erreichen, und zugleich, was dieses Tun für die Gruppe bedeutete. Mills kommt bei der Untersuchung seiner Trainingsgruppen zu dem Schluß, daß Gruppen lernen (können), Aussagen über sich (z.B. von einer Beobachtergruppe) zur Steuerung des eigenen Prozesses zu nutzen (Th.Mills 1977) und mehr und mehr "Selbstbewußtheit" zu entwickeln. In späteren Ausarbeitungen (1978) dieser Stufen zur "Selbstbewußtheit" beschreibt er Trainings-

---

20 Im Zusammenhang der Aufgabe der Selbststeuerung in sozialen Systemen wird das Lernfeld des gruppendynamischen Trainings neu zu bewerten sein: J.Schmidt (1989, 1990): Der Umgang mit unstrukturierten chaotischen Situationen kann hier erlebt und bearbeitet werden. E.Krainz 1990 (S.37): "Gruppendynamik läßt sich in ihrer Anwendung als Möglichkeit begreifen, soziale Systeme über diejenigen, die an ihnen teilhaben und von ihnen betroffen sind, zu einem höheren Bewußtsein ihrer selbst zu bringen und damit ihre bewußte Handlungsfähigkeit zu erhöhen." Siehe Kapitel V.

gruppen, die immer flexibler zwischen zwei Ebenen wechseln können, ohne dadurch verwirrt zu werden: Von der primären Ebene des Handlungsziels zu einer Ebene des Gruppenbewußtseins und zurück. Gruppenbewußtsein umschreibt ein sekundäres System, das überprüft, ob und wie die erste Ebene (des zielgerichteten Handelns) funktioniert. Das zielorientierte Handeln wird damit im Kontext der Gruppe wahrnehmbar. Dieses Vorgehen lernen Gruppen unter bestimmten experimentellen Bedingungen, der Wechsel automatisiert sich mit der Zeit (Th.Mills 1976).

Bei diesem Lernprozeß waren die Trainingsgruppen nicht auf sich gestellt. Sie wurden einerseits von außen (hinter der Einwegscheibe) beobachtet und die Beobachtungen wurden nach der Hälfte der Trainingswoche rückgemeldet, andererseits meldeten die in der Gruppe anwesenden Trainer ihre Wahrnehmungen auf der Ebene des "Gruppenbewußtseins" laufend zurück. Diese Rückmeldungen der Trainer und Beobachter beziehen sich v. a. auf den Kontext der Gruppe. Der Kontext wird z. B. durch Fragen oder Beobachtungen, ob und wie die einzelnen in ihrer Mitarbeit am Gruppenziel durch die Gruppe gehindert oder gefördert werden, in die Aufmerksamkeit der Beteiligten gerückt. Die Gruppenmitglieder lernen dabei, daß es nicht nur eine Handlungsebene gibt, sondern daß das System "Gruppe" selbst Einfluß auf die einzelnen und die Ziele hat. Sie erweitern damit ihre Wahrnehmungsmuster im Sinne eines komplexeren Modells der Experten.[21] Selbstorganisierte Gruppen, soweit sie ohne diese spezialisierten und ausgesprochen machtvollen (Experten-) Rollen auskommen wollen, werden diesen Lernprozeß nicht so einfach vollziehen können. In solchen Gruppen müssen die Reflexionsgelegenheiten selbst organisiert werden und die Reflexionsfragen selbst gestellt werden.

In der empirischen Analyse kann wohl - bei der grundsätzlichen Vieldeutigkeit und den vielen Bezugsmöglichkeiten von Mitteilungen auf unterschiedliche Kontexte - nur schwer zwischen der "einfachen Rückkoppelung" und dem "Bewußtsein über den Kontext" unterschieden werden, wie Mills (1978) das bei seiner Analyse tut. Daß aber zwischen den Fragen: Erreichen wir mit dem, was und wie wir es tun, unser Ziel? und: Welche Ziele können wir im Kontext unserer Gruppe verfolgen? ein Abstand an Reflexionstiefe steht, sollte deutlich werden. Vielleicht klarer ausgedrückt: Nicht nur die Frage *Was machen wir?*, sondern auch *Wie machen wir es in unserer konkreten Gruppe, mit unseren Möglichkeiten und Grenzen?* muß reflektierbar sein. Um sich immer komplexere Reflexionsfragen stellen zu können, müssen einerseits einzelne Mitglieder über die jeweilige soziale Kompetenz verfügen, andererseits die Gruppen die entsprechenden strukturellen Voraussetzungen

---

21 Im systemtherapeutischen Jargon heißt das: Neue Unterscheidungen und Informationen im System generieren (z.B. L.Hoffmann 1987).

(z.B. spezielle Beobachtungs- und Begleitungsrollen, spezielle Reflexionszeiten) dafür schaffen.

Eine Parallele zwischen den Lerntypen unterschiedlicher Komplexität nach G. Bateson (z.B. 1985 S.362 ff)[22] und dem Lernen von Gruppen wird deutlich: Individuen wie Gruppen können nach diesem Modell lernen zu lernen, das heißt, sich im eigenen Kontext zu beobachten und diese Beobachtung in die Handlung miteinzubeziehen. Und sie können sich bei einem entsprechenden Selbstverständnis die Lernkontexte selbst organisieren.

3.2.1.2 Reflexion in Gruppen als doppelte Distanzierung

Voraussetzung für das Reflektieren der Gruppensituation ist das Hin- und Herwechseln zwischen einer engagierten und einer distanzierten Position der Gruppe und ihren Aufgaben gegenüber. Dieses Wechselspiel und Dilemma beschreibt N.Elias (1987) für die (sozial-)wissenschaftliche Forschung, und man kann es als allgemeinen Anhaltspunkt auf die Grundprobleme übertragen, die Gruppenmitglieder selbstorganisierter Gruppen bei der Aufgabe haben, Reflexion als Steuerungsinstrument für den eigenen Gruppenprozeß zu organisieren. Einerseits müssen die Beteiligten sich als engagiert und betroffen erleben und sehen können, sonst würde es der Initiative an der nötigen Intensität fehlen. Sie müssen sich mit ihren eigenen Interessen, Wünschen und Bedürfnissen in die Gruppe einbringen und sich in ihr repräsentiert fühlen. Die engagierten Fragen, die sich aus dieser Position ergeben, lauten: Was bedeutet das für mich, für uns? Werden meine und unsere Erwartungen erfüllt? Je bewußter und klarer dem einzelnen seine Interessen sind und je deutlicher er sie einbringen kann, desto besser kommen sie zur Wirkung. Engagement steht damit für die Betroffenheit und das Erleben des sozialen Systems, des Prozesses "von innen" durch die unmittelbar Beteiligten. Andererseits gilt es, um das, woran man beteiligt ist, besser zu verstehen, sich in (mindestens) zweifacher Hinsicht von der engagierten Position zu distanzieren und sich gleichsam von außen, als Teil eines Systems zu sehen. Zunächst ist eine Distanzierung von den eigenen Interessen gegenüber den Erfordernissen der Gruppe nötig. Dort wird geregelt, wie die verschiedenen Erwartungen einzelner erfüllt werden können. Man muß sich und die anderen mit dem jeweiligen Interesse in der Gruppe wahrnehmen und distanziertere Fragen nach der Identität und dem Selbstverständnis der jeweiligen Gruppe stellen können. (Die Leitfrage: Was ist das?) In zweiter Hinsicht ist die Distanzierung vom Status Quo der Gruppe

---

22 Bateson erklärt den Unterschied zwischen Proto- und Deuterolernen gerne am Vergleich des Erlernens des Scheibenschießen mit dem Zielen über Kimme und Korn (Torpedo!), wo die Korrektur unmittelbar erfolgen kann und dem des Tontaubenschießen, wo nur über eine Klasse von Handlungen gelernt werden kann, also gelernt werden muß, wie man lernt (1984, 247 f.).

notwendig, um vergangene und zukünftige Entwicklungen verstehen und planen zu können.

Für die Selbststeuerung von und in Gruppen kann nicht entweder eine affekt-geladene, engagierte oder eine sachliche, "objektivierende" und reflektierende Haltung eingenommen bzw. das eine durch das andere ersetzt werden. Es geht gerade um das Wechselspiel, denn - kurz gesagt - ohne Distanzierung keine Steuerung und ohne Engagement keine lebendige Gruppe. Selbstorganisierte Gruppen sind somit darauf angewiesen, daß einzelne ihrer Mitglieder diese verschiedenen Perspektiven einnehmen können, daß sie abwechselnd sich und die Gruppe engagiert und distanziert erleben können. Das allein genügt aber nicht: Dieser Perspektivenwechsel muß in der Gruppe erlaubt und organisiert werden, damit die Gruppe sich steuern kann. Das führt über zu den Funktionen von Leitung in selbstorganisierten Gruppen, denn der möglichst widerspruchsarme Wechsel von der einen in die andere Perspektive passiert nicht automatisch, sondern er muß geleitet werden.

3.2.2 Leitung

In zirkulären Systemverhältnissen, in denen alles mit allem zusammenhängt und damit auch voneinander beeinflußt wird, kann jedes Geschehen als Beeinflussung der Systementwicklung beschrieben werden. Jedes Verhalten hinterläßt seine Spuren im System, und für die Beteiligten ist es unmöglich, sich *nicht* gegenseitig zu beeinflussen (vgl Schmidt, 1990). Was und wer sich wie auf wen und die Gruppe auswirkt, ist eine Entscheidung des Beobachters, der seine Beobachtungen auf bestimmte Weise interpunktiert und miteinander in Beziehung setzt. Im Gegensatz zu dieser wechselseitigen Beeinflussung soll Leitung solche Handlungen aller Teilnehmer einer Gruppe bezeichnen, mit denen der Verlauf, Ziele, Organisation, Struktur der ganzen Gruppe absichtsvoll beeinflußt werden. Eine selbstorganisierte Gruppe kann vielleicht ohne Leiter, also jemanden, der dauernd für diese Aufgabe verantwortlich ist, jemanden, der oder die in der Hierarchie formal höher steht als die anderen, auskommen, aber nicht ohne Leitung. Führungskräfte erscheinen unter bestimmten Umständen ersetzbar, aber nur wenn bestimmte Funktionen von Leitung ausgefüllt sind.[23]

Ein Hauptproblem der Selbststeuerung in selbstorganisierten Gruppen besteht im Widerspruch zwischen der Ablehnung von Führungspersonen und -rollen und der

---

23 Führung wird in diesem Zusammenhang meist als Menschenführung in der direkten Kommunikation verstanden, Leitung betont mehr den sach- und kontextbezogenen Teil von Lenkung in einem sozialen System. Da es bei Selbststeuerungsfragen weniger um die Führung einzelner, sondern mehr um die Gestaltung des Kontextes "Gruppe" geht, schien mir der Begriff "Leitung" hier besser geeignet. Auch sie findet allerdings in der direkten Auseinandersetzung statt.

Notwendigkeit, Leitungsfunktionen v.a. im Hinblick auf die Koordination der gemeinsamen Aufgabe auszufüllen. Sie wollen es anders machen, indem sie das hierarchische Prinzip abschaffen und durch kollektive Verantwortung und Leitung ersetzen. Durch dieses Ideal werden Leitungsaufgaben schnell mit der Rolle des Höherstehenden, des Vorgesetzten, der Autorität, die das Sagen hat und anschaffen kann, verbunden. Wer Leitungsaufgaben wahrnimmt, wird schnell verdächtigt werden, die Macht in der Gruppe übernehmen bzw. das Prinzip der Gleichheit untergraben zu wollen.

Die Selbststeuerungskompetenz der Gruppen wird entscheidend davon abhängen, ob die Gruppen zwischen einer personengebundenen, machtbezogenen Hierarchie und einer funktionalen Hierarchie der Aufgaben unterscheiden lernen. Die funktionale Hierarchie der Aufgaben versteht man als Aufgaben unterschiedlicher Reichweite im System (z.B. J.Schmidt 1989). G.Probst (1987, S. 81) beschreibt das als Heterarchieprinzip, um deutlich zu machen, daß die Funktion der Steuerung von mehreren Punkten im System ausgehen kann. Nur ist sie deshalb nicht überflüssig. Mit der Unterscheidung zwischen Leitung als Funktion und Leitung als Rolle/Position in hierarchischen Systemen möchte ich in keiner Weise Organisationsstrukturen, die auf bestimmten Macht- und Besitzverhältnissen basieren, als systemnotwendig und damit irgendwie naturgegeben darstellen. Leitung, verstanden als Funktion des Systems, soll den Blick dafür schärfen, ob Leitung eher traditionell, linear wahrgenommen wird oder andere Formen dafür erfunden werden. Jeweils neue, auch in selbstorganisierten Gruppen entstehende Machtverhältnisse sollen nicht einfach legitimiert, sondern im Gegenteil öffentlich und kritisierbar werden. Ein funktionales Verständis von Leitung in einem sozialen System eröffnet denkbare und praktizierbare Alternativen zu der oft sehr einschränkenden Sichtweise: "Alle oder keiner". Damit soll die Führung durch "einen" verhindert werden.

Für J.Schmidt (1990) liegt bei der Frage der Macht als Steuerungsprinzip aller sozialen Systeme und der Überwindung dieses Prinzips die grundlegende Änderung des Steuerungsmodus in selbstorganisierten und selbstgesteuerten Systemen. Ein Schritt in diese Richtung ist die Entkoppelung der Rang- bzw. Machthierarchie von einer funktionalen Hierarchie, die er bei der Ordnung der Welt immanent hält (vgl.S.28). Das bedeutet, daß Führung und Leitung neu definiert werden müssen. Führung kann nicht mehr als Befehls- und Steuerungsstruktur von oben nach unten angesehen werden, in dem Sinne, daß oben verfügt wird, wie unten Probleme zu lösen sind. Dieses Kommandoprinzip ignoriert systematisch das Steuerungswissen und die Kompetenz der Personen unten, die über die Fachfragen hinausgehen. Führung bzw. Leitung im Sinne einer Hierarchie von Systemfunktionen hat demgegenüber hauptsächlich die Aufgabe, Arbeits- und Veränderungsprozesse zu organisieren.[24] Zu ergänzen ist das Initiieren und Steuern von Reflexionsprozessen. Zwei Aspekte von Leitung als Prozeßsteuerung möchte ich hervorheben.

3.2.2.1 Leitung als (Organisation von) "Zukunftssicht" der Gruppe

Leitung bezieht sich nach diesem Verständnis auf die gesamte Gruppe und ihre Erfordernisse, im Gegensatz zu den Interessen und Bedürfnissen einzelner. Selbstorganisierte Gruppen dienen zunächst einmal den Bedürfnissen, Anliegen und Wünschen einzelner, ihre Interessen führen zum Entstehungsprozeß der Gruppe. Um die Erfüllung der Wünsche aber aufrechtzuerhalten, entsteht das soziale System mit eigenen Gesetzmäßigkeiten, mit eigenen "Systemerfordernissen". Daran orientiert sich Leitung: Leitung braucht ein zusätzliches Interesse, über das eigene hinaus; sie schaut auf die Ziele, die Entwicklungsmöglichkeiten der Gruppe. Mills (1969 S. 133 ff.) beschreibt das als Orientierung an der Metagruppe.

> "Wer eine Leitungsrolle übernimmt, ist insider und outsider der Gruppe zugleich. Er distanziert sich von der Gruppe, so wie sie im Moment ist, und übernimmt Verantwortung dafür, was sie werden könnte".

Durch Fragen wie "was ist diese Gruppe eigentlich, was sind das für Leute, was ist das Ziel etc?" wird der Status Quo verunsichert, alternative Entwicklungen werden denkbar. Leitung wird damit ganz ähnlich beschrieben wie das, was oben unter dem Wechsel zwischen Engagement und Distanzierung dargestellt wurde. Was Mills in dieser Definition der Leitungsrolle erfaßt, bezieht sich auf die individuelle Kompetenz desjenigen, der sie ausfüllen soll oder will. Er oder sie muß eine "Zukunftssicht" der Gruppe entwickeln können in bezug auf die er die Gruppe leiten möchte. Will man das Prinzip der persönlichen Führung ("Einer") überwinden und Leitungsaufgaben auf möglichst viele Mitglieder verteilen, so dürfen auch die "Zukunftssichten" der Gruppe nicht auf wenige beschränkt bleiben. Das heißt, die Leitungsfunktion in bezug auf die Gruppe besteht darin, den Wechsel zwischen insider - outsider-Stellung, zwischen Engagement und Distanzierung zu steuern. Es geht in der Leitungsfunktion (nicht mehr) darum, eine Vision zukünftiger Entwicklungen zu entwerfen und die Gruppe dahin zu führen, sondern den Entwurf einer Vision anzuleiten. Metagruppe

---

24 Ähnlich ist das "systemgerechte" Führungsverständnis von O.Neuberger (1989b,c), R.Wimmer (1989), G.Probst (1987) mit jeweils unterschiedlich ausformulierten Hinweisen für das konkrete Führungsverhalten. Ziel ist es, den Kontext von Mitarbeitern und Subsystemen eines Betriebs etc. so zu gestalten, daß die Selbststeuerungsmöglichkeiten der Individuen und der sozialen Systeme möglichst stimuliert werden. In diesem Zusammenhang wird allerdings nicht von materiellen Umverteilungen gesprochen. Die Gefahr einer erneuten Verschleierung von Abhängigkeits- und Machtverhältnissen in funktionalem Gewande liegt nahe.

und Leitungsaktivitäten können sich somit auf mindestens zwei Ebenen beziehen: Auf das, was zu tun, zu planen, zu organisieren etc. ist (Leitung erster Ordnung) und, eine Ebene höher, darauf, wie die Gruppe ihre Handlungen vollzieht, plant, organisiert etc. (Leitung zweiter Ordnung)[25].

3.2.2 Leitung als (Anleitung zu) Problemlösung(en)

Leitungshandlungen erster Ordnung bestehen z.B. in Entscheidungen darüber, was in einer konkreten Situation zu tun ist. Jemand gibt den Tip, die Anregung, Anweisung, was in der Gruppe und einer bestimmten Situation am besten zu geschehen hat. Das setzt, um nicht nur einen folgenlosen Tip zu geben, eine entsprechende (Macht-)Position in der Gruppe voraus. Um die eigenen Vorstellungen verwirklichen zu können, muß man über entsprechend viel Einfluß verfügen.

Leitungshandlungen zweiter Ordnung beziehen sich z. B.auf den Vorgang, *wie* in einer Gruppe eine Entscheidung getroffen wird. Das können auf unterschiedlichem Abstraktionsniveau komplizierte organisatorische Regelungen, Geschäftsordnungen u.ä. sein, die systeminterne Vorgänge aufeinander abstimmen, koordinieren; das kann aber auch die Moderation eines Gesprächs sein, in dessen Verlauf eine Entscheidung unter den Anwesenden getroffen werden soll.[26] Diese Leitungshandlungen setzen zwar nicht zwangsläufig - wie in den Anfängen der Familientherapie und der systemischen Intervention in Organisationen immer wieder beschrieben (M.Selvini-Palazzoli et al. 1981a) - eine hierarchisch höhere Position voraus; die Intervenierenden müssen aber als neutral anerkannt sein. Gruppen, die ohne von außen kommende neutrale Personen auskommen müssen und wollen, stehen an diesem Punkt vor einem Dilemma, das sich am besten an der Rolle eines Moderators aufzeigen läßt:

> Nach langen Vorüberlegungen soll in der Gruppe endlich entschieden werden, ob und wie der Name der Initiative verändert werden soll. Es gibt verschiedene Vorschläge und Meinungen dazu, man konnte sich bisher nicht einigen. Ein Moderator aus der Gruppe, der nun diesen Entscheidungsprozeß anleiten soll, wird leicht unter den Verdacht kommen, seine Rolle für seine Interessen als Mitglied zu mißbrauchen. Als Mitglied kann und soll ja niemand in solchen Fragen neutral bleiben.

---

25 Watzlawik et al. 1974 differenzieren zwischen Lösungen erster und zweiter Ordnung. Lösungen zweiter Ordnung sind Lösungen, die den Kontext einer Lösung verändern. (Watzlawik et al. 1974). Man kann analog dazu von Leitungsaufgaben erster und zweiter Ordnung sprechen (z.B. R.Wimmer 1989).

26 Leitungshandeln erster Ordnung bezieht sich in der Regel auf die Sachebene der Aufgabe, das zweiter Ordnung auf den Kontext, in dem die Sachaufgabe gelöst wird, auf das soziale System "Gruppe". Von den Steuernden wird somit nicht nur "Sachverstand", sondern auch Verständnis für die Eigenheiten sozialer Systeme verlangt.

Bei der Vermischung von Leitungshandlungen erster und zweiter Ordnung beginnen alle Gruppenphänomene wie Machtmißbrauch und Manipulation. Auch selbstorganisierte Gruppen, in denen Leitung im Sinne von Anleitung zu Problemlösungen organisiert wird, bleiben davon nicht verschont. Ganz im Gegenteil: Über die Steuerung eines Verfahrens kann man vielleicht nicht so eindeutig, aber umso unbemerkter (u.U. auch vor sich selbst) die Inhalte im eigenen Sinne beeinflussen. Die Macht, die auf der abstrakteren Ebene der Steuerung von Problemlösungsprozessen ausgeübt wird, ist viel schwerer zu erkennen, als direkter Einfluß, z.B. in inhaltlichen Fragen. Die eigenen Interessen sind aber auch nicht eindeutig durchzusetzen, weil innerhalb des Kontextes sich die Beteiligten immer zwischen verschiedenen Möglichkeiten entscheiden können. Diese "feinere" Art der (Meta-) Macht erscheint leicht als der hilfreiche erwünschte Bruder der direkten Macht, die auf der ersten Ebene direkt und unfein die eigenen Interessen durchzusetzen versucht. Wer neutral ist, der hilft und ist über den Verdacht des Machtmißbrauches erhaben. Einen archimedischen "neutralen" Punkt, von dem aus eine solche Funktion wahrgenommen werden kann, gibt es nicht. Auch Metakommunikation, die den gemeinsamen Kommunikationsprozeß zum Gegenstand hat, setzt Beziehungsstrukturen ohne Abhängigkeiten voraus. Innerhalb hierarchischer Verhältnisse im Sinne von Macht und Rangstrukturen ist Metakommunikation kein Ausweg (M.Selvini Palazzoli et al. 1981, S.255), da sie die laufende (hierarchische) Kommunikation fortsetzen würde, in der der Kontext von oben bestimmbar ist. Leitung muß eine gleichberechtigte Kommunikation garantieren, ohne sich selbst inhaltlich einzumischen und damit als parteiisch zu kompromittieren. In der Therapie von Familien ist diese Neutralität schon eine schwer zu erfüllende Forderung, obwohl die Therapeuten als Außenstehende mehr Chancen haben, für niemanden Partei zu ergreifen. In Gruppen, in denen Gleichberechtigte mit unterschiedlichen Interessen zusammenarbeiten, wird für einzelne die Neutralität noch viel schwerer zu bewahren sein. Absolute Neutralität stellt hier einen unerreichbaren Idealzustand dar. Der neutrale "Standpunkt" muß - nie so fest, wie man sich ihn vielleicht wünscht - über Personen (über den Verdacht des Machtmißbrauchs erhaben und entsprechend kontrolliert), oder über Regeln, die den Einfluß des Leiters auf bestimmte Verfahrensfragen beschränken und die von der Gruppe vereinbart werden. Die Regelungen können unterschiedlich rigide sein; in den hier besprochenen Gruppen wird man sie oft ganz neu aushandeln müssen.[27] Die enge wechselseitige Verflechtung von Leitung und Reflexion bzw. Selbstthematisierung

---

[27] Das Axiom der themenzentrierten Interaktion: Störungen haben Vorrang (faktisch, weil sie stören, wenn sie stören, ob man sie nun thematisiert oder nicht) kann natürlich auch im Sinne einer Fortsetzung eines Konflikts mit anderen Mitteln benutzt werden: Wenn ich mich auf Sachebene nicht durchsetzen kann, versuche ich auf Metaebene darüber zu reden, warum es nicht geht. Der Wechsel der Ebene vom Thema zum Kontext muß vorher von allen akzeptiert werden, was oft nicht einfach ist. Deswegen wird hier auch weniger von einer Regel, als von einer inneren Haltung gesprochen (z.B. R.Cohn 1975).

der Gruppe taucht hier überall auf. Trotzdem kann das eine nicht ganz im anderen aufgehen, weil Reflexionsprozesse, um ihr steuerndes Potential entfalten zu können, ja (ein-)geleitet werden müssen, ob und wie das passiert, muß dann aber wieder Gegenstand der Reflexion selbst werden.

3.3 Wer muß etwas lernen: Der einzelne oder die Gruppe?

Die Fähigkeit zur Selbstthematisierung des einzelnen und des jeweiligen sozialen Systems sind eng miteinander verknüpft, aber nicht aufeinander rückführbar in dem Sinne, daß, wenn es die einzelnen können, es in der Gruppe automatisch funktioniert. Der einzelne kann sich seine Gedanken machen, kann ein bestimmtes Bewußtsein für seine Situation in der Gruppe entwickeln, ohne daß dies in der Gruppe, weil es dort nicht angesprochen wird oder auf keine Resonanz stößt, irgendwelche steuernden Spuren hinterläßt. Ebenso nützt der schönste Plan zum Reflektieren der Gruppensituation nichts, wenn er nur von wenigen Mitgliedern umgesetzt werden kann. R. Wimmer (1990) schreibt - wohl in Anlehnung an U. Maturana - von einem koevolvierenden Prozeß, in dem die Fähigkeit zur Reflexion wechselseitig sich verändert und erweitert. Das heißt, daß Lernen nicht nur auf der Ebene des Bewußtseins, sondern in Verbindung damit, auf der Ebene der Organisation stattfinden kann und muß. Das bedeutet auch, daß bei aller Kompetenz, die einzelne Mitglieder mitbringen, der Lernprozeß in jeder Gruppe, die sich bildet, gemeinsam neu vollzogen werden muß. Keine Gruppe kann nahtlos an die Lernprozesse der einzelnen Mitglieder in anderen Gruppen anknüpfen. Das betrifft vor allem Gruppen, die auf kein standardisiertes Programm (z.B. eine Lerngruppe mit festgelegtem Stoff und Lehrer- und Schülerrollen) zurückgreifen können, sondern die sich ihre Struktur und Gestaltung selbst erfinden müssen, wie das alternative Gruppen ihrem Selbstverständnis nach tun wollen.

Das Mißverhältnis zwischen dem individuellen Bewußtsein und der Selbstthematisierungsfähigkeit wird deutlich, wenn man das immense, aber ausschließlich im informellen Bereich verhandelte Wissen über organisatorische und soziale Mängel innerhalb von Organisationen und Gruppen betrachtet. Viele wissen sehr genau über die wunden Punkte Bescheid, aber es kommt zu keinen Veränderungen. Das Schimpfen im Informellen stabilisiert die formale Organisation eher, als daß es sie verändert. Erst wenn offizieller, formaler Raum für die individuellen Beobachtungen geschaffen wird und über sie kommuniziert werden kann, wird es zu einem steuernden, verändernden Einfluß kommen. Das System selbst (nicht ohne die Mitglieder natürlich) muß die eigene Fähigkeit zur Selbstthematisierung organisieren können.[28]

---

28 Konkrete Beispiele zum Einfluß des informellen Systems und der Notwendigkeit der Selbstthe-

Damit soll nicht gesagt werden, daß informelle Beziehungsnetze in Gruppen und Organisationen keinen steuernden Einfluß haben: Sie bilden oft die eigentlich einflußreichen und (gegen-)steuernden Systeme. Einfluß im Sinne von Leitung können die informellen Inhalte nur bekommen, wenn sie formal integrierbar und bearbeitbar sind. Das Prozeßwissen der Beteiligten wird oft systematisch ausgeblendet, weil Organisation die Aufgabe der hierarchisch höheren Positionen und nicht die der davon Betroffenen ist (vgl.J.Schmidt 1990). In die individuelle Fähigkeit zur Selbstthematisierung wird wohl zur Zeit wesentlich mehr investiert als in das Reflexionspotential von Organisationen und Institutionen. Ersteres kann - und soll vielleicht auch gar nicht - steuernd wirksam werden, weil der Erhalt und weniger die Veränderung des jeweiligen sozialen Systems primär angestrebt wird: Für neue Sichtweisen des einzelnen bleibt gar kein Platz, das System selbst schafft keinen Ort, wo diese steuernd einfließen können.[29]

3.4 "Working the LOOP" oder das Schleifenmodell der Selbststeuerung

Während Th. Mills davon auszugehen scheint, daß sich die "doppelte Dekodierung" (1978, S. 25) ausbildet und dann *automatisch* in jedem Mitglied abläuft, so gehen Autoren, die es direkt auf die Selbststeuerungsfähigkeit von Gruppen abgesehen haben, davon aus, daß diese ein eigenes Steuerungsmodell dafür brauchen, das sie unabhängig von äußeren Vorgaben und Einflüssen macht. So ein Modell wurde von J.Schmidt (1987,88,89a) verschiedentlich beschrieben: Es ermöglicht der Gruppe ihre Aufmerksamkeit jeweils auf das *Sich-Orientieren*, *Handeln* und *Reflektieren* zu richten, den drei sich abwechselnden Phasen des Gruppengeschehens.[30]

---

matisierung K.Buchinger (1989),R. Wimmer (1989), J.Schmidt (1987), G.Probst (1987).

29 Nach H.Brück (1987, S. 299ff) und seinem Kommunikationsmodell für Gruppen sollte der "kommunikative Raum" von Gruppen möglichst groß sein, es sollten also möglichst viele Belange - v.a. die gefühlsmäßigen - der Mitglieder zur Sprache kommen können und möglichst wenig ins Informelle abgedrängt werden. Das kann nur in der Hinsicht stimmen, daß Gruppen den emotionalen Bereich in der Regel zu wenig berücksichtigen. Es kann nicht darum gehen, ihn beliebig auszudehnen: Die Arbeitsfähigkeit jeder Gruppe wäre damit in Frage gestellt, weil sie zu "abhängig" würde von ihrer inneren Umwelt. Viele psychologische Interventionen in Gruppen richten sich nach diesem Primat: Man kann nie genug über die Beziehungen untereinander sprechen. Das vermehrt oft die Probleme, wenn sie strukturelle und keine Beziehungsursachen haben (z.B. K.Buchinger 1990).

30 Solche "Selbststeuerungsabfolgen" haben eine lange Tradition: In der individuellen Besinnung: Sehen, Urteilen, Handeln, in der Zukunftswerkstatt, als kollektive Form neue Ideen, Perspektiven und Handlungsmöglichkeiten für eine gemeinsame Zukunft zu entwickeln (R.Jungk), in der Verschränkung von Praxis und Reflexion im Bewußtseinsbildungsprozeß der Pädagogik von P. Freire (1973).

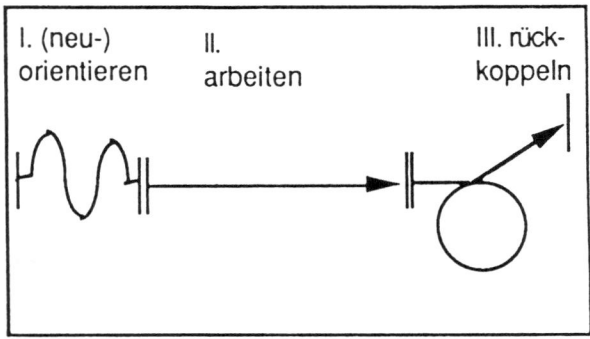

Jeder Phase sind spezielle Orientierungen oder Leitfragen, Handlungen und Arbeits-
methoden zugeordnet. Das know-how für den Umgang mit dem "Schleifenmodell"
muß sich eine Gruppe erwerben. Den Anspruch von Schmidt (1990), mit diesem
Modell eine Alternative zum Steuerungsprinzip von Macht und Hierarchie gefunden
zu haben, sehe ich nicht erfüllt. Schließlich muß der Ablauf der einzelnen Phasen und
vor allem der Übergang von einer Phase zur anderen gesteuert werden. Das ist nur
durch Leitung, mit den jeweiligen Möglichkeiten des Mißbrauchs, möglich. Sicherlich ist dieses Ablaufmodell aber ein schönes Beispiel dafür, wie Gruppen ihre Arbeit
steuern und dabei ohne personalisierte Führungsrollen auskommen können. Selbstorganisierte Gruppen müssen nichts von diesem oder ähnlichen Prozeßmodellen wissen. Inwieweit sie sich erfolgreich selbst steuern können, wird davon abhängen, ob
sie die drei Phasen oder Orientierungen enstprechend ihrer Aufgabe gestalten können. Die Gruppen müsssen die Phasen nicht wie ein Uhrwerk und immer vollständig
durchlaufen, aber wenn sie eine Phase systematisch vernachlässigen, so hat das typische Probleme zur Folge. Ohne (Neu-)Orientierung und Planung kann immer nur das
Gleiche gemacht werden, ohne jemals zu Innovationen zu kommen; ohne Hand-
lungsphase (Aktion) bleibt die Gruppe ohne Folgen, es wird nur "geredet"; ohne Reflexion besteht die Gefahr des Aktionismus, bei dem die Folgen der Aktionen für die
Umwelt und die Gruppe nicht bedacht werden können. Die bereits angesprochene
Verknüpfung mit Leitung wird hier wieder deutlich: Es müssen Vereinbarungen
herbeigeführt werden, worum es im jeweiligen Augenblick gerade geht, damit die
Aufmerksamkeit aller möglichst auf den gleichen Gegenstand gerichtet ist. Die Entscheidung darüber kann nur selbst Gegenstand von Auseinandersetzung sein. Leitung hieße hier, diese Abfolge von Orientierung, Handlung, Reflexion zu steuern
und, wenn es nicht klappt, gerade darüber wieder eine Reflexion herbeizuführen.
Man sieht: Ein sehr komplexer Vorgang, ganz weit entfernt von dem ursprünglichen
Vorsatz der meisten alternativen Gruppen: "Am besten, wir machen einfach was miteinander und reden nicht lange."

3.5 Das (gruppeneigene) Modell der Gruppe

Wir nähern uns unmerklich aber unausweichlich der Frage, in bezug auf was reflektiert und geleitet wird. Als Vorgang "an sich" kann man sich Leitung und Reflexion nicht vorstellen. Geleitet wird immer irgendwohin und reflektiert wird immer in bezug auf etwas. Wenn in einer Gruppe jemand anregt, über die letzte Aktion zu reden und diese auszuwerten, so wird er/sie das mit seiner (Modell-)Vorstellung begründen, daß man daraus etwas für weitere Aktionen lernen könnte. Wer anregt, über die Beziehungen oder über Konflikte in der Gruppe zu reden, der meint, dadurch könnten eventuelle Schwierigkeiten beseitigt werden. Oder er hat vor Augen, daß in so einer Gruppe - z.B. im Gegensatz zum Arbeitsplatz - die Beziehungen stimmen müßten, weil sich sonst eine Mitarbeit nicht lohne. Man kann auch auf dem Standpunkt stehen, daß dieses "Beziehungsgerede" auf jeden Fall vermieden werden muß, weil man schließlich keine Therapiegruppe, sondern eine Initiative sei, die Besseres zu tun hätte. Ohne Bezug auf ein Modell von einer funktionierenden Gruppe ist Leitung und Reflexion nicht denkbar. Entscheidend verkompliziert wird der Zusammenhang dadurch, daß eine Gruppe als soziales System kein "inividuelles" Bewußtsein vom eigenen "Selbst" entwickeln kann. Alle Mitglieder bringen ihre eigenen (Modell-) Vorstellungen von einer gut funktionierenden, alternativen, selbstgesteuerten Gruppe mit und darüber hinaus noch eine Menge Erwartungen und Befürchtungen an die Gruppe, die ihnen gar nicht bewußt sind. Das Selbstverständnis einer Gruppe ist - wie das individuelle Bewußtsein - nur sehr begrenzt besprechbar und für die bewußte Steuerung oder organisierte Selbstreferenz verfügbar. Das was "offiziell" über das Selbstverständnis gesagt wird und gesagt werden kann, bildet nur einen kleinen Auschnitt der Ideen, die eine Gruppe in ihren aufeinander bezogenen Handlungen leiten.

Das "Gruppenselbst" oder - auf den kommunizierten Teil beschränkt - das Selbstverständnis einer Gruppe ist wie alle anderen Gruppenprozesse nichts Festes, Unveränderliches. Es entsteht und verändert sich im Prozeß der Gruppe. Das Selbstverständnis kann komplex oder einfach, individuums- oder gruppenbezogen, beziehungs- oder sachorientiert sein. Anhand der Aussagen der Gruppen wird man sehen, wie sich die Modelle klassifizieren lassen. Um einschätzen zu können, wie alternative oder selbstorganisierte Gruppen mit dem Problem der Selbststeuerung zurechtkommen, kann man das gruppeneigene Modell mit dem hier skizzierten Modell von Selbststeuerung vergleichen. Für die Erweiterung und Verbesserung der Selbststeuerungsfähigkeit wird es darauf ankommen, das gruppeneigene Modell in diesem Sinne zu erweitern. Die Strukturmerkmale der Alternativbewegung, die im ersten Abschnitt kurz dargestellt wurden (I 2.), drücken erste, allgemeine Modellvorstellungen aus, an denen sich die Mitglieder in selbstorganisierten, experimentellen Gruppen orientieren werden.

4. Zusammenfassung des Untersuchungsmodells anhand von Fragen

Im folgenden sind kurz die konkreten Themen aufgezählt, die bei der Analyse selbstorgansierter Gruppen nach dem im vorherigen Abschnitt dargestellten Untersuchungsmodell behandelt werden sollen. Sie orientieren sich an Fragen, die in einem Interview besprechbar erscheinen und die keine anderen Methoden erfordern (z.B. teilnehmende Beobachtung). Anhand dieser Themen wurde dann der Gesprächsleitfaden ausgearbeitet, methodische Einzelheiten werden zu Beginn des nächsten Kapitels ausgeführt.

Der selbstreferentielle Entwicklungsprozeß der Gruppe soll mit folgenden Fragen erhoben werden:

* Welche Normen, Rollen und Institutionalisierungen strukturieren die Gruppe in bezug auf die Zusammenarbeit und in welcher Beziehung stehen sie zur Kontinuität der Gruppe? Daraufhin sollen vor allem der Alltag der Gruppe, der Ablauf der Zusammenkünfte, die Verteilung der Aufgaben und Zuständigkeiten, bestimmte Rituale und Regelmäßigkeiten über längere Zeiträume hinweg etc. untersucht werden.
* Welche Regelungen (z.B. zur Aufnahme von Mitgliedern) und welche anderen Formen der Erhaltung der Identität und Kontinuität der Gruppen lassen sich beobachten? Welche Themen gehören in die Gruppe, welche werden dort nicht besprochen, welche werden vermieden oder eindeutig ausgeschlossen?
* Wie gestalten die Gruppen ihre Beziehungen nach außen? Wie ist die Zusammenarbeit, die Vertretung geregelt, wie werden notwendige Ressourcen beschafft (Räume, Zeit, Geld, Mitglieder)? Wie werden Mitglieder ausgewählt und wie werden sie aufgenommen, wie verläßt man die Gruppe? Wie wird auf Anforderungen von außen reagiert? Inwieweit kann man sich davon abgrenzen?
* Welche Bezugsgruppen gibt es, von denen sich die untersuchten Gruppen entweder abgrenzen oder an denen sie sich orientieren wollen.
* Welche Phasen lassen sich in den Entwicklungsgeschichten der Gruppen unterscheiden? Gibt es darüber hinaus Veränderungen, die die Gruppe als Systemtyp verändern? Welcher Art sind die Störungen, die von den Betroffenen als Wendepunkte oder besonders wichtige Ereignisse in der Geschichte der Gruppe markiert werden?

Alle Themen sollen sowohl auf ihre Beziehung zur Kontinuität wie auch zur Veränderbarkeit und zur Beweglichkeit der Gruppe hin interpretiert werden. Und weiterhin: Wie wird dadurch die Autonomie der Gruppe gegenüber ihrer inneren und äußeren Umwelt gestaltet?

Auf der Ebene der Selbststeuerung soll erkundet werden:

* Entwickeln sich unterscheidbare Phasen, Zeiten, Gelegenheiten, in denen geplant, gehandelt und reflektiert wird? Wie wird dabei vorgegangen, gibt es besondere Formen, die einzelnen Vorgänge zu gestalten? Wie wird von einem zum anderen gewechselt? Wie werden neue Ideen, Handlungsformen, Utopien etc. entwickelt, gibt es dafür bestimmte Methoden und Vorgehensweisen?

* Welchen inhaltlichen und zeitlichen Horizont haben Planung und Reflexion, welche Aspekte der Gruppe (sachliche Arbeit, die Gruppe selbst als soziales System, die Individuen) werden in die Planung und Reflexion einbezogen?

* Welche Leitungsfunktionen werden wahrgenommen, welche nicht? Welche Leitungsrollen bilden sich heraus, wie flexibel wird Leitung gehandhabt?

* Worauf wird der eigene Erfolg zurückgeführt? Was ist Öl oder Sand im Getriebe der Gruppe? Was macht sie im Vergleich zu anderen Gruppen besonders erfolgreich?

III. Methodisches

Vor der Darstellung der Ergebnisse empfiehlt es sich, einen kurzen Blick auf die Methodik der Untersuchung zu werfen. Die Art der Befragung sowie die Auswertung der Daten beeinflussen nicht nur die gewonnenen Antworten entscheidend, sie verändern im Sinne einer Intervention die Gruppen selbst. Datenerhebung zur Diagnose und verändernde Interventionen sind nach dem Verständnis der Aktionsforschung nicht voneinander zu trennen.

1. Die Untersuchungsmethode

Bei der Auswahl der Untersuchungsmethode waren folgende Bedingungen vorgegeben: Die Methode mußte sich für die Untersuchung von Gruppen eignen, sie mußte Daten über den aktuellen Zustand sowie die Entwicklungsgeschichte des sozialen Systems erbringen und zudem den Umfang der Daten auf eine Menge beschränken, die im Rahmen einer solchen Arbeit ohne verfügbaren Forschungsetat zu verarbeiten war. Entsprechend dem konstruktivistischen Ansatz des Untersuchungsmodells sollte im Rahmen der Erhebung für die Deutungs- und Bewertungsmuster der Befragten selbst viel Raum zur Verfügung stehen. Die gewonnenen Daten über die einzelnen "Lösungen" der "Systemprobleme" wie der Entstehung, der Kontinuität und Veränderung sowie der Steuerung sollen für verschiedene Gruppen erhebbar sein, so daß ein Vergleich der einzelnen Varianten möglich wird. Damit ist kein statistischer, quantitativer Vergleich gemeint. Bei dieser Ausgangslage habe ich mich, in Auseinandersetzung mit verschiedenen Methoden quantitativer und qualitativer

Sozialforschung[1] für die Erforschung von sozialen Kontexten, für folgendes Vorgehen entschieden

* *Erhebung der Daten in Form einer "aufgaben- und fragegeleiteten Selbstanalyse mit Gruppendiskussion"*
Diese methodische "Erfindung" versteht sich einerseits als qualitatives Interview[2], bei dem anhand eines Frageleitfadens, der die wichtigsten Elemente der "Theorie vor den Daten" enthält, ein Gespräch in möglichst alltagsnaher Form geführt wird. Die Befragten sollen dabei ansprechen können, was ihnen in bezug auf die *offenen* Fragen einfällt und wichtig erscheint. Andererseits war das Interview als Gruppendiskussion geplant, bei dem die behandelten Fragen von Gruppenmitgliedern diskutiert werden sollten, um zu einem Bild der Gruppe zu kommen, das nicht nur auf der Meinung einzelner basiert. Die Diskussion unterschiedlicher Meinungen und Einschätzungen im Rahmen der Befragung regte die Bewertung der Antworten durch die Beteiligten an. Gemeinsame, sich ergänzende und einander ausschließende Sichtweisen konnten als solche herausgearbeitet werden.

Um wirklich eine Diskussion in Gang zu setzen und verschiedene Sichtweisen der Teilnehmerinnen und Teilnehmer ins Gespräch zu bringen, habe ich mir folgendes methodische Vorgehen[3] ausgedacht:
Vier größere Fragekomplexe:
* Die Situation der Gruppe zur Zeit des Einstiegs und heute,
* die Lebenslinie der Gruppe,
* die ein- und ausgeschlossenen bzw. fraglichen thematischen Bereiche und
* die Beziehungen der Gruppe zu ihrer Umwelt
sollten anhand von Leitfragen auf einem Frageblatt möglichst in einem Bild dargestellt werden. Die erste Aufgabe richtete sich an alle, die folgenden wurden unter die Anwesenden verteilt. Im Gespräch stellten dann die einzelnen ihre Überlegungen vor und die anderen konnten dazu Stellung nehmen, diese ergänzen, andere Meinungen

---

1   Bei der Erforschung komplexer sozialer Kontexte und Handlungszusammenhänge haben qualitative Methoden eine lange Tradition; sie erscheinen dafür besonders geeignet (vgl. C.Hopf 1984, S.19), weil quantitative, standardisierte Analysen nichts über die Bedeutung der Prozesse und Strukturen in sozialen Systemen aussagen und nur ganz grobe Zusammenhänge (z.B. zwischen Struktur und Aufgabe einer Organisation) erfassen können. (Beispiele bei C. Hopf, 1984) Jede Form von teilnehmender Beobachtung über einen längeren Zeitraum hinweg wäre zu aufwendig gewesen und hätte keine Selbstaussagen der Gruppenmitglieder erbracht. (Zur Methode der teilnehmenden Beobachtung in SHGs: E.Halves u.a. 1984). Die Analysen von Gruppensitzungen anhand von Video- und Tonbandaufzeichnungen, wie in der Analyse selbstanalytischer und therapeutischer Gruppen üblich (D.Sandner 1978, 1988 im Überblick), führen v.a. zum Verstehen von Interaktionsmustern oder "verdeckten" Gruppenthemen im psychoanalytischen Sinn.
2   (z.B. R.K. Merton, P.L. Kendall 1942, 1984), ausführlich an einem Beispiel beschrieben bei T. Faltermaier (1987, S. 247 -263)
3   In der Prozeßevaluation in gruppendynamischen oder pädagogischen Settings wird Ähnliches praktiziert. (z.B. G.Fatzer, H. Jansen 1980)

äußern etc. So entstand - das war immer der Fall - eine Diskussion anhand der Beiträge der einzelnen Gruppenmitglieder und nicht nur als Antwort auf meine Fragen. Die einzelnen hatten Zeit, sich ihre eigene Sichtweise zurechtzulegen und sie dann erst in die Gruppendiskussion einzubringen. Bei den komplexen Fragen nach Bildern und Einschätzungen erschien dies unbedingt notwendig. Die anderen konnten dann zum Gesagten Stellung nehmen. In einer zeitlich gerafften Weise fand die Untersuchung also als Befragung einzelner (zu verschiedenen Fragekomplexen) und als Diskussion ihrer Antworten in der Gruppe statt.

* Befragung von drei bis vier Gruppenvertretern: Ein Gespräch unter Forscherinnen und Forschern

An den Diskussionen nahmen drei oder vier Vertreterinnen und Vertreter der Gruppen teil. Solche Treffen waren leichter zu organisieren; die Bearbeitung der Fragen und Aufgaben mit einer ganzen Gruppe hätte Tage gedauert und die Daten wären unüberschaubar geworden. Diese Not birgt folgende Tugend: Für die Reflexion des Gruppengeschehens sind (s.Kap.II) die Unterbrechung des Alltagsgeschehens und die Distanzierung davon notwendig. Mit den Fragen und Aufgaben wollte ich in die Gesprächsgruppe eine Forscherperspektive einführen, in der sich die einzelnen vom unmittelbaren Geschehen distanzieren und ihre Gruppe aus dieser Sicht von außen rekonstruieren können. Dazu ist es notwendig, daß der Rahmen, in dem das Gespräch stattfindet, nicht mit dem des Gruppenalltags identisch ist. Mein Eindruck wurde durch die Beteiligten bestätigt. Die allermeisten Gesprächsteilnehmerinnen und -teilnehmer hatten den Eindruck, beim Interview so intensiv über die Gruppe gesprochen zu haben, wie sonst eigentlich nie. In diesem kleineren und distanzierteren Rahmen konnten viele Einschätzungen geäußert werden, die im Gruppenalltag *vor allen* nicht zur Sprache kommen.

Mit der Bitte, daß am Gespräch Gruppenmitglieder aus verschiedenen Strömungen und Generationen teilnehmen sollten, die die jeweilige Gruppe in ihrer Vielfalt darstellen, versuchte ich auf die Gültigkeit der Ergebnisse für die ganzen Gruppen Einfluß zu nehmen. Auf die methodische Gestaltung der Untersuchung komme ich in Kapitel IV noch einmal zu sprechen. Man kann sie als Grundmuster für Interventionen in selbstreferentielle Sozialsysteme verstehen.[4] Der Frageleitfaden ist im Anhang angefügt.

---

4 Die Grundidee ist, durch die Einnahme neuer, ungewöhnlicher Perspektiven neue Informationen in ein System einzuführen und mit den bekannten, ausgesprochenen zu vergleichen. Das Vorgehen in der Untersuchung hat bestimmte Ähnlichkeiten mit den zirkulären Fragen und dem reflektierenden Team in der Familientherapie (vgl. z.B. G.Weber, F.Simon (1987), Selvini-Palazzoli u.a. (1981), T.Andersen (1990).

2. Auswahlkriterien

Innerhalb des ungemein vielfältigen und bunten Bereichs der "Selbstorganisation"[5] mußte eine Auswahl getroffen werden. Die Auswahlkriterien werden im folgenden kurz dargestellt, um die Vergleichbarkeit mit anderen Untersuchungen einschätzbar zu machen. Zugleich wird das breite Spektrum an Gruppierungsarten deutlich, in dem wir uns bei der Untersuchung von Selbstorganisationsprozessen in Gruppen bewegen.

* Sich selbst organisierende gegenüber organisierten Gruppen
Wie mehrfach schon besprochen, kann man soziale Systeme nicht in selbst- oder fremdorganisierte Systeme einteilen. Natürlich laufen auch in fremdorganisierten Gruppen, wie z.B. teilautonomen Arbeitsgruppen, Arbeitsteams und Projektgruppen, innerhalb von Großorganisationen Selbstorganisations- und Selbststeuerungsprozesse ab, die immer zu einem gewissen Eigenleben der Gruppen führen. Ihr Gestaltungsspielraum wird aber - zumindest solange die Gruppe nicht auf das Gesamtsystem Einfluß nehmen kann - innerhalb der Vorgaben von außen bleiben müssen (z.B. die Vorgabe einer institutionell fixierten Leitungsrolle, einer bestimmten Aufgabenverteilung). Hier geht es um Gruppen, die von Anfang an über einen möglichst großen Spielraum zur Selbstorganisation verfügt haben und auf Vorgaben von außen nur wenig Rücksicht nehmen mußten. Das bedeutet nicht, daß die Gruppen in jedem Fall dem Kriterium "selbstinitiiert" genügten. Sie konnten, wie in diesem Bereich häufig zu finden[6], auch von anderen Organisationen oder Nicht-Betroffenen ins Leben gerufen werden. Die entscheidenden Kriterien waren, ob die Gruppen über ihre Mitglieder (wer darf mitmachen), ihre Ziele und Aufgaben, sowie deren Gestaltung selbst entscheiden konnten. Fünf der dreizehn untersuchten Gruppen wurden nicht von ihren späteren Mitgliedern initiiert, sondern von interessierten Außenstehenden, meist Professionellen, die in diesem Bereich tätig waren. Die Initiative ging dann jeweils auf die Mitglieder über, teilweise unter sehr heftigen Ablösungskonflikten.

* Gruppen mit offenem zeitlichen Horizont gegenüber befristeten Gruppen
Zu den Ausgangsbedingungen einer Gruppe gehört ihr jeweiliger zeitlicher Horizont. Prozesse in befristeten Gruppen, wie Lern-, Selbsterfahrungs-, Trainings- und The-

---

5 Im Sinne *selbst*organisierter Gruppen und Initiativen als Überbegriff für den ganzen Bereich der Selbsthilfe, des alternativen Wirtschaftens und sozialer Aktionen (vgl. Badelt 1980).

6 So klassifiziert Kreutz (1985) 50 % seiner repräsentativen Stichproben von alternativen Projekten (100) in zwei Ballungsräumen als fremdinitiiert. Bei genauer Analyse läßt sich immer etwas und jemand finden, das/der "von außen" die Gründung angestoßen hat, ohne selbst beteiligt zu sein. Trotzdem sind die Projekte nach ihrer Selbsteinschätzung selbstinitiiert.

rapiegruppen, verlaufen anders als Gruppenprozesse, deren Ende nicht von vorneherein feststeht. Gerade die Institutionalisierung und Normierung wird bei andauernden Gruppen weiter fortschreiten und diese langfristigen Entwicklungen sollten erfaßt werden.[7] Weiterhin sollten die Gruppen bereits ihre Gründungsphase überstanden haben und zu einer so dauerhaften Zusammenarbeit gekommen sein, daß sich Strukturen, Rollen, Arbeitsformen bereits ausbilden konnten. Es kam mir weniger auf die genaue Nachzeichnung dieser ersten Phase an, als auf den Vergleich zwischen damals - als die Gruppe gegründet oder der einzelne Mitglied wurde - und heute und auf die dazwischenliegenden Veränderungen. Das "Alter" der Gruppen variiert zwischen eineinhalb und 18 Jahren. Die Befragung trifft die Gruppen in ganz verschiedenen Abschnitten ihres Entwicklungsprozesses an. Diese Variation erschien mir sinnvoll, da die Gruppen nicht in bezug auf ihre momentane Situation, sondern im Hinblick auf ihren Entwicklungsprozeß miteinander verglichen werden sollen. Alle Gruppen bestanden zum Zeitpunkt des Interviews noch, und bei keiner war so schnell ein Ende absehbar. Insofern handelt es sich um eine Auswahl - zumindest was ihren Bestand anbetrifft - *erfolgreicher* Gruppen. Die besonderen Bedingungen, die zu einer Auflösung führen, können hier nicht beschrieben werden.

* *"Eigenständige (Klein-)gruppen" gegenüber Vertretergruppen und Gremien*
Die Untersuchung war begrenzt auf Gruppen, in denen direkte Interaktionen zwischen den Mitgliedern möglich waren, was nicht heißt, daß sie sich nicht "auf dem Weg" zur Organisation befinden konnten. Der durfte nur nicht so weit fortgeschritten sein, daß keine identifizierbare und befragbare Gruppe mehr vorhanden war, die als sich selbstorganisierend anzusehen war. D.h., es wurden keine "Vertreter-", Koordinations- oder Leitungsgruppen befragt, sondern die Gruppen, von denen die Aktivitäten innerhalb des jeweiligen Projekts ausgingen.[8] Bei größeren Systemen habe ich die Kleingruppe befragt, von der dem Augenschein nach die Aktiviäten ausgingen und nicht die in manchen Fällen angegliederten Arbeitskreise und Ausschüsse. Bei Vereinen habe ich den Vorstand als Gruppe untersucht und nicht die

---

7   Zur unterschiedlichen Dynamik von "realen" und "künstlichen, befristeten Gruppen" z.B. Neidhart 1983a S.13: Gruppendynamik und ihre Gruppen produzieren lehrreiche Erfahrungen, aber wenig Erkenntnisse über die Gesellschaftlichkeit von Gruppen und ihre Bedeutung für die beteiligten Personen und ihre Umwelt. Sie haben keine gemeinsame Zukunft und Vergangenheit und die Prozesse und Strukturen, die aus dauerhaften persönlichen Beziehungen von einer gewissen "Hafttiefe" an in Gruppen entstehen, finden in Laboratorien gar nicht statt." Genau diese geringere Hafttiefe eröffnet ja den speziellen Experimentierraum dieser Gruppen, in dem alte Verhaltens- und Wahrnehmungsmuster nicht immer wiederholt werden müssen.
8   D.Claessens (1977) unterscheidet zwischen Gruppen erster Ordnung und zweiter Ordnung und meint damit Basisgruppen der unmittelbar Beteiligten und Gruppen von Vertretern aus Gruppen, die dort ihre Arbeit koordinieren, sich absprechen etc.. Untersucht werden hier v.a. Gruppen erster Ordnung, wobei sich zeigen wird, daß diese Unterscheidung für selbstorganisierte Gruppen nicht ganz trägt, weil sich die Gruppen nicht einfach in hierarchische Beziehungen zueinander einordnen lassen.

Mitgliederversammlung, wenn diese keinen Kleingruppencharakter hatte und zugleich von ihr keine Impulse für die Arbeit der Initiative ausgingen. Wenn dagegen der Vorstand nur formale Aufgaben hatte und nicht als eigenständige Gruppe in Erscheinung trat, habe ich die Kreise (die dann Initiativentreff, Mitarbeiterkreis etc. hießen) befragt, von denen die hauptsächlichen Aktivitäten ausgingen. Das waren insoweit keine willkürlichen Entscheidungen, weil bei der Größe der untersuchten Gruppen immer ein eindeutiges "Zentrum" auszumachen war für die Befragten wie für mich als Fragenden. Die gruppenspezifischen Regelungen, die bei den Ergebnissen dargestellt werden, beziehen sich aber auf die jeweilige Gruppe und nicht - wenn vorhanden - auf die gesamte Organisation.

* *Zugängliche Gruppen mit Interesse an Reflexion gegenüber abgeschlossenen Gruppen*

Wenn Gruppen in starkem Gegensatz zu den Normen ihrer Umwelt stehen, lassen sie sich kaum ausgiebig über ihr Innenleben befragen (z.B. Sekten mit Angst vor Öffentlichkeit, militante Widerstandsgruppen mit Angst vor Spitzeln und Strafverfolgung). Ebenso sind solche Gruppen, die eher im Gegensatz zu ihren Idealen organisisiert sind, in denen es z.B. mit der Gleichberechtigung und Gleichheit der Mitglieder nicht allzuweit her ist und in denen "Mächtige" befürchten müssen, während einer Reflexion kritisiert zu werden, nicht leicht für Außenstehende zugänglich. Notgedrungen werden hier Gruppen beschrieben, die Interesse an der Reflexion der eigenen Geschichte haben. Um die Angst vor einem Fremden, der möglicherweise unangenehme Fragen stellt und dem man auf keinen Fall die "wunden" Punkte zeigen will, gering zu halten, habe ich nur Gruppen untersucht, denen ich persönlich oder über vertrauenswürdige Dritte bekannt war. Da es um möglichst intensive und offene Gespräche ging, schien mir die Nähe zu den Gruppen wichtiger als der möglicherweise unvoreingenommenere Blick, den ich als völlig Fremder gehabt hätte. Die Bereitschaft, an der Untersuchung teilzunehmen, war insgesamt sehr hoch; ich erhielt nur zwei Absagen. Bei einer hatte ich den Eindruck, daß der angefragte "Leiter" der Gruppe seine Rolle nicht allzu sehr hinterfragen lassen wollte.

* *Aktions- und identitätsorientierte Gruppen*

Im Gegensatz zu Untersuchungen über die Prozesse in relativ homogenen Stichproben von Gruppen[9], wollte ich Gruppen mit unterschiedlichen Aufgaben und Zielen miteinander vergleichen. Selbstorganisations- und Selbststeuerungsprozesse sollten sich in Gruppen mit relativ unterschiedlichen Fragestellungen wiederfinden lassen.

---

9   Z.B. Asam, Heck, Schneider (1984), Schneider (1983) für Selbsthilfegruppen Behinderter, Schaeffer D. (1984) für Selbsthilfegruppen krebskranker Frauen, und schon breiter angelegt H.Kreutz (1985) für alternative Projekte, E.Halves, H-W. Wetendorf in Trojan (Hrsg.)(1986) für Gesundheitsselbsthilfegruppen.

Zugleich wird dadurch die Wirkung der Umwelt der Gruppen sichtbarer, als bei Gruppen, die sich darin sehr ähnlich wären. Ich habe deshalb so unterschiedliche Gruppen wie "typische" Selbsthilfegruppen, eine Musikgruppe, Initiativen mit sozialen und kulturellen Zielen, Lerngruppen und eine Druckerei in die Untersuchung einbezogen. Die einzelnen Aufgaben sind *nicht* vergleichbar, sondern sie konstituieren verschiedene Arten von Umweltbeziehungen. Dieses Vorgehen wird von der These gestützt, daß die jeweilige Aufgabe einer Gruppe ihren speziellen Bezug zur (inneren wie äußeren) Umwelt weitgehend (nicht vollständig) bestimmt und damit auch die jeweilige Strukturbildung. Das steht aber nur scheinbar im Widerspruch zu der Annahme, daß die Gruppen gegenüber ihren Umwelten autonom werden (können): Einerseits zähle ich in der Analyse die Aufgabe zu den jeweiligen Ausgangsbedingungen, die den Prozeß in Gang setzen und damit zu den Rahmenbedingungen, innerhalb derer die Gruppe sich autonom entwickeln kann. Andererseits kann die Gruppe im Laufe ihres Prozesses Aufgaben und Ziele "selbststeuernd" verändern.[10]

3. Zwei Gruppentypen: Aktions- und identitätsorientierte Gruppen

Nach ihrer Zielsetzung lassen sich die Gruppen in zwei Kategorien einteilen: in "aktionsorientierte" und "identitätsorientierte" Gruppen, man könnte auch sagen, in Gruppen mit überwiegendem Bezug zu ihrer äußeren oder inneren Umwelt. Die beiden Gruppentypen finden sich in vergleichbaren Untersuchungen und sollen bei den einzelnen Auswertungsabschnitten auf ihre Unterschiede hin betrachtet werden (vgl. Schliehe 1988).[11]

---

10 Diese These, daß die Gruppenstruktur das Abbild der Projektion der Aufgabe auf die Gruppe ist und daß Aufgaben um so besser erfüllt werden, je perfekter Struktur und Aufgabe sich decken, stammt - in Anlehnung an die französische Gruppendynamik - von v.Cranach (1986). Ihr am Beispiel einer Segelcrew entwickeltes Modell erscheint mir allerdings zu strukturkonservativ: Eine Segelmannschaft braucht wahrscheinlich einen Kapitän, um bei Manövern schnell koordiniert handeln zu können, aber die Ausgestaltung der Rolle kann sehr variieren, ohne mit der Aufgabe irgend etwas zu tun zu haben. Wie G.Homans schon formuliert, bleibt eine Differenz zwischen dem äußeren (Aufgabe) und dem inneren (die informellen Beziehungen) System der Gruppe (vgl.1960, S.124). Das entspricht einer Systemsicht, die zwischen dem Zweck eines Systems, also seiner Aufgabe und seinem Ziel, und den Systemfunktionen wie Entstehung, Erhalt und Veränderung eines Systems, unterscheidet. Ersteres gehört zur Umwelt des Systems, das zweite wird dem System selbst zugerechnet.

11 In der Literatur finden sich ähnliche Differenzierungen bei:
 * E.Halves und H. Wettendorf (1986) (s. Kap.II 3.1.2.); sie betonen, daß die Gesundheitsselbsthilfegruppen sich von einer inneren zu einer äußeren Orientierung entwickeln (können).
 * F.Schliehe (1989) unterscheidet zwei "Strukturtypen" von Selbsthilfegruppen: Den identitätsorientierten Typ (mit den Merkmalen der persönlichen Betroffenheit und der gegenseitigen Unterstützung in Bezug auf ein Problem, z.B. Sprechbehinderten-Initiative) und den zweckorientierten Typ mit einer bestimmten Aufgabe (z.B. Arbeitsbeschaffung für arbeitslose Lehrer). Dazwischen siedelt er einen "zieloffenen" Strukturtyp an (z.B. Mutter-Kind Gruppe), der Ziele in beide Richtungen entwickeln kann. Beide Typen haben nach seiner Untersuchung eine unterschiedliche

Gruppen mit "äußerer", gemeinsamer Umwelt: "Aktionsorientierte Gruppen"

Das Gemeinsame - bei aller Veschiedenheit der Vorhaben - ist, daß die Gruppen bzw. ihre Mitglieder *gemeinsam in bezug auf ihre Umwelt* aktiv werden wollen. Die Sorge um die jeweiligen Mitglieder, deren Situation und Weiterbildung etc., ordnet sich diesem gemeinsamen Ziel unter. Die Zielsetzung kann dabei sehr "missionarisch" auf die Veränderung der umgebenden Verhältnisse ausgerichtet sein (wie die Gruppen: FKM, IMA, NUZ, 3WL, IST; s. Tabelle) oder mehr die Kooperation mit der Umgebung im Blick haben (Drucker, CaSa). Auf jeden Fall benötigen diese Gruppen, um ihre Ziele umzusetzen, intensive Verbindungen nach außen. Sie müssen sich als Partner anbieten, Kontakte, Vertretungen und Kooperationen organisieren und als Gruppe ansprechbar sein. Sie müssen sich aktiv einmischen und auf sich aufmerksam machen, um mitreden zu können und gehört zu werden. Im folgenden spreche ich meistens von den aktionsorientierten Gruppen, ohne damit die andere Kategorie als aktionslos abqualifizieren zu wollen. Die Orientierung an der gemeinsamen Aktion nach außen, die die Beteiligten verbindet, scheint mir das typische Merkmal und damit wird nichts über Aktivität oder Effektivität einer Gruppe ausgesagt.

Gruppen mit "innerem" Ziel: "Identitätsorientierte Gruppen"

In der zweiten Kategorie geht es nicht um die gemeinsame Aktion, nach außen, sondern um die Mitglieder selbst. Ihre gemeinsamen Probleme, Fragen, Betroffenheiten sollen in der Gruppe bearbeitet werden. Es geht immer um den gegenseitigen Austausch, das gemeinsame und wechselseitige Voneinander-Lernen, das gegenseitige Verständnis und die persönliche Entlastung, die daraus entstehen kann. Hier muß vor allem die Zusammenarbeit in der Gruppe organisiert werden und nicht die Verbindung nach außen. Das verbindende Merkmal der Gruppen im zweiten Tabellenteil ist, daß es um eine irgendwie geartete Betrachtung und Veränderung der eigenen Situation und der eigenen Fähigkeiten geht. Die für diese Gruppen relevante Umwelt ist damit ihre "innere" Umwelt. Die Gruppe dient zum Rückhalt und zur Orientierung des einzelnen Mitglieds. Die Aktion, das Tätigwerden im Sinne der Wertvorstellungen der Gruppe, wird überwiegend dem einzelnen überlassen.

Die verschiedenen Zielsetzungen der Gruppen verdeutlichen, daß es sich um fließende Übergänge handelt und keinesfalls um ein Entweder-Oder, ebenso wie sich Schwerpunktsetzung von der Identitätsorientierung zur Aktionsorientierung und

---

Entwicklungsdynamik.
* H.Kreutz (1985) differenziert seine Stichprobe alternativer Projekte anhand von zwei Dimensionen:
1. Konzentration der Gruppe auf sich (=gruppendynamisch) oder auf die Umwelt (=missionarisch)
2. Die ökonomische, erwerbsmäßige oder die politisch/utopische Orientierung
Die erste Dimension enspricht am ehesten der hier vorgenommenen Differenzierung. Die zweite kommt kaum zum Tragen, weil nur eine Gruppe ausschließlich erwerbsorientiert ist.

wieder zurück entwickeln kann. Die Gruppen wurden nach ihren Aussagen zur Situation zum Zeitpunkt der Untersuchung eingeordnet. Eine weitere Unterscheidung der identitätsorientierten Gruppen in Lerngruppen und Gesprächsselbsthilfegruppen wäre möglich gewesen, aber im Zusammenhang meiner Auswertung nicht von Bedeutung.

Die Überblickstabelle mit den untersuchten Gruppen differenziert nach diesen Kriterien.

4. Ablauf der Untersuchung

Die vereinbarten Gespräche fanden entweder in den Räumen der Gruppe oder bei den Teilnehmerinnen und Teilnehmern zu Hause statt. Sie dauerten zwischen zweieinhalb und fünf Stunden und wurden auf Tonband aufgezeichnet. Bei der Vielzahl an Informationen und Eindrücken erschien mir ein gegenüber den subjektiven Einfärbungen "widerständiges" Protokollierungsverfahren besonders wichtig. Das Untersuchungsdesign wurde in zwei Vorläufen erprobt und, v.a. was den zeitlichen Ablauf und die Verstehbarkeit der Fragen und Aufgaben anbetraf, in die dann praktizierte Form gebracht. Die Gruppendiskussionen fanden in der Zeit zwischen Juni 1988 und Mai 1989 statt. Der Ablauf des Gesprächs war von der gemeinsamen Einstiegsaufgabe und den drei Aufgaben zu den verschiedenen Themenbereichen strukturiert. Zum Einstieg stellten alle Gesprächsteilnehmerinnen und -teilnehmer ihren Weg in die Gruppe und deren damalige Situation anhand ihres Bildes dar und tauschten sich darüber aus. So war gewährleistet, daß sich alle von Anfang an am Gespräch beteiligen konnten und für den weiteren Verlauf deutlich wurde, vor welchem Hintergrund (Dauer der Teilnahme, Stellung in der Gruppe) sie die Gruppe beschrieben. Zwischen den einzelnen Berichten, die in der Gruppe diskutiert wurden, stellte ich die Fragen des Leitfadens zum Alltag der Gruppe etc., soweit sie in den Berichten und dem bisherigen Gespräch nicht vorgekommen waren. Die Diskussionen waren meistens sehr lebhaft, so daß dem Ende zu oft die Zeit drängte. Meine Rolle war nach den anfänglichen Fragen und der Einführung der Aufgaben weniger die des Fragenden als die des Moderators des Gesprächs. Ich wollte möglichst wenig unterbrechen, das Gespräch aber auch nicht beliebig ausufern lassen. Oft fragte ich nach der Zustimmung und Ablehnung einzelner Sichtweisen durch die anderen und stellte widersprüchliche Aussagen noch einmal zur Debatte. Im Laufe der Gespräche faßte ich immer wieder den Stand des Gesprächs nach meinem Verständnis zusammen und fragte nach, ob die Beteiligten dem zustimmen könnten oder ob sie es anders formulieren würden. Widersprüche gegen das von mir im Vorgespräch angekündigte Verfahren gab es keine.

Meine Aufmerksamkeit war darauf gerichtet, im Gespräch herauszuarbeiten, was die Beteiligten in ihrer Gruppe machen, wie sie es machen und wie sie es bewerten. Dabei versuchte ich die Haltung dessen einzunehmen, der - und das fiel mir bei den Inhalten und Zielen der Gruppen nicht schwer - dem Tun der einzelnen Gruppen interessiert und neugierig gegenübersteht und davon ausgeht, daß alles, was passiert, für die Gruppe und die einzelnen zunächst einmal richtig ist und einen - mir vielleicht noch verschlossenen - Sinn macht. Ich beschreibe das deswegen ausführlich, weil sich die Haltung - obwohl das aus theoretischer Sicht eigentlich nicht sein sollte - sich von der des Intervenierenden unterscheidet: Da steht oft die Frage im Vordergrund, *wo* das *Problem* liegt, also *was falsch* läuft und wie man das *verändern* könnte. Bei einzelnen Gruppen war ich trotzdem versucht, dem Impuls nachzugeben, zwischendurch Änderungs- und Verbesserungsvorschläge zu machen. Für die Planung von Interventionen sind die beiden Haltungen möglichst eindeutig auseinanderzuhalten (s. Kapitel IV).

5. Auswertung der Daten

Die Daten wurden in folgenden Schritten ausgewertet und zusammengefaßt:

Unmittelbar nach dem Gespräch faßte ich meine Eindrücke über das Gespräch und die wichtigsten inhaltlichen Passagen zusammen; das Besondere jeder Gruppe, ihr spezieller Beitrag zu meiner Untersuchung, sollte festgehalten werden. Das Augenmerk lag dabei nicht auf dem Durchschnittlichen, das in den einzelnen Gesprächen immer ähnlich anzutreffen war, sondern auf dem Neuen, das die Gruppe zu den Fragen des Untersuchungsmodells beizutragen hatte. Bei den ersten Interviews war das sehr viel, bei den späteren bezog sich das mehr und mehr auf differenzierte Einzelheiten. Dieser Schritt fand während der Erhebungsphase statt, so daß ich die Auswahl darauf abstimmten konnte, welche Gruppen für die weiteren Fragen besonders interessant wären. Zugleich wurde einschätzbar, ob von ähnlichen Gruppen mit den gleichen Fragen noch allzuviel Neues zu erfahren sei, und wann unter den gegebenen Bedingungen eine gewisse "Sättigung" (U. Gebhardt, 1986, S.83) mit Informationen eintrat.

Die Interviews habe ich im Wortlaut abgeschrieben und währenddessen Notizen über wichtige Aussagen, Themenbereiche und erste Thesen zur Interpretation gemacht (Umfang zwischen 25 und 49 Seiten). Jeweils anschließend habe ich die erste Form der Zusammenfassung des Lebenslaufs verfaßt. Die Gesprächsteilnehmerinnen und -teilnehmer bekamen eine Abschrift mit meinen ersten Eindrücken zugeschickt, wurden aber nicht mehr ausdrücklich um eine Stellungnahme gebeten. Diese Notizen habe ich mit den thematischen Gliederungspunkten des Leitfadens zu vorläufigen

Auswertungskategorien verarbeitet. Einige meiner Schwerpunkte wurden dadurch verändert. Die Protokolle wurden unter diesen einzelnen Stichworten zusammen-gefaßt (auf übersichtlichen Blättern, stichwortartig und mit Hinweisen auf einschlä-gige Stellen), so daß eine Querschnittsauswertung für die verschiedenen Themen möglich wurde. Beim Erarbeiten der Zusammenfassung, wie sie hier vorliegt, habe ich die einzelnen relevanten Aussagen noch einmal in ihrem Zusammenhang gelesen und auf ihre Stimmigkeit mit meinen Abstraktionen hin überprüft.

6. Darstellung der Ergebnisse und ihre Gültigkeit

Die Gruppen, die im Rahmen der Untersuchung befragt wurden, sind in keiner Hin-sicht so etwas wie eine repräsentative Stichprobe, von der sich auf eine bestimmte Grundgesamtheit von Gruppen Rückschlüsse ziehen ließen. Ziel war es vielmehr, anhand von Einzelfällen die Merkmale des Selbstorganisations- und Selbststeu-erungsprozesses herauszuarbeiten und zu analysieren. Im Lewinschen Sinne geht es dabei nicht um eine "Durchschnittssituation", sondern um die möglichst volle Konkretheit des Einzelfalls, die mit anderen Konkretheiten verglichen wird, um gemeinsame Muster erkennen zu können.[12] Die Vielfalt der einzelnen Gruppen mit ihren Besonderheiten sollte in der Darstellung der Ergebnisse nicht untergehen. Die Ungleichheiten und Unvergleichbarkeiten der selbstorganisierten Szene ist ein prägendes Merkmal, das nicht einer Durchschnittsgruppe geopfert werden sollte. Dazu habe ich relativ ausführliche Zusammenfassungen der "Lebensgeschichten" der Gruppen in den Textteil aufgenommen. Über die Darstellung von konkreten Einzel-fällen hinaus wollte ich die typischen Verlaufsformen, Normen und Strukturen für die untersuchten Gruppen herausarbeiten, die typischen (und weniger typischen) Lö-sungen für die Probleme der Kontinuität, der Veränderung, der Leitung und Reflexion suchen und beschreiben.

Die abstrahierten Muster[13] stehen in bezug auf den Einzelfall im Verhältnis des Allgemeinen zum Besonderen. Man kann daraus keine konkreten Prognosen z.B. für zu erwartende Entwicklungen ableiten, weil das Allgemeine nicht das Besondere er-klären kann.[14] Für die Betrachtung einzelner Gruppen haben die Ergebnisse den

---

12 K. Lewin sieht im möglichst vollständig erfaßten, konkreten Einzelfall einschließlich seiner Umgebung die Möglichkeit der Wahrheitsfindung (1931, 1981, S. 233-278). Dieses Vorgehen ist bei der Untersuchung von Gruppenprozessen üblich. Die Regelmäßigkeiten in den Interaktionen und den Entwicklungsstufen etc. wurden an möglichst konkret und umfassend dokumentierten Einzelfällen untersucht. (vgl. D. Sandner 1978, S. 198 ff. für Erforschung selbstanalytischer Gruppen).

13 Zur Entwicklung von typischen Grundmustern und Idealtypen aus qualitativen Interviews U. Gerhardt, 1986 S. 86 - 103

14 Dazu sehr eindrücklich G. Bateson (1982, S.54 ff)

Wert von Hypothesen, die im Einzelfall erst rekonstruiert werden müssen. Für andere Konstruktionen sozialer Systeme liefert die Untersuchung vergleichbare Grundmuster.

Ich habe versucht, die Interpretation der Ergebnisse möglichst transparent zu gestalten. Zitate aus den Protokollen sollen zumindest ansatzweise verdeutlichen, welche Selbstaussagen der Gruppenvertreterinnen und -vertreter zu welchen Schlußfolgerungen geführt haben. Sie sollen zu eigenen Interpretationen und Konstruktionen einladen.

IV. Die Ergebnisse

1. Die Gruppen

1.1 Im Überblick

In der Tabelle auf den beiden nächsten Seiten sind alle Gruppen der Untersuchung mit ihren "harten" Daten zusammengefaßt. Die Namen der Gruppen sind meine Erfindung, mit den Kürzeln werden die Zitate aus den Protokollen der einzelnen Gruppen gekennzeichnet.

1.2 Zusammenfassungen der Entwicklungsgeschichten der Gruppen

Die Vielfalt und Unterschiedlichkeit der untersuchten Gruppen und damit des selbstorganisierten Spektrums wird in den Zusammenfassungen der Entwicklungsgeschichten deutlich. Ich habe mich dabei möglichst eng an die Erzählungen der Gesprächsteilnehmer gehalten, so daß die Geschichten auch als Selbstdarstellung gelesen werden können.[1] Wiederholungen einzelner Episoden in den nachfolgenden Auswertungsabschnitten waren nicht zu vermeiden, aber schließlich lebt die Analyse qualitativer Daten davon, daß den Lesern die Interpretation anhand des Materials möglichst schlüssig vorgeführt wird.

---

[1] Sehr ausführliche Selbstdarstellungen von einer ähnlichen Auswahl von Gruppen, mit vergleichbaren Interviewfragen, finden sich bei W.Kraus und W.Knaier (1989).

1.1 Tabellarische Übersicht der untersuchten Gruppen: Aktionsorientierte Gruppen

	Drucker	3 WL	IMA	IST	NUZ	FKM	CaSa	SoLH
	Drucker	Dritte Welt Laden	Mittelamerika Initiative	Hilfe im Strafvollzug	Nutzeninitiative von Unterkünften	Friedensinitiative	Caduta Sassi Rhythmusgruppe	Solidarisch Leben und Handeln
Alter der Inis	6 Jahre	11 Jahre	6 Jahre	4 Jahre	7 Jahre	8 Jahre	6 J., 11/2 eigenst	4 1/2 Jahre
Mitgliederzahl	4 Teilhaber, 3 1/2 Angst.	50 in der Kartei ca. 20 "Feste"	ca. 15 Feste TN versch. AG, s 30	ca. 30 ca. 10-15 im Kern	65 Mitglieder 4 im Vorstand	12	ca. 25 3 - 4 "unklare"	ca. 25 in der Kartei 12 - 15 aktive
Männer-/Frauen	7 M 1 F.,	M.: Fr. 1: 2	M.: Fr. 2: 1	M.: Fr. 1: 1	Frauen im Vorstand	M.: Fr. 1: 1	M.: Fr. 1: 1	M.: Fr. 1: 1
Alter	28 - 32	Ø 20 - 35, 17-50	Ø 30, anfangs 25	Ø 40, 28 - 70	25 - 55	28 - 34	Ø 25 - 45	Ø 25 - 35, 15 - 70
Berufe, Ausbildungen	Drucker, Soz.-Päd, Reprophoto graph, Angelernte, Lehrling	Hausfrauen, Studenten versch. Fächer, Akademiker	Sozialpäd., Studenten, Lehrer, Handwerker, Jobs	Hausfrauen, Angestelle, Rentner, Beamte	Hausfrauen, Angestelle, Arbeiterinnen	Theologen, Pädagogen, Verwaltungsangestelle, Hausfr.	versch. Musiker, Akademiker, Studenten, Angest.	Hausfr., Lehrer, Schüler, Rentner, Handwerker, Akad
Ziele, Aufgaben in Stichworten	Kommerzieller Betrieb, alternative Ideen nehmen eher ab. Vielseitigkeit d. Arbeit, Gleichberechtigung.	Information über die dritte Welt anhand des Verkaufs bestimmter Waren, Vertrieb, Bildungsarbeit	Solidaritätsarbeit v. a. Nicaragua, El Salvador, Brigadenorganisation, Bildungsarbeit	Betreuung von Inhaftierten durch einzelne Mitglieder Öffentlichkeitsarbeit zur Situation im Strafvollzug	Einsatz für bessere Wohn- u. Lebensverhältnisse in kommunalen Notunterkünften für Obdachlose u. baul. Sanierung	Aktionen zur Friedensthematik und allen verbundenen Themen (Abrüstung etc.), Reflexion d. persönl. Beteiligung	Auftritte als Sambagruppe, gemeinsames Lernen, Üben und Spielen	Politische und finanzielle Hilfe für landlose Bauern in Brasilien Infos
rechtliche Organisationsform, Verbandszugehörigkeit	Genossenschaft	Gemeinnütziger Verein, GMBH für den Laden, Vertriebsgenossenschaft	gemeinnütziger Verein	keine, organisatorischer Anschluß an konfessionellen Wohlfahrtsverband	gemeinnütziger Verein	keine, seit 5 Jahren Mitglied in einem Dachverband kath. Friedensgruppen	keine, früher "Workshop" Gruppe mit 2 Lehrern	keine, Gruppe in katholischer Pfarrgemeinde
Finanzierung	Einheitslohn für Teilhaber, Tariflohn für Angest., ca. 1 Mill. Ums.	Selbstfinanzierung über Umsatz (DM 150.000/J.), komm. kirchl. Zuschüsse	kirchliche u. kommunale Gelder, ABM, Spenden f. Solidaritätsbrigaden	Zuschüsse für Verwaltung, Fortbildung, Supervision, Publikationen	kirchliche u. kommunale Gelder für Aktionen u. Verwalt Mitgliedsbeiträge	Eigenmittel soweit notwendig	Eigenmittel aus Gagen zur Deckung der gem. Ausg. (z.B. Honorare f. Lehrer)	Spenden, Eigenmittel a. Vekaufs- aktionen z Unterstützung d. Partner
hauptamtliche Mitarbeiter	alle	20 Std. seit 2 J. Dipl.- Päd., ABM	21/2 Soz.Päds. 1 1/2 Verwaltung	20 - Std. - Sachbearbeiterin (Verw.)	keine	keine	keine	keine
Häufigkeit der Treffen,	1/Woche "Druckertreff", Mittagspausen,	1/Woche	1/Woche, dazu die Teiln. an AKs, Aktionen, unregel. Auswertungstage	1/Mon. Mitgliedertreffen; 1 - 2/Mon. Sprecher; 2/J. Fortbildungswochen. 1/M Supervision	2/Mon. offene Vorstandssitzung 2/J. Mitgliederves. 2/J. Arbeitswochenende	ca. 3/Woche nach Vereinbarung, 2 Wochenenden/J., Friedenswoche, Ostermarsch/J.	1/Woche Übungstreff, ca. 1/Mon. Auftritt, ca. 2 Workshops/J.	alle 5 - 6 Wochen 1/Mon. Verkaufs- aktion, versch. Aktionsformen i. d. Öffentlichkeit
Formen der Treffen	tägl. Planungen z Arbeitsablauf	14 - tg., ca. 10 TN 1 Planungswochenende/Jahr, 4/Jahr außerordentliches						
zeitlicher Aufwand / Woche	50 - 60 Std Tarifzeit	4 Std mind., bis 20 Std	10 - 40 Std	20 Std/Monat	2 - 10 Std Vorstand Mitglieder: 2 - 3/J.	bei Aktionen sehr hoch, 4 Std/Treffen	4 Std u. Auftritte	2 Std./Treffen, sehr viel bei Aktionen

1.1 Tabellarische Übersicht der untersuchten Gruppen: Identitätsorientierte Gruppen

	Yoga Yoga - Gruppe	Phils Philosophische Freizeitkicker	Kriz Frauengr. kritische Sozialwissenschaft	EBK Elternkreis behin- derter Kinder	Stiefas Selbsthilfegruppe Stieffamilien
Alter der Inis	ca. 13 Jahre	ca. 18 Jahre	1 1/2 Jahre	3 Jahre	1 1/2 Jahre
Mitgliederzahl	10 - 11	6 früher 10 - 15	13 - 14	10 - 12	6 Paare 16 Kinder
Männer -Frauen	1 : 1	nur o	nur o	nur o	1 : 1
Alter	25 - 30	40 - 45	22 - 35	25 - 35	30 - 50
Berufe, Ausbildungen	Studenten versch. Fachrichtungen	Gymnasiallehrer geisteswissen- schaftlicher Fächer	Sozialpädagogik- Studentinnen	Hausfrauen, Er- zieherin, Bäuerin, verschiedene Berufe	1/2 Sozialberufe 1/2 sonstige Akademiker
Ziele, Aufgaben in Stichworten	regelmäßige Treffen z. Üben v. Yoga. "Teil- nahme an der Gruppe, gegen- seitige Anregung	Lesen und Be- sprechen politisch- ökonomischer, philosophischer Texte	Thema: Individuel- le Entwicklung und Vergesellschaftung von Frauen; Arbeit an und mit eigenen Erinnerungen	Gegenseitige Un- terstützung beim Umgang mit den Kindern. Informa- tion u. Austausch ü. Einrichtungen	Austausch über die besondere Lage v. Stiefeltern und -kindern. Selbst- erf., Unterstützung Öffentlichkeitsarb.
rechtliche Orga- nisationsform, Verbandszuge- hörigkeit	keine, Raumnutzug in einem Jugend- haus	keine (Anfragen von politischen Orga- nisationen abge lehnt)	keine, Verbindung zur Fachschaft der Hochschule	keine, (abgelehnt)	keine Anschluß an Selbsthilfezentrum
Finanzierung	teilweise eine Lehrerin selbst bezahlt	nicht notwendig	Eigenmittel, soweit notwendig, über Fachschaft möglich	Eigenmittel, soweit notwendig	für Referentenho- norare etc.: aus d. kommunalen Selbsthilfefond
hauptamtliche Mitarbeiter	keine	keine	keine	keine	keine
Häufigkeit der Treffen, Formen der Treffen	1/Woche für 2 Stunden zum Yoga-Machen	1/Woche (2 Std.) anschl. "Stamm- tisch" Pausen in Ferien- zeiten	2/Monat (3 Std.) 1 - 2 Klausurtage oder Wochenenden im Jahr	alle 3 - 5 Wochen ab und zu Essen mit Vätern und Kindern	1/Monat (2 Std.) unregelmäßige thematische Tref- fen, 2 Wochen- enden/Jahr
zeitlicher Auf- wand / Woche	2 Std./Woche u. "Bier danach"	Treffen und Vor- bereitung d. Texte	Treffen und Vorbe- reitung/Protokolle	Treffen	Treffen und Vorbereitung

1.2.1 Die Drucker

Die Druckerei kenne ich seit längerem und habe aus der Zusammenarbeit mit einem Gründungsmitglied die Entwicklung fast von Anfang an mitbekommen und mit Spannung verfolgt. In die Stichprobe paßt diese Initiative nur noch von ihrer Entstehungsgeschichte her. Als aufstrebender Kleinbetrieb und Profitunternehmen hat sie ganz andere Rahmenbedingungen als die anderen Gruppen. Die Initiative entstand aus einem selbstorganisierten Jugendzeitungsprojekt, dessen verschiedene Mitarbeiter über diese Tätigkeit Kontakte zu Druckereien, v.a. alternativen Charakters, bekommen hatten. Bei einem Stammtischgespräch soll die Idee aufgekommen sein, das Drucken selber in die Hand zu nehmen und sich damit nebenbei ein Taschengeld zu verdienen. An spätere professionelle Formen war überhaupt nicht gedacht worden. Sieben Gründungsmitglieder zahlten je 1000.- DM ein, davon wurde ein Raum in der Nachbarschaft mehrerer ähnlicher handwerklicher Initiativen gemietet und eine erste Druckmaschine gekauft, die allerdings nie zum Drucken gebracht werden konnte. Von den Beteiligten hatte nur einer eine Ausbildung in einem verwandten handwerklichen Beruf.

Von den ursprünglichen Mitgliedern blieben nur drei übrig, und der Ausgebildete wurde nach ca. einem Jahr durch seine familiäre Situation dazu veranlaßt, in der Druckerei auch eine Verdienstquelle zu suchen. Er hatte dort sein Geld investiert, und wieder in "normalen" Betrieben arbeiten, das wollte er nicht. Er verdiente in dieser ersten Zeit fast nichts, die schlechten Maschinen und die mangelnden Fachkenntnisse führten zu sehr viel Ausschuß und wenig brauchbaren Ergebnissen. Die Rettung fand sich in dieser Zeit in zwei ausgebildeten Leuten, die "selbständiger, verantwortungsvoller, weniger spezialisiert etc." arbeiten wollten und mit etwas Kapital und know how in den Betrieb einstiegen, zunächst neben ihrer Arbeit, dann in Jahresabständen vollberuflich. Mit dem Kauf einer großen Druckmaschine begann eine stürmische Entwicklung: Der Umsatz verdoppelte sich jährlich und ist mittlerweile bei fast 2 Millionen angekommen, der Maschinenpark wird laufend erweitert, Umzug in größere Räume, der vierte Mann steigt nach langem Zögern ein, da für ihn die "Nebenbeiperspektive" am längsten dauerte. "Der nächste große Bruch war dann, als wir auf einmal ziemlich viele Leut eingestellt haben, das hat viel verändert, weil alles größer, unübersichtlicher geworden ist". Einer davon sollte Teilhaber werden, hat das aber selbst abgelehnt, bei den anderen stellte sich die Frage nicht und "jetzt hat wohl keiner mehr Lust, einen neu einsteigen zu lassen". Mittlerweile gibt es "zweieinhalb" Angestellte und eine Auszubildende. "Da tauchten ganz andere Fragen auf wie: Was kann man von den Leuten verlangen, wie und wie lange müssen sie eingearbeitet werden? etc."

Genau begründen können die vier ihren Erfolg nicht, so haben sie z.B. nie Werbung gemacht, und das Auftragsvolumen stieg ständig. "Echte Rückschläge" in der Betriebsentwicklung gab es bisher nicht: Als ziemlicher Einschnitt wird der krankheitsbedingte Ausstieg eines Gründungsmitglieds empfunden, eine Situation, die bis heute noch nicht ganz geklärt ist.

Die vier sehen sich täglich, die wöchentliche "Druckersitzung" zur Besprechung aller wichtigen Fragen findet nicht mehr so regelmäßig statt. Viel läuft zwischendurch. Bei der gemeinsamen Mittagspause, die sich eingebürgert hat, wird - mit den Angestellten - über alles mögliche geredet, abends findet eine Abstimmung über die Arbeit des nächsten Tages statt. Aus der gemeinsamen Verantwortung und dem Kümmern um alles hat sich eine geteilte Zuständigkeit für verschiedene Bereiche (Vorlagenerstellung, Montage, Drucken und "Kaufmännisches") entwickelt einschließlich der Verantwortung für die jeweiligen Maschinen und Angestellten in diesem Bereich. "Größere" (ohne feste Grenze) Investitions- und Personalentscheidungen werden gemeinsam getroffen.

Der Arbeitsablauf ist mittlerweile - auch durch die Geschäftsführerfunktion - formaler mit Tages- und Wochenplänen sowie mit Laufzetteln für die einzelnen Aufträge organisiert: "Früher war des kleiner, überschaubarer, da hat man alles im Kopf gehabt, dann war das Chaos mal zu groß, dann hat sich des so entwickelt". Die betrieblichen Strukturen: Arbeitszeitregelung für die Teilhaber, Urlaub, Gesellschaftsvertrag, bei dem man sich für bestimmte Regelungen entscheiden müßte, sind wenig organisiert. Hier entstehen auch die meisten Konflikte: Wer wann anfängt und wie lange arbeitet, wer wann in Urlaub geht? Das schafft Reibungen untereinander. Zwei der Teilhaber wollen das aber weiter offenlassen, um flexible Lösungen (jemandem helfen, wenn er nicht gut drauf ist, Aufgaben anderer übernehmen, anfangen nach dem eigenen Geschmack.) und auch Reibungen zu ermöglichen: "Da hab i wenigstens no a G`fühl, wenn i merk, der steht schon wieder ewig hier rum, sonst is des halt organisiert und glatt, no a bisserl entfremdeter". "Es sollen intensive Beziehungen bleiben". Vor allem ein Teilhaber findet, daß sich durch mehr klare Regelungen (z.B. anhand von Fakten wie Stundenbüchern) das Ganze gerechter gestalten ließe, Konflikte um Zuverlässigkeit und Pünktlichkeit gar nicht erst aufkommen würden. Da darf sich nichts anstauen. Der hohe Streß verhindert auch gründlichere Planungen: "Bei vielem haben wir einfach Glück gehabt", "es entwickelt sich einfach so".

Das Alternativimage haben sie nicht mehr so gerne, weil es mit "schnell, billig und schlecht" gleichgesetzt wird. Von dieser Szene allein kann man nicht leben und manche Kunden werden davon abgeschreckt. Kooperationen mit anderen Betrieben aus der Szene sind eher wieder eingeschlafen, obwohl es natürlich Betriebe gibt, mit denen man gerne kooperiert. "Alternativ" ist dabei aber kaum ein Kriterium. "Wie es denn zu viert ohne Chef so geht" wird allerdings oft neugierig nachgefragt und auch "wo's denn knackt". Daß es zwischen ihnen kracht, das befürchten sie nicht. Wenn einer weggehen sollte, "wäre das schlimm, aber doch auch verkraftbar, wie so vieles". Hauptproblem ist eher, wie man mit der ständigen Überlastung ("es fällt uns ganz schwer Aufträge abzulehnen") umgehen soll." Es wär gut, des a weng mehr selber in die Hand zu nehmen und sich weniger von den Kunden und Ansprüchen von außen bestimmen zu lassen".

1.2.2 Dritte-Welt-Laden (3WL)

Das Interview fand mit dem Hauptamtlichen, einem langjährigen (10 Jahre) Mitglied, einer Mitarbeiterin der "mittleren" Generation und einem relativen Neuling (1 1/2 Jahre) statt, so daß die besonderen Merkmale der Gruppe zu den jeweiligen Einstiegszeitpunkten und ihre Veränderung gut erhoben werden konnten. Durch den Verkauf ausgesuchter Waren von Produzenten der dritten Welt soll diesen und mit dem Überschuß anderen Projekten geholfen werden. Die Produzenten müssen bestimmten Kriterien wie Umweltverträglichkeit, soziale Arbeitsbedingungen, gerechter Lohn, arbeitsintensive Produktion genügen. Zugleich sollen durch Bildungsveranstaltungen verschiedenster Art die Lebensbedingungen in der dritten Welt und deren Ursachen für Kunden und Interessenten transparent gemacht werden. Ähnliche Initiativen wurden in den siebziger Jahren in vielen Städten der BRD ins Leben gerufen.

Dieser Laden wurde vor zehn Jahren, Ende der Siebziger, von einer Gruppe aus dem Dunstkreis katholischer Jugendarbeit gegründet; von den Gründungsmitgliedern arbeitet heute niemand mehr aktiv mit. Getragen wurde er von einer relativ geschlossenen Gruppe junger Erwachsener, Studenten und Universitätsabgängern, die durch ihre Geschlossenheit andere Trägergruppen abgeschreckt hat. Der Laden hatte von Anfang an, getragen von dem damaligen breiteren Interesse an Fragen der 3. Welt, Erfolg; es konnte eine Halbtagskraft für den Verkauf beschäftigt werden. Neue Leute stiegen über persönliche Bekanntschaften ein. Eine differenzierte rechtliche Struktur mit einer GmbH und einem gemeinnützigen Verein wurde geschaffen. Arbeitsmäßiger Träger des Ladens war immer der "Mitarbeiterkreis", das waren die Leute, die die inhaltliche und organisatorische Arbeit im Laden übernahmen.

In der Gründerzeit hingen die jeweilige Stimmung und das Ausmaß der Aktivitäten ganz vom Engagement einzelner ab. Es gab wenig innere Organisation und Absprachen: "Jeder machte, was er für sinnvoll hielt; wenn er weg war, dann verfiel dieses spezielle Angebot, z.B. das Büchersortiment, wieder". Zu tiefen Krisen führten innerhalb von drei Jahren zwei notwendig gewordene Umzüge, da die jeweiligen Räume umgebaut oder gekündigt wurden. Kunden gingen verloren, neue Räume waren nur durch Glücksfälle und persönliche Kontakte zu bekommen. Nach dem zweiten Umzug ging's wieder bergauf. Der Laden wurde zum Zentrum der 3.-Welt-Szene, zum Koordinator der 3.-Welt-Woche. Zusammengearbeitet wurde mit "konservativen Pfarrern ebenso, wie mit den Grünen", solange die Aktionen nicht rein kommerziell waren oder der Laden zur Selbstdarstellung anderer Gruppen miß-braucht wurde. Aus dem Mitarbeiterkreis differenzierten sich einzelne Arbeitsgruppen aus, die entweder eine bestimmte Funktion für den Laden übernahmen (Verwaltung, Büchersortiment, Gestaltung, Werbung.) oder selbständige Gruppen mit eigenem Schwerpunkt wurden, mit mehr oder weniger loser Verbindung zum Laden. Problematisch war immer die mangelnde Zusammenarbeit und personelle Verbindung zwischen dem Vereinsvorstand und dem Mitarbeiterkreis. Die damalige Kerngruppe betrieb dann die Anstellung eines hauptamtlichen pädagogischen Mitarbeiters auf ABM-Basis, der v.a. für die Bildungsarbeit auf Anfragen von außen und die inhaltliche Arbeit zuständig sein sollte. Vor allem erwarteten sie sich aber eine Entlastung von der "ständigen Überforderung" durch die Vielzahl der Aufgaben. Nach seiner Anstellung kommt es zu einer Krise, weil die Mitarbeiterinnen und Mitarbeiter der Kerngruppe sich zurückzogen, aber trotzdem Neuen noch nicht genü-gend Spielraum ließen.

Nach dem Ablösungsprozeß einer Reihe erfahrener und tragender Mitarbeiter kommt es nach einer Zeit der Unsicherheit zur Formierung einer neuen, aber weniger an persönlichen Freundschaften orientierten Kerngruppe von 10 bis 15 Mitarbeitern und Mitarbeiterinnen. Diese beginnt mit Unterstützung des Hauptamtlichen, Ziele, Arbeits- und Organisationsformen zu reflektieren und bewußter zu gestalten. Der Ablauf der Treffen wird klarer strukturiert, die Einführung neuer Mitarbeiter genauer geplant, Aufgaben eindeutiger verteilt. "Wenn sich die Gruppe am Anfang abhängig vom Engagement einzelner so durchgeschlängelt hat wie ein Flüßlein, dann wurde sie ab da kanalisiert, berechenbarer; seither läuft's gerichteter." Die Gruppe entdeckt die eigene Organisation als Möglichkeit, effektiver zu sein. Dazu kann es "durchaus wie-der eine Gegenbewegung geben, wenn's zuviel Orga wird". "Im Augenblick funktio-niert der Laden so gut wie nie. Wir sind sehr erfolgreich, wir kommen davon weg, das Ganze als eine Summe von Einzelaktivitäten zu sehen, sondern daß wir uns als Gruppe, als Projekt erleben, so wie wir auch mit anderen Gruppen zusammen-arbeiten." Der in Frage stehende weitere Umzug in einen viel größeren Laden mit mehr Möglichkeiten für Bildungsangebote wurde diskutiert und die realen Möglich-keiten der Gruppe daran überprüft, aber letztlich auf Anraten der älteren Mitglieder abgelehnt. Die Neuen waren eher dafür.

Ziel für die Zukunft ist es, den Umsatz und das Spendenaufkommen so zu stei-gern, daß der Laden weitgehend unabhängig von öffentlichen Zuschüssen einen Hauptamtlichen bezahlen kann und die Aktivitäten weiter ausgebaut werden können. Als Gefahr wird gesehen, daß sich auf einmal niemand mehr findet, der Verantwortung für das Ganze übernimmt, wenn, wie zu erwarten, einzelne der Kerngruppe weggehen, die "Kümmererrollen" nicht mehr besetzt sind. "Dann wird alles vom Hauptamtlichen abhängig, den es dann nicht mehr gibt". Dieser könnte sich allerdings auch so unentbehrlich machen, daß für die Verantwortung anderer kein Platz mehr bleibt. Möglich ist auch eine Rückkehr zu rein karitativem Engagement, ohne politischen und aufklärerischen Akzent.

1.2.3 Initiative Mittelamerika (IMA)

"Offiziell, so steht es auch im Grundsatzpapier, machen wir entwicklungspolitische Bildungsarbeit, aber eigentlich wollten die Leute, die die Initiative gegründet haben, konkrete Solidaritätsarbeit machen". Die Initiative hat einen relativ klaren Anfangspunkt in einem Hochschulseminar zu entwicklungspolitischer Bildungsarbeit und einem dort gehaltenen Referat, das die Gründer damals besonders beeindruckt hat. Als zentraler Tätigkeitsbereich entwickelten sich zunächst die Organisation von Arbeitsbrigaden und die damit verbundenen Kontakte in das Partnerland. Die Lebenslinie der Initiative beschreibt eine stürmische Aufwärtsentwicklung, sie läßt sich mit folgenden drei Trends beschreiben:

   * Die Aktivitäten, die zunächst in der jährlichen Brigade ihren Höhepunkt fanden, weiteten sich stark aus. Immer mehr Veranstaltungen und Gegenbesuche wurden durchgeführt.
   * Die Themen dehnten sich bald auf andere Länder aus, mit dem Schwerpunkt der Menschenrechtsfragen. Auch dorthin wurden Reisen organisiert und Delegationen begleitet, Gegenbesuche folgten. Die Kooperation mit vielen verschiedenen Gruppen wurde aufgebaut.
   * Was mit einigen stundenweisen Praktikantenstellen begonnen hatte, führte über eine Jahrespraktikantin, zuerst zu einer, dann zu zwei und schließlich zu drei Halbtagsstellen.

Die Aktivitäten "haben sich auf einem extrem hohen Niveau eingependelt, es kam immer Neues dazu, aber es fiel nichts weg". Ebenso ausdifferenziert hat sich die Organisationstruktur der Initiative. Zwar ist die zentrale Figur des "Initiators" geblieben, "wenn der nicht dagewesen wäre, hätten wir das nicht gemacht", aber um diese Ausgangsgruppe haben sich verschiedene Arbeitskreise mit thematischen Schwerpunkten, die Brigadengruppen (jedes Jahr) und als zentraler Kreis, "wo alles zusammenläuft" der "Initreff" entwickelt. Die Initiative hat sich als Verein organisiert, Vorstand und Mitgliederversammlung spielen bisher keine eigenständige Rolle. "Es wird dann doch immer alles im Initiativentreff besprochen". Von hier gehen die Aktivitäten vor allem aus, von hier aus werden Anforderungen an die AKs gestellt, nicht umgekehrt. Eine Vertreterstruktur der AKs, neben den Hauptamtlichen, hat sich nicht durchgesetzt. In diesem Kreis kann nur mitmachen, wer sehr flexibel mit seiner Zeit umgehen kann und die Hintergründe kennt. "Sonst sitzt er bei zwei Drittel der TOPs dabei, ohne was zu blicken". Eigentlich sind alle auch ganz froh, daß nicht alle Vertreter kommen, sonst wäre es ein Kreis von 15 Leuten, und so treffen sich hier 8 - 10. Die Arbeit wird dadurch kontinuierlicher als früher und absolut regelmäßig.

Die Hauptamtlichen sind alles "Gründungsmitglieder" und somit hauptamtlich gewordene Ehrenamtliche, an deren Rolle sich durch diesen Statuswechsel nichts verändert hat. Verstärkt wird diese Tendenz dadurch, daß sich drei weitere Ehrenamtliche, darunter der Initiator, praktisch vollzeitmäßig engagieren. Sie bemühen sich zwar immer wieder darum, "nicht so ganz unbegrenzt zu arbeiten, aber rutschen dann - auch aufgrund besonderer Ereignisse in den jeweiligen Ländern - immer wieder rein, daß sie laufend arbeiten, ohne die Stunden zu zählen." Die guten Resultate der Arbeit werden dadurch erreicht, daß sich jeder total einsetzt, sich verantwortlich fühlt und die Sache rausreißt, wenn was schiefzugehen droht. Die Zusammenarbeit unter den Hauptamtlichen, im Initreff, die Verteilung von Aufgaben, Arbeitsabsprachen etc. ist demgegenüber wenig entwickelt. Nur bei einem absoluten Konfliktfall, bei dem schließlich die Frage anstand, welcher der beiden Hauptamtlichen gehen müsse, wurden Aufgabenbereiche geteilt und damit ein Nebeneinander der Konfliktpartner ermöglicht. Sonst kann jeder eher machen, was er will. "Man kann sich nicht gegen etwas entscheiden, man beschließt es höchstens nicht."

Die Zukunft der Initiative und das Niveau der Aktivitäten erscheint ihnen abhängig von der Finanzierung der Hauptamtlichenstellen über die Förderung des Arbeitsamtes hinaus. Dabei wird u.U. ein stärkerer Anschluß an kirchliche Verbände notwendig, den die Gruppe vermeiden will. Die Sicherung dieser Ressourcen nimmt schon jetzt viel Energie in Anspruch.

1.2.4 Initiative zur Betreuung von Strafgefangenen (IST)

"Unser erklärtes Ziel sind Straffällige, die Situation in der Haft, ihre Situation nach der Entlassung, das ist unser Interesse. Wir bilden uns selbst auch fort in diesen Fragen: Was bedeutet es? Wie kann ich in dieser Situation einhaken? Wo kann ich ihm eine Stütze sein, daß er resozialisiert wird? Resozialisierung fängt schon in der Haft an." "Wir haben heute verstärkt unser Augenmerk auf der Öffentlichkeitsarbeit. Resozialisierung heißt auch, daß der Gefangene in eine Öffentlichkeit entlassen wird, die ihn auch wieder aufnimmt. Das bedeutet aufmerksam machen auf die Probleme." Die Gruppe wurde vor vier Jahren von einem Sozialarbeiter -in der Gefangenenbetreuung tätig- auf einer öffentlichen Informationsveranstaltung mit einigen Interessierten (davon einer als Mitinitiator mit Vorerfahrungen) gegründet. Die erste Zeit "ist mit wenigen Leuten, aber sehr intensiv und kompakt gearbeitet worden. Es war ein großes Zusammengehörigkeitsgefühl, die Gruppe hat sich sehr stark und geschlossen gefühlt." Ein Zeitungsartikel informiert über die Initiative, und es kommen sehr viele neue Leute in die Gruppe, die auch das bisher Erarbeitete in Frage stellten.

Die "Sesselrunde" (9 Leute) hatte sich auf einen Schlag verdoppelt. Es kommt zu Konflikten zwischen den Neuen und den Alten v.a. über die Art der Betreuung: "Des war schwierig, da haben wir mühsam die Erfahrungen gemacht, und jetzt kommt jemand, der meint, der hätt des alles schon gemacht und nicht nötig". Die Alten setzen sich durch, die Neuen, die bleiben, werden an einem Klausurtag eingeführt und "haben sich seit dem Zeitpunkt auch wohlgefühlt in der Gruppe." Ein Papier, das festschreiben sollte, welche Mindestanforderungen in Zukunft an Neue (Dauer der Teilnahme bis zum Beginn der Betreuungsarbeit) gestellt werden sollten, kommt nicht zustande. Ein Teil der Gruppe sowie der Sozialpädagoge wollen die Zugangsbedingungen offenhalten. Die beiden als Kontaktadressen angegebenen Personen entwickeln sich zu Sprecherinnen der Gruppe, die dann zweijährig gewählt werden. Die Gruppe lief so weiter; Höhepunkte waren immer einzelne Seminare, teilweise mit Selbsterfahrungscharakter, " wo die Gruppe ziemlich stark geworden ist"; die Teilnehmer waren ziemlich eng beieinander und haben sich sehr intensiv kennengelernt.

Dann kam es zu einem Einbruch: Nach starken Meinungsverschiedenheiten zwischen dem Mitinitiator und einem engagierten Mitglied, das seine eher politische und auf Öffentlichkeit gerichtete Arbeit nicht entsprechend gewürdigt sah, ist letzteres "ziemlich cholerisch aus der Gruppe ausgestiegen". Es fühlte sich ausgebootet und "es ging wohl auch um Macht". Nicht als Einbruch, aber als Loch wurde empfunden, daß die - mit professioneller Anleitung - angebotene Supervision mangels Interesses einschlief. Ansonsten "lief es ziemlich gleichmäßig weiter"; zwei Höhepunkte waren öffentliche Informationsstände, die haben gezeigt, "daß man auch gemeinsam was auf die Füße stellen kann, nicht nur redet und jeder vor sich hinwurschtelt."

Seit einem Jahr verfügt die Gruppe über eine Hauptamtliche, ein Gründungsmitglied, bei einem Wohlfahrtsverband angestellt und der Gruppe vor allem für organisatorische Aufgaben zur Verfügung gestellt. Befürchtungen, daß das zu einer Anhängigkeit führen würde, bewahrheiteten sich nicht. Als wichtiges Ereignis wurde das nicht in die Lebenslinie eingezeichnet.

1.2.5 Nutzerinitiative von Unterkünften (NUZ)

In dieser Gruppe schlossen sich Bewohner und Bewohnerinnnen von Notunterkünften zusammen, die sich für die Sanierung ihrer Wohnungen einsetzten. Neben dem Interview habe ich die Gruppe mehrmals auf den Arbeitswochenenden begleitet und beraten. Die Initiative ging ursprünglich von Sozialarbeitern in den Siedlungen aus, die dort mit Gemeinwesen-, Kinder- und Jugendarbeit beschäftigt waren. In der Elternarbeit entstanden persönliche Beziehungen, die, als die Stadt die bereits begonnene Sanierung der Notunterkünfte stoppen wollte, zur Gründung einer gemeinsamen Initiative führten.

Die erste Zeit wird als sehr bewegt geschildert: Eher chaotisch ablaufende Versammlungen, bei denen sich die Interviewpartnerinnen zunächst nichts zu sagen trauten "weil sie gar nicht Bescheid wußten", öffentliche Aktionen, Infostände in der Stadt. Unterschriftensammlungen, "sehr viel Action" wurde veranstaltet, um die Fortführung der Sanierung zu erreichen. Als der Stadtrat den Sanierungsstopp endgültig beschloß, führte das zur Konsolidierung der Gruppe und schließlich zur Vereinsgründung nach dem Motto: "Jetzt erst recht". In diesen ersten drei, vier Jahren mit dem unmittelbaren konkreten Ziel der Sanierung vor Augen, das immer wieder angestoßen und in die Öffentlichkeit getragen werden mußte, hatte der Verein über 90 Mitglieder, von denen sich neben den vier Frauen im Vorstand, ca. 10-15 häufiger an den Mitgliedsversammlungen, einem der beiden Arbeitswochenenden im Jahr oder den Vorstandssitzungen beteiligten. Es kamen immer wieder mal Neue dazu, aber die hielten sich nicht lange. "Vor allem mit den Männern ist es ganz schlimm, die kommen einmal, reden gescheit und dann nimmer und tun überhaupt nix".

Nachdem eine planmäßige Fortsetzung der Sanierung erreicht war, wurde das Engagement dem Vorstand überlassen: Die Mitgliederzahl ging auf 60 zurück, viele traten zwar nach dem Umzug in eine sanierte oder in eine Sozialwohnung nicht aus, aber sie waren immer schwieriger zur Teilnahme an Treffen zu bewegen. "Sie kommen nur, wenn was Konkretes geboten ist, sonst bringt man sie nicht raus", am ehesten noch für die Wochenenden." Die laufende Arbeit "ist wenig darstellbar in der Öffentlichkeit, wir brauchen einen neuen Aufhänger". Ein Zeitungsartikel bringt einen schwelenden Konflikt zwischen Mitgliedern aus verschiedenen Unterkünften zum Vorschein: Wo sind die aktiveren Mitglieder? Dabei wird auch die sehr aktive Rolle einer Vorsitzenden thematisiert. Obwohl das als großer Knall mit viel Gesprächen und Aufregung in Erinnerung ist, finden sie es im nachhinein gut, daß es mal gekracht hat. "Früher is net gfragt worden, wie sieht des a jeder, sondern jeder ist gleich losgegangen ohne sich zu informieren". Das geht jetzt bedeutend besser, "seitdem sind wir ruhiger geworden". Das größte Projekt, das der Verein in eigener Verantwortung durchgeführt hat, war ein "Obdachlosenkongress" im internationalen Jahr für Menschen in Wohnnungsnot der UNO, für den die Initiative zu anderen Betroffenen Kontakte knüpfte und sie zum Kongresswochenende einlud.

Die Frauen im Vorstand wurden für die Bewohner zu Ansprechpartnerinnen in vielen Wohnungs- und Sanierungsfragen und fühlten sich zugleich von der Stadtverwaltung zunehmend ernst genommen und als Verhandlungspartner akzeptiert. Sie wurden in offizielle Gremien des Stadtrats miteinbezogen. Öfter mußten sie sich von Erwartungen einzelner Bewohner abgrenzen, die auf Hilfe für eine günstige Wohnung hofften. "Das geht nicht, das ist Sache des Amtes, da stehen wir nicht dahinter". Die Kontakte zu den Sozialarbeiterinnen und Sozialarbeitern sind für die Frauen zwar weiterhin wichtig und auch persönlich anregend, sie wollen aber ihre Aktivitäten erst selbst versuchen und planen, bevor sie sich an diese wenden. Deren Aufgabe sehen sie jetzt mehr in der persönlichen Unterstützung: "Da kann ich meinen Frust abladen, dann geht's mir schon wieder besser". Sie haben vor allem gelernt, öffentlich aufzutreten und zu sprechen; " die Knie zittern nicht mehr so".

Im besten Fall "bekommen alle, die in sanierten Unterkünften wohnen, Mietverträge, im schlechtesten Fall keiner". Eine Auflösung der Initiative fänden die Frauen nach dem Erreichen dieses Ziels auch in Ordnung. Die Gruppe steht vor der Frage, das eigene Ziel "Verbesserung der Lebens- und Wohnsituation in Notunterkünften" auf andere Unterbringungsarten auszuweiten, sich damit aber eventuell zu überfordern.

1.2.6 Friedensinitiative kirchlicher Mitarbeiter (FKM)

Am Gespräch nahmen 3 Mitglieder vom inneren Kreis und ein Mitglied (nach eigener Einschätzung) vom äußeren, "nur über die Gruppe verbundenen Kreis" teil. Dieser nahm die Gruppe manchmal kritischer wahr als die anderen, äußerte sich allerdings auch viel unbestimmter, im Sinne von "Was man alles noch tun könnte, was wichtig wäre etc.". Es fing mit einem Aufruf zum Rüstungssteuerboykott an: Er war als Weihnachtsgeschenk an den Bischof gedacht. "Man wollte Stellung beziehen und als kirchliche Angestellte der offiziellen Position der Amtskirche etwas entgegensetzen. Dafür erfuhren wir viel Solidarität, aber auch viele Angriffe, was uns auch ganz gut getan hat; wir fühlten uns gut, etwas als Märtyrer." Die schroffe Ablehnung durch den Bischof führte zum Zusammenschluß zu einer kontinuierlichen Gruppe. Nach der anfänglich innerkirchlichen Aktion entwickelt sich die Gruppe zu einem wichtigen Träger der regionalen Friedensarbeit. Sie wird eine "mächtige" Gruppe, die viele Inhalte über die unmittelbare "Nachrüstungsdebatte" hinaus bearbeitet und einbringt.

Nach drei Jahren wird beschlossen, einem Dachverband christlicher Friedensgruppen beizutreten, weil der gegenseitige Rückhalt für wichtig angesehen wird. Man bekommt auch da den Ruf einer politisch besonders aktiven Gruppe, die aber auch etwas "angst" macht. Es entwickelt sich ein bestimmter Rhythmus in der Arbeit: Höhepunkte der Aktionen sind die jeweils stattfindende Friedenswoche, bei der sehr aktiv mitgearbeitet wird, eine kulturelle Veranstaltung, die die Gruppe organisiert und der Ostermarsch. An diese "Aktionsphasen" schließen sich "Abschlaffphasen" an. Man verbringt zwei Wochenenden miteinander mit verschiedenen Freizeitaktivitäten und bespricht dabei die gemeinsamen Aktionen und entwickelt neue Ideen. Die Wochenenden "sind vor allem für den Gruppenprozeß wichtig".

In den ersten drei Jahren hat die Gruppe starken Zulauf (ca. 12 Mitglieder) und beschließt dann einen "Aufnahmestopp", um nicht zu schnell zu wachsen. Der Aufnahmestopp wird nach einem Jahr zugunsten der Partner von Gruppenmitgliedern, die bisher an den Wochenenden mitgefahren sind, aufgehoben, so daß beim heutigen Stand 5 Paare in der Gruppe sind, 2 davon haben sich im Laufe der Zeit gefunden, jedoch nicht in der Gruppe. Nach der sehr anstrengenden Trägerschaft einer Friedenswoche beginnt in den letzten eineinhalb Jahren ein Prozeß, "in dem wir immer mehr zu Freunden geworden sind. Mehr und mehr wird der persönliche Bezug zu den Themen besprochen, z.B. wie man selbst an Gewalt und Umweltzerstörung beteiligt ist. "Mit der thematischen Arbeit geht's ein bisserl bergab, weil wir nimmer so recht wissen, was wir tun sollen, weils so viele Themen gibt und wir uns da nicht so richtig einigen. Aber mit der emotionalen Nähe gehts bergauf, der oberste Punkt war das Skifahren..; stark orientiert an Freizeit, richtig kuschelig und dann nochmal an einem Wochenende, wo's um unsere Träume geht,... in Richtung gemeinsam Wohnen. Ganz persönliche Themen eigentlich: ...eine richtige Verliebtheit, eine Hochstimmung, wo man so ganz eng zusammen war."

Zum "ersten wirklichen Konflikt" kommt es, als nach diesem Wochenende ein Mitglied von seinen Erkenntnissen in einer Therapie erzählen will und nur eine Frau "ganz therapeutisch" darauf eingeht. "Es war eine bescheuerte Situation, weil eigentlich gar nicht die Atmosphäre dafür da war. Der Frau konnte niemand sagen, daß ihr Verhalten als unpassend empfunden wurde. "Einer hat dann ganz massiv hingeknallt: Das wollen wir hier nicht, wir sind doch keine Selbsterfahrungsgruppe, so darf's net werden, wir sind eine Friedensgruppe." Allgemein meinen die Teilnehmer am Gespräch, daß es manchmal zu friedlich in der Gruppe zugeht, Streit tabuisiert und vermieden wird und das "Aggressive" fehlt.

Der thematische Zwiespalt zwischen "Aktionen nach außen" und dem "persönlichen Bezug, der Beschäftigung mit persönlichen Dingen" bleibt bestehen. Gemeinsames Ideal ist ein Wohn- und/oder Bildungsprojekt, in dem viele der Gruppe mehr oder weniger beteiligt sind und sein können.

1.2.7 Solidarisch leben und handeln (SOLH)

Am Gespräch nehmen drei der engagierten und tragenden Mitglieder teil. Die ersten Aktionen werden von einem Pfarrgemeinderatsmitglied in einer Kirchengemeinde initiiert. Nach dem Besuch des Pfarrers einer Partnergemeinde in Bolivien organisierte dieser einen Flohmarkt zugunsten dieser Pfarrei. Weitere Aktionen folgten. Es fanden sich schnell Leute bereit, bei diesen konkreten Aktionen mitzumachen. Aus den aktionsbezogenen Treffen entstand nach ca. einem Jahr eine sich regelmäßig alle 5-6 Wochen treffende Gruppe. Ein Bolivienaufenthalt des Gründers bringt weiteren Aufschwung. Es entstanden intensive, auch persönliche Beziehungen zu den Leuten dort.

An der Rolle des Initiators hat sich in den drei Jahren des Bestehens der Gruppe nicht viel geändert: Er lädt schriftlich zu den Treffen ein, spricht potentielle Interessenten an und strukturiert die Treffen, "d.h. im wesentlichen wird das, was in der Gruppe thematisiert wird, von dir eingebracht, .. über dich kamen die Anregungen rein, die man aufgegriffen hat." Allerdings gibt es mittlerweile einen "Kern von sieben Leuten", die regelmäßig anwesend sind und von denen auch einzelne Initiativen ausgehen, dazu kommen 5-6 Leute, die lockerer mitmachen, und ca. 10, die für einzelne Aktionen und Aufgaben (z.B. Pressekontakte) ansprechbar sind. Mit der Zeit haben sich die Aktionen und auch die Themen ausgeweitet. Der Kontakt nach Bolivien ("Partnerschaft nicht Patenschaft!") wird von dort her aufrechterhalten, es kommen -"und das ist für derartige Initiativen selten"- mehr Besucher von dort als umgekehrt. Sie berichten jeweils in Gesprächen und auf öffentlichen Veranstaltungen über die Situation der landlosen Bauern. Auf aktuelle Ereignisse dort (z.B. Landvertreibungen) reagiert die Gruppe möglichst sofort mit konkreten Aktionen wie Briefen an verantwortliche Politiker und Öffentlichkeitsarbeit. Zugleich nimmt sich die Gruppe vor, den eigenen Lebensstil im Zusammenhang mit der Situation in der dritten Welt zu reflektieren.

Ebenso wachsen Kontakte zu anderen Dritte-Welt-Gruppen der Umgebung, man kooperiert, macht gemeinsame Aktionen. In der Pfarrei fühlt sich die Gruppe, v.a. was die Thematisierung des eigenen Lebenstils angeht, eher am Rande, sie gelten als die "Rotgrünen" der Pfarrei. Der Kontakt zu einem weiteren Projekt in Afrika scheitert nach einer Reise dorthin, an den undurchsichtigen Verhältnissen dort. Die Zukunft der Gruppe sehen die Gesprächsteilnehmer zunächst eng mit dem Schicksal der landlosen Bauern in dieser Region der Partnerpfarrei in Bolivien verknüpft: " Wenn die Land kriegen, dann würde ein wesentlicher Pfeiler wegfallen,.. man müßte sich dann was anderes suchen, eine neue Gemeinsamkeit...". Da der Wegzug des "Anregers" ansteht, wird die Aufgabe - fast diskussionslos - von einem aktiven Mitglied übernommen.

Für wichtig halten es alle auch, daß neue persönliche Kontakte durch Besuche in Bolivien aufgebaut werden. Die Reise von vier Gruppenmitgliedern ist geplant.

1.2.8 Musikgruppe Cadutta Sassi (CaSa)

Drei Vertreterinnen und ein Vertreter der Sambagruppe nahmen am Gespräch teil, darunter der jetzige "musikalische" Leiter. Die sehr bewegte und auch emotional sehr aufgeladene Geschichte der Gruppe wurde ganz ausführlich diskutiert und viele Einschätzungen der jetzigen Situation erst gemeinsam erarbeitet. Die Entwicklung der Gruppe läßt sich in zwei Phasen einteilen. In der ersten Phase (3 1/2 Jahre) besteht die Gruppe als Sambagruppe unter der Leitung zweier professioneller Lehrer, aus deren Workshops und längerfristigen Fortbildungen in Rhythmik sich die Mitglieder rekrutieren. Die beiden bezeichnen es auch als "Workshop-Ensemble". Die beiden entschieden über das Dazukommen und Ausscheiden einzelner Leute sowie über das Programm der Gruppe.

Die Gruppe trifft sich wöchentlich zum Üben und absolviert immer mehr öffentliche Konzerte; der interne Zusammenhalt, das Interesse an den anderen Mitgliedern steigt. Nachdem das Verhältnis zu den Leitern zunächst klar war: "Wir waren die Schüler, sie die Lehrer", kommt es mit der Zeit zu immer stärkeren Konflikten mit den beiden Leitern. Die Themen waren: Ihre Rolle, die Mitbestimmungsrechte der Gruppe, der Stil der Konzerte. Das wurde immer wieder besprochen und konnte auch einigermaßen geklärt werden, "man wurde sich immer wieder klar, daß man weitermachen wollte". Mindestens fünf Kritikerinnen und Kritiker des Leitungsstils verließen die Gruppe oder wurden gegangen. Mit dieser Auseinandersetzung vermehrten sich auch die Konflikte innerhalb der Gruppe, v.a. was die unterschiedliche Haltung der Leitung gegenüber anbetraf. Die Stimmung stieg aus dem Tief schlagartig an, als die beiden Leiter zwei Monate nicht mitspielen konnten und die Gruppe sich das erste Mal ohne ihre Leitung treffen konnte. Ein Mitglied übernahm mit ihrer Billigung die musikalische Leitung. Bei ihrer Rückkehr (eine absolut spannende Situation, die noch bis in alle Einzelheiten geschildert werden kann) "haben wir versucht, sie in unsere Sache wieder zu integrieren". Die beiden wollten aber ihre alte Rolle wieder einnehmen: "Wir sind kein Kollektiv", und als sie mit massiver Kritik auch von bisher solidarischen Mitgliedern konfrontiert wurden, lösten sie die Gruppe praktisch auf, indem sie einzelnen die weitere Zusammenarbeit in einem anderen Projekt anboten und sich von den anderen verabschiedeten. Erst da wurden die Überlegungen, ohne die beiden weiterzumachen, konkret. Die "Auserwählten" lehnten fast alle das Angebot ab und blieben in der alten Gruppe. Die Geschichte als eigenständige Musikgruppe begann.

"Dann war totales Chaos, es gab zwar eine musikalische Leitung,aber mit den Gesprächen gings durcheinander, keiner konnte ausreden, alle wollten überall mitreden. Wir mußten lernen, mit der Gruppe umzugehen, das ging schnell, ein paar Monate, das ist ein Witz für sowas". Die gemeinsamen Vorerfahrungen in bezug auf

Organisation und Zusammenarbeit machten sich bemerkbar, und jeder wußte zudem ziemlich genau, wie es nicht mehr sein sollte. Nach anfänglichen Schwierigkeiten wird der musikalische Leiter mehr anerkannt. Ihm sind aber Rückmeldungen aus der Gruppe, zu seiner Rolle und seinem Vorgehen wichtig, damit er weiß, woran er ist. Die Rolle des Gesprächsleiters wird eingeführt, der die Gespräche strukturieren und zusammenfassen soll. Andere Aufgaben (Kontaktadresse, Finanzen, Raumorganisation) entwickeln sich aus persönlichem Einsatz und werden von der Gruppe akzeptiert. Ein Workshop wird in Eigenregie, ein anderer mit eingeladenem Lehrer veranstaltet.

Heute "ist die Gruppe sehr geschlossen", es gibt Leute, die privat mehr miteinander zu tun haben (5 Paare darunter), bei ca. 4 Leuten (frühere Mitglieder) ist nicht klar, ob sie dazugehören. Neue Mitglieder sollen zunächst nicht aufgenommen werden. Gemeinsames Ziel ist weiterhin, aufzutreten, sich aber auch fortzubilden, wobei in bezug auf die Ansprüche an die Qualität unterschiedliche Meinungen bestehen. Als Gefahr wird gesehen, daß die Niveauunterschiede nicht mehr befruchtend sind und sich die Gruppe teilt oder sich totläuft. Schön wäre es, "wenn die Gruppe noch als Rentnerband auftreten würde und man alle Entwicklungen der Leute miterleben könnte." Die Gruppe sieht sich reifer, kompromißfähiger, entscheidungsfreudiger als vergleichbare Gruppen. Für die Musikszene halten sie für einmalig, daß alle mitspielen und sich nicht auf Kosten der anderen profilieren müssen.

1.2.9 Die Yoga-Gruppe (Yoga)

Am Gespräch nehmen zwei langjährige Mitglieder teil, eines davon wird als zentrale Person beschrieben, weil sie mit Yoga besonders viel Erfahrung hat. Die dritte Teilnehmerin ist erst seit einem Jahr dabei und hatte es sehr schwer, reinzukommen. Sie kommt regelmäßig, gehört aber zur "2.Kategorie" und tut sich ihren Aussagen nach immer noch sehr schwer, eigene Wünsche einzubringen. Die anderen beiden sehen darin kein Problem, erwarten, daß alle es sagen, wenn sie was stört oder andere Meinungen haben.

Die Gruppe wurde vor ca. 15 Jahren in einem Jugendhaus der außerschulischen Jugendarbeit gegründet. Von den "Gründungsmitgliedern" ist heute niemand mehr dabei. Immer schon traf man sich, um einmal in der Woche ca. zwei Stunden Yogaübungen zu machen, zunächst mit Anleitung verschiedener Lehrer. "Als eine Leiterin feststellte, es ginge auch ohne sie weiter", wird die Anleitung von den erfahreneren Gruppenmitgliedern wechselweise übernommen. Die Initiative einiger Mitglieder, über die Yogaübungen hinaus den eigenen Lebensstil zu reflektieren, wird abgelehnt. Eine entsprechende Untergruppe spaltet sich ab. Nach einer

Schrumpfungsphase, in der nur noch 4 Leute übrigblieben, hielt man Ausschau nach einem oder einer neuen Anleiterin. Über die alten Lehrer wurde eine Yogalehrerin vermittelt. Das Motiv war vor allem: Neues dazulernen, "neue Impulse, eine höhere Qualifikation, v.a. weil alle Mitglieder aus dem gleichen Stall kommen".

Nach anfänglicher Zufriedenheit mit ihrer Arbeit (sie wird von der Gruppe bezahlt), "kommt es zu einem gewissen Eskalierungsprozeß", bei dem sich v.a. zwei langjährige Mitglieder über ihren Stil und v.a. ihre Art anzuleiten, aufregen. "Am Anfang haben wir ihr einen gewissen Kompetenzvorsprung gegeben, dann mit der Zeit hat sich rauskristallisiert, daß sie dem wohl nicht entspricht." "Sie hat zwar persönlich viel erzählt, aber gewußt, was sie eigentlich macht, haben wir nicht". "Unsicherheit hätten wir ihr schon zugestanden, aber dann hätte die das auch von Anfang an sagen müssen und nicht so kompetent tun dürfen". Es dauert sehr lange - auch weil in dieser Zeit neue Leute dazukommen - bis diese Unzufriedenheit bei informellen Treffen (Bier danach) zur Sprache kommt. Schließlich beschließt man, den Konflikt bei einem Treffen anzusprechen. Die engültige Entscheidung wird der Gruppe erspart, weil die Lehrerin von sich aus geht.

Seitdem wird wieder von den Mitgliedern angeleitet mit dem Anspruch, das qualifiziert zu machen und sich entsprechend vorzubereiten. Diese Aufgabe wird von den "Erfahrenen" übernommen. Das gemeinsame Bier hinterher hat einen festen Platz bekommen, hier werden eigentlich die Fragen, die die Gruppe betreffen, (vor-)besprochen. Es soll ernsthaft Yoga gemacht werden, aber nicht verbissen. Die Reflexion über die Übungen (z.B. deren Hintergründe) wollen einige stärker einbeziehen, andere gar nicht. Bisher kommt es kaum dazu.

In letzter Zeit wird wieder überlegt, für eine gewisse Zeit einen Lehrer zu engagieren, der aber viel besser eingeführt werden soll. "Wir wollen fachliche Qualifikation und natürlich kein Arschloch". Aber wir sind eine "selbstbewußte Gruppe, mit viel Vorerfahrung, schwer anzuleiten, aber reizvoll". In der Zukunft könnte es einschlafen, wahrscheinlicher ist aber, daß es so lebendig und lustvoll weitergeht.

1.2.10 Freizeitphilosophen (Phils)

Das Interview fand bei einem normalen Treffen der Gruppe mit vier der sechs Mitglieder statt. Zwei davon sind von Anfang an dabei, einer der anderen zwei vertritt - zwischenzeitlich auch einmal ausgestiegen - eine kritischere Sicht gegenüber der Gruppe. Man trifft sich einmal in der Woche und bespricht da ca 1 1/2 Stunden lang einen Text aus der politischen Ökonomie, der Gesellschaftstheorie, der Ökologie.

Der Gründungszeitpunkt läßt sich nicht mehr genau ausmachen, war vor ca. 18 Jahren, Anfang der siebziger Jahre als Schulungsgruppe linker Studenten für das sogenannte sozialistische Studium. Es gab zwei Schulungsleiter. Es wurden Texte von Hegel und Marx gelesen, allein das Kapital Bd. II beschäftigte die Gruppe fast zehn Jahre lang. Eingebettet in die allgemeine gesellschaftliche Aufbruchstimmung betrieb man ein sehr intensives Textstudium, dessen Ziel eine Gesellschaftstheorie war, aus der sich dann die notwendige Praxis ergeben sollte. Mit sehr viel Sorgfalt wurden Protokolle geschrieben, regelmäßige Anwesenheit war selbstverständlich. Darüber hinaus gab es Kontakte zu anderen, teilweise stärker formierten linken Gruppen. Das Studium, das Referendariat stellte den gemeinsamen Bezug her. Entsprechend dem Schulungscharakter war richtiges, unverkürztes Denken wichtig, somit auch die Konkurrenz unter den Teilnehmern stark.

Man fuhr gemeinsam in den Urlaub, plante ein großes gemeinsames Wohnprojekt; mit Einstieg ins Berufsleben, ersten Familiengründungen und Kindern traten diese Ideen in der Hintergrund. Nach dieser Hochphase wird die Gruppe mehr und mehr zum Freundeskreis. Nach wie vor steht das Textstudium im Zentrum der Treffen und wird für unverzichtbar gehalten. "Das inhaltliche Interesse, der Text hält die Gruppe zusammen". Neue gesellschaftliche Entwicklungen, die Auseinandersetzung mit Psycho- oder Ökothemen, der Plan, eine Männergruppe zu bilden, setzen sich nicht durch. Verschiedene Mitglieder bleiben weg, als sie diese Inhalte nicht unterbringen können. "Das Leben spielt sich woanders ab, hier treffen sich die grauen Mäuse", "Rentnerschulung", oder "offensiv altern" fallen als Bezeichnungen. Die gemeinsame Aktion, die Außenwirkung waren nie Ziele der Gruppe.

Private Themen wie Beziehungen, Beruf, perönliche Entwicklung spielen eher im informellen Bereich, beim obligatorischen Bier hinterher eine Rolle, die Ratschphase am Anfang hat sich ausgedehnt. Das Gruppenklima heute ist von sehr viel Toleranz und viel Verständnis für Abweichungen geprägt: Man kann zu spät kommen, sich nicht vorbereiten,... das wird wahrgenommen, aber nicht gerügt. Einzelne übernehmen immer wieder die Rolle des Motors und treiben die inhaltliche Arbeit an.

Wenn die Intensität der Arbeit auch abgenommen hat, so ist die Gruppe für alle sehr wichtig in ihrem intellektuellen Anreiz, "in der Auseinandersetzung mit schwierigen Texten über die bundesrepublikanische Einheitssauce hinaus." Sie "bewahrt einem das unabhängige Denken." Als Gefahr für die Zukunft wird gesehen, daß es sich verläppert.

1.2.11 Frauengruppe: Kritische Sozialwissenschaften (KRIZ)

Die Gruppe entsteht nach einem Vortrag über die Verbindung zwischen Einzelbiographien und Vergesellschaftungsmustern bei Frauen. Unter den Studentinnen findet v.a. die Idee, diese Muster mit "Erinnerungsarbeit" in der eigenen Biographie aufzuspüren, Resonanz; dazu bildet sich jeweils eine Männer- und eine Frauengruppe.

Eine Frau setzt sich am Anfang besonders ein. Sie lädt die Frauen ein, schreibt Protokolle etc. Die Interviewteilnehmerinnen teilen die Entwicklung selbst in zwei Phasen: Im ersten dreiviertel Jahr kommen viele Frauen zur Gruppe, teilweise bis zu 20; es geht vor allem darum, das Vorhaben genauer zu klären:"Was machen wir, wie machen wir´s? Welche Vertrauensbasis brauchen wir dafür? In dieser Zeit beschäftigt die Gruppe sehr stark der Konflikt mit einer Frau, die sich bei der Terminsuche benachteiligt fühlt. Frauen mit Kindern können sich offensichtlich leichter durchsetzen. Es folgt "eine sehr intensive Zeit",.. "in der wir auch unsere Normen gefestigt haben", die aber auch mit Ärger darüber verbunden war, daß diese eine Frau die Gruppe so beschäftigen kann. Von ihr wird auch die Idee einer Teilung eingebracht, die aber bei den anderen eher Unbehagen auslöst. Niemand will unter den anderen Frauen wählen müssen.

Die Phase schließt mit einem Wochenende der Gruppe, bei dem beschlossen wird, es zu vierzehnt zu versuchen, aber niemanden mehr aufzunehmen. "Ab dem Zeitpunkt ist es eine Gruppe". Es wird wieder geklärt, was die Gruppe jetzt genau arbeiten will. Sie beginnen mit biographischen Erzählungen über die Beziehungen zu anderen Frauen. Es finden einige sehr intensive Treffen statt, aber die erzählten Geschichten bleiben "irgendwie zusammenhangslos, komisch im Raum stehen": Was soll damit passieren? Immer wieder ist es schwer, am Anfang eine zu finden, die erzählt. Wenn es aber dazu kommt, sind alle total begeistert. Die "Konfliktfrau" steigt aus. Zwei weitere verlassen die Gruppe, weil's "hier nur über Beziehungen geht und nur geratscht wird.. "Platt ausgedrückt, steigen die Nicht-Power Frauen aus, sie hätten mehr Arbeitsmäßiges in die Gruppe gebracht". Ein Ausstieg, der als ärgerlich, aber auch als Verlust empfunden wird, da die Zusammensetzung homogener wird. Die, die mehr Planung und "Arbeitsgruppenmäßiges" einbringen wollen, können sich nicht durchsetzen.

Die Gruppe arbeitet weiter, Ziel und Vorgehen konkretisieren sich langsam, aber "wir hanteln uns so von Mal zu Mal". Fester Bestandteil sind "Runden", Anhörkreise, in denen am Anfang jeder Sitzung jede Frau sagt, wie es ihr geht und was sie machen will. Die Runden bekommen langsam etwas "Lebenshilfecharakter" und dehnen sich stark aus. Auch vor Entscheidungen findet oft eine solche Runde statt.

In der Zukunft könnte sich die Gruppe zerlabern, aber auch auf ganz tolle Sachen und Erkenntnisse kommen, die einzelne den Zusammenhang zwischen Gesellschaft und individuellem Schicksal klarer sehen lassen. Der Zwiespalt zwischen Selbsterfahrungsgruppe und Arbeitsgruppe wird deutlicher und soll, weil im Thema enthalten, so ausgehalten werden.

1.2.12 Elternkreis behinderter Kinder (EBK)

Die Gruppe hat das Ziel: "Erfahrungen auszutauschen, Informationen zu sammeln und weiterzugeben, uns gegenseitig Mut und Kraft zu geben, uns ganz einfach mal auszusprechen". Die Gruppe ist im "ländlichen Raum" angesiedelt; bis auf zwei Bäuerinnen, die nicht regelmäßig teilnehmen können, sind alle Frauen (notgedrungen?) Hausfrauen, die Berufsausbildungen sind (auch untereinander) nicht bekannt. Am Interview nahmen die Gründerin und eine andere eher "anführende" Frau und ihr Ehemann, der sich stark für die Gruppe interessiert und punktuell mitmacht, teil.

Nach der Geburt ihres behinderten Kindes (Down-Syndrom) will die Gründerin dringend Kontakt zu anderen Müttern behinderter Kinder aufnehmen; sie fragt sich: "Wo sind die anderen". Sie liest in einer Zeitschrift etwas über Selbsthilfegruppen und bestellt das angebotene Material. Im Zentrum der Frühförderung wirbt sie in einem dort von Hauptamtlichen angebotenen Gesprächskreis für ihre Gruppe. Fünf Mütter erklären sich spontan bereit, mitzumachen und kommen alle beim ersten Treffen. Die erste Zeit, 5-6 Monate, ist dadurch gekennzeichnet, daß "unwahrscheinlich viele Sachen, die über Jahre hinweg dringesteckt sind, explodiert sind". "Wir hatten gar kein Thema, das war die Hauptaufgabe der Gruppe am Anfang: Aufarbeiten der Problematik eines behinderten Kindes... da war ein Riesenbedarf da."

Nach diesem Start war der Höhepunkt der Gruppe die Auseinandersetzung mit dem Leiter einer Einrichtung für Behinderte, die einige Kinder der Gruppe besuchen sollten. Einzelne Mütter bekamen Informationen über dortige Mißstände und sie beschlossen - nach ausführlicher inhaltlicher Vorbereitung - den Leiter zu einem Gespräch einzuladen. "Für die Gruppe war es ein Erfolg, ein Höhepunkt, da sind wir zum ersten mal an die Öffentlichkeit gegangen, .. sowas wie eine Belastungsprobe: Wenn´s drauf ankommt, finden sich ein paar, die wirklich mitmachen." "Danach ging´s einfach ein bißchen bergab, es wurden von Fall zu Fall Probleme besprochen, einige Male waren wir nur 3, 4 Mütter". Die Initiative eines Paares, ein Wochenende gemeinsam in einem Zentrum für Familien mit behinderten Kindern zu verbringen, stieß zunächst auf Interesse, dann hatte niemand Zeit. Nach einem Tief, in dem die Gruppe fast am Einschlafen war, gab man sich nochmal einen Ruck. "Jetzt ist es so ein Dahingleiten", neue gemeinsame Themen ergeben sich aus den (nachgeborenen) gesunden Geschwistern und dem anstehenden Schuleintritt der behinderten Kinder. Ob die Intensität wieder ansteigt, ist noch unklar.

1.2.13 Selbsthilfegruppe Stieffamilien (Stiefas)

Nach einem Wochenendseminar verschiedener Einrichtungen der Erwachsenenbildung zu diesem Thema initiiert eine betroffene Mutter - Sozialpädagogin - eine Selbsthilfegruppe. Nach Ansicht der Gesprächsteilnehmer sind ihre Hartnäckigkeit und ihr Durchhaltevermögen die Ursache, daß die Gruppe letztlich zustande kommt. "Es war sehr zäh und mühsam am Anfang .... dann sollte wieder jemand 100% kommen, oder sogar drei, dann saßen wir wieder zu dritt oder viert da." "Einzelne sind neu dazugekommen, haben dann wahnsinnig viel gefragt, sich geholt, was sie brauchten und sind dann wieder weggeblieben". Sehr viele Öffentlichkeitsaktionen werden unternommen, Selbstdarstellungen an "alle Institutionen verschickt, die was mit Kindern zu tun haben, Interviews gegeben, Vorträge gehalten". Die Gruppe stößt bei Professionellen und in den Medien auf große Resonanz, aber nicht bei den Betroffenen. Bei konkreten Aktionen, wie einzelnen Vorträgen und Interviews, kommen immer relativ viele Leute, zu den monatlichen Gruppenabenden nur die Initiatorin, zwei bis drei Frauen regelmäßig und ab und zu Neue, die wieder wegbleiben.

Mit der Genehmigung eines Zuschusses aus dem Selbsthilfefond fangen die Mütter an, ein Programm zu planen. "Nachdem wir uns klargemacht haben, daß wir ja schon da sind und wir einfach was für uns machen sollten, ..wir schon eine Gruppe sind, seitdem läuft's ganz gut. "Als ein Vater feststellt, daß die Frauen für sich geplant haben und er Gefahr läuft, ausgeschlossen zu werden, engagiert er sich. Auch andere Väter kommen dazu. Ein Wochenende, über Erwachsenenbildungseinrichtungen ausgeschrieben, findet statt, es kommen noch drei Paare dazu, die auch bleiben. Zwei Psychologen gestalten die Seminare. "Die haben uns auf die Themen gebracht, von alleine läuft das nicht so." Eine Frau aus der Gruppe übernimmt die methodische Leitung von fünf Abenden außerhalb der normalen Treffen: Thema: Ursprungsfamilien. In diesem "Selbsterfahrungsrahmen" und bei den Wochenenden mit professioneller Anleitung entsteht sehr viel Vertrautheit, "es ist jetzt eine schöne integrierte Gruppe, wo sich auch die Kinder wohlfühlen können, wo man sich vorstellen kann, auch privat etwas miteinander zu unternehmen". Der Zusammenhalt wächst und "die schöne, positive Stimmung hält an." Die Aussage: "Die Gruppe befindet sich in den Flitterwochen" findet allgemeinen Zuspruch.

Das Gruppenleben findet jetzt v.a. in den Sondertreffen statt (thematische Abende, gemeinsame Freizeit, Wochenenden), "die monatlichen öffentlichen Treffen" liegen noch immer im argen. Sie finden v.a. deswegen statt, um die Öffentlichkeit aufrecht zu erhalten, es wird geplant, der bürokratische Kram erledigt. Für die selbsterfahrungsbezogenen Treffen hat sich die Gruppe einen geschlossenen Raum geschaffen, und "jetzt kann man nur schwer dazu kommen, wir wissen so viel voneinander, das kann man nicht so massenhaft vorstellen". Alle sind sehr offen, bringen auch sehr persönliche Themen ein, z.B. die aktuelle und frühere Partnerbeziehung betreffend, Hauptthema sind "Familienangelegenheiten". Es kann sein, daß Neue, die diese Tiefe und diesen persönlichen Austausch nicht gewohnt waren, deswegen wieder wegblieben. Alle Mitglieder haben - teilweise sehr weitgehende - Erfahrungen in Selbsterfahrungs- und Therapiegruppen. Drei sind auch an einem professionellen Projekt zum Thema "Stieffamilien" beteiligt. "Deswegen sind die aber nicht in der Gruppe, sondern als Betroffene".

Gerade jetzt, wo es so schön funktioniert in der Gruppe, sollte sie sich nicht auflösen; die Auseinandersetzung untereinander, die eher ansteht, wird mehr mit Spannung als mit Angst erwartet. Ein spätere Auflösung wird nicht als so tragisch gesehen. Es sollte sich nur nicht zerfleddern und "keine erneute Scheidung nach den Flitterwochen geben."

2. Verläufe und Veränderungen der Gruppen

Die in Kapitel II erwähnten Phasenmodelle für verschiedene Selbsthilfegruppen und Gruppen lassen sich im vorliegenden Material nur teilweise auffinden. Zum einen erheben diese keinen Anspruch, vollkommen regelmäßig abzulaufen (Phasen können sich wiederholen und übersprungen werden), zum anderen können Abweichungen vom Phasenablauf, der v.a. an Therapie- und Selbsterfahrungsgruppen gewonnenen Modelle, Hinweise auf typische Unterschiede zu den selbstorganisierten Gruppen geben. Es fiel mir lange sehr schwer, all die verwirrenden Einzelheiten und Ereignisse in der Beschreibung typischer Verläufe zusammenzufassen. Immer wieder paßte etwas nicht, bis mir klar wurde, daß es sich um Veränderungen unterschiedlicher Art handelt, die leichter auf zwei Ebenen beschrieben werden. Das paßt sehr gut zu dem Modell der Veränderungen und der Lernschritte erster und zweiter Ordnung.[2]
Im ersten Durchgang (2.1) bleibt die Analyse der unterscheidbaren Phasen nahe an den Ausführungen der Interviewteilnehmer. Es werden die Ereignisse in die Auswertung miteinbezogen, die in die Lebenslinien eingezeichnet und somit von der Gruppe selbst für wichtig gehalten wurden. Dieser Erfassung der "Oberflächenereignisse" soll in einem zweiten Durchgang die Beschreibung grundlegenderer Veränderungen folgen: Manchmal ändert sich die Gruppe in der Zeit des Zusammenarbeitens als Ganzes. Diese Betrachtung muß aus einem "größeren" Abstand zu den einzelnen Ereignissen geschehen. (s.2.2)

---

2   s. Kap.II, 3.1.2. Ähnlich unterscheiden auch E. Halves und H. Wettendorf (1986) bei Gesundheitsselbsthilfegruppen zwischen Phasenverläufen und strukturellen Veränderungen.

2.1 Phasen des Gruppenverlaufs

In der Abbildung auf der nächsten Seite habe ich die Zeichnungen, die während der Interviews entstanden sind, auf einem Blatt zusammengefaßt und die Verläufe den einzelnen Phasen zugeordnet. Meiner Meinung nach lassen sich gewisse Regelmäßigkeiten entdecken, auch wenn die Kurven jeweils sehr unterschiedliche Zeiträume umfassen.

2.1.1 Vorlauf und Gründung

Es gibt schnell und langsam startende Gruppen. Bei manchen ist es ab dem ersten Treffen klar, daß es weitergehen soll, und diese Gruppen werden schon beim ersten Mal ohne lange Anlaufphase gegründet.

> "Unwahrscheinlich viele Sachen, die so dringesteckt sind über die Jahre, sind auf einmal explodiert. Alles was sich so angesammelt hat und überhaupt über die Behinderung , das ist in der ersten Zeit unwahrscheinlich rausgekommen. Da war ein Riesenbedarf, beim Psychologen kann man ja nur einmal abladen, der tut so, als ob er alles versteht, aber bei Betroffenen ist das anders.. " (EBK)[3]

Andere brauchen Monate bis die einzelnen sich als Mitglieder einer Gruppe fühlen und bis von den kommenden und wieder wegbleibenden Besuchern so viele als regelmäßige Teilnehmerinnnen und Teilnehmer bleiben, daß alle das Gefühl haben, wir sind genug.

> "..dann kam langsam auch so die Zunahme der regelmäßigen, also drei, vier, dann sechs Leute, die von Anfang an dabei waren ..Dann das gemeinsame Treffen mit den Kindern zum Baden, da war Freizeitprogramm, da waren erstmals die Kinder dabei.."(Stiefas)

Bei den aktionsorientierten Gruppen ist das die Phase der *Probeaktionen*: Die Gründerinnen und Gründer finden sich aus einem sehr konkreten Anlaß heraus zur ersten Aktion zusammen, meist ohne die Absicht, eine dauernde Gruppe/Initiative zu gründen. Nach den ersten Erfolgen in der Zusammenarbeit, kommt der Anstoß zu Gruppengründung oft von außen: Der Widerstand, auf den man stößt, gibt oft das

---

3 Die eingerückten Stellen kennzeichnen in diesem Kapitel Zitate aus den Gesprächsprotokollen. Wo der Text nicht in Anführungszeichen steht, handelt es sich um meine Zusammenfassungen einer längeren Gesprächspassage. Das Kürzel am Ende kennzeichnet die Gruppe, von der das Zitat stammt.

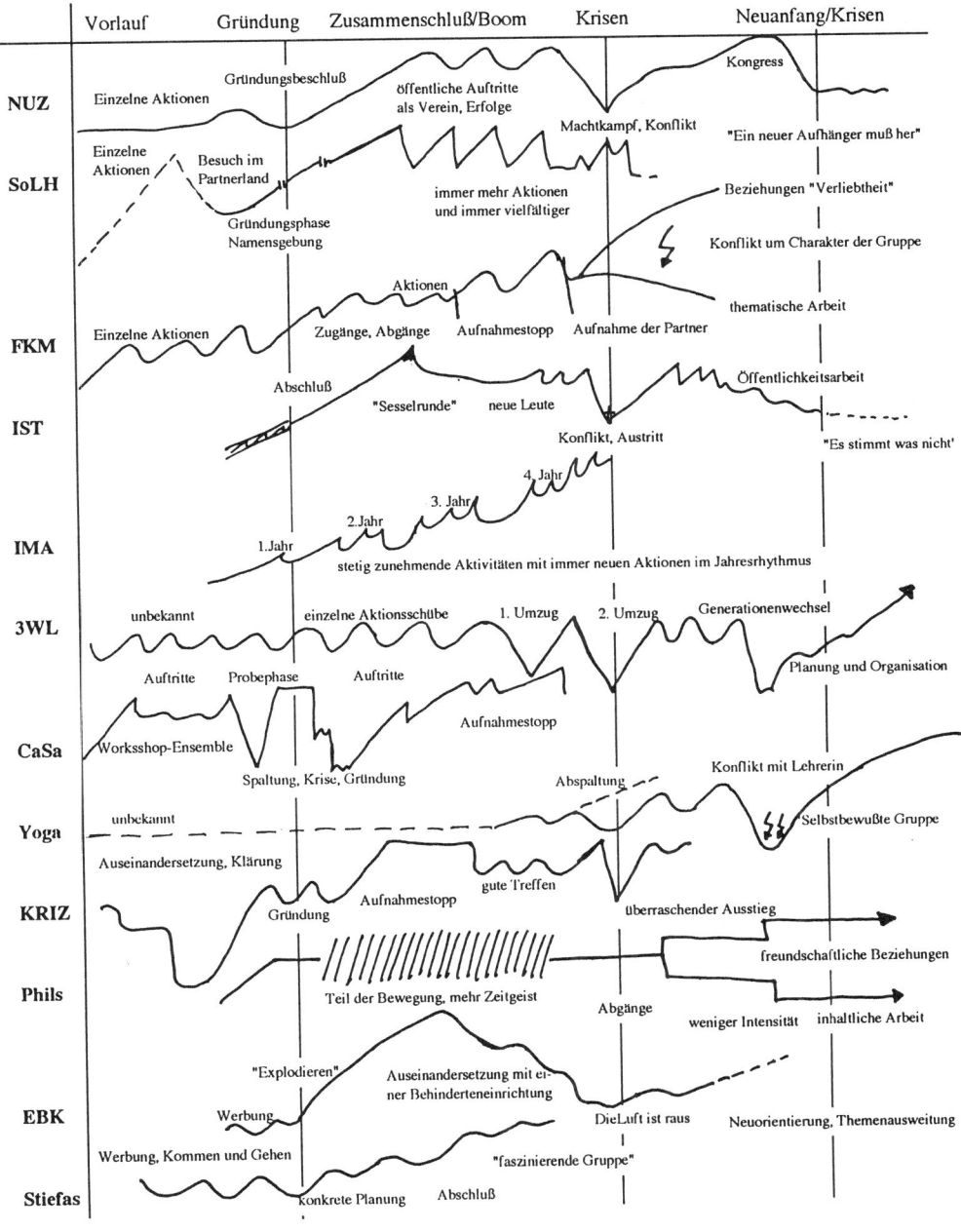

Abbildung: "Lebenslinien" der Gruppen (nach den Zeichnungen der Gesprächsteilnehmer)

| Vorlauf | Gründung | Zusammenschluß/Boom | Krisen | Neuanfang/Krisen |

NUZ
Einzelne Aktionen
Gründungsbeschluß
öffentliche Auftritte
als Verein, Erfolge
Kongress
Machtkampf, Konflikt
"Ein neuer Aufhänger muß her"

SoLH
Einzelne Aktionen
Besuch im Partnerland
Gründungsphase Namensgebung
immer mehr Aktionen und immer vielfältiger
Beziehungen "Verliebtheit"
Konflikt um Charakter der Gruppe
thematische Arbeit

FKM
Einzelne Aktionen
Zugänge, Abgänge
Aktionen
Aufnahmestopp
Aufnahme der Partner

IST
Abschluß
"Sesselrunde"
neue Leute
Öffentlichkeitsarbeit
Konflikt, Austritt
"Es stimmt was nicht"

IMA
1.Jahr
2.Jahr
3. Jahr
4. Jahr
stetig zunehmende Aktivitäten mit immer neuen Aktionen im Jahresrhythmus

3WL
unbekannt
einzelne Aktionsschübe
1. Umzug
2. Umzug
Generationenwechsel
Planung und Organisation

CaSa
Auftritte
Probephase
Auftritte
Workshop-Ensemble
Aufnahmestopp
Spaltung, Krise, Gründung
Abspaltung
Konflikt mit Lehrerin

Yoga
unbekannt
Selbstbewußte Gruppe

KRIZ
Auseinandersetzung, Klärung
Gründung
Aufnahmestopp
gute Treffen
überraschender Ausstieg

Phils
Teil der Bewegung, mehr Zeitgeist
Abgänge
weniger Intensität
freundschaftliche Beziehungen
inhaltliche Arbeit

EBK
"Explodieren"
Werbung
Auseinandersetzung mit einer Behinderteneinrichtung
Die Luft ist raus
Neuorientierung, Themenausweitung

Stiefas
Werbung, Kommen und Gehen
Konkrete Planung
Abschluß
"faszinierende Gruppe"

Gefühl: "Jetzt erst recht" und läßt die Aktivgewordenen näher zusammenrücken. Man fängt an, sich auf ein längeres Engagement vorzubereiten.

> Es ging auch drum.. wo kann man in der Situation 1982 ansetzen und sinnvolle Frie-
> densarbeit machen.. das hat uns verbunden, jetzt einfach mal Aussagen zu machen, eine
> Aktion durchführen..und da über den Arbeitgeber was loszulassen.. Es waren eigentlich
> alles Leute, die da so angeeckt sind, unzufrieden waren in der Kirche.. und da war uns
> die (ablehnende) Reaktion auf den Brief, die war uns grad recht, weil wir was gehabt
> haben zum Nausgehen. Das war Öl auf die Glut, daß es dann losgeht. (FKM)

Bei der NUZ und bei CaSa fällt der Gründungszeitpunkt ebenso mit einer ablehnender Reaktion von außen zusammen. Erst dann entschloß man sich, längerfristig zu- sammenzuarbeiten. In beiden Gruppentypen (identitäts- wie aktionsorientiert) findet in dieser ersten Phase einerseits die (Selbst-)Auswahl der Mitglieder statt nach dem Motto: Passe ich dazu oder nicht? Neue kommen und bleiben wieder weg, und es herrscht ein sehr unruhiges und wenig verläßliches Klima. Das Zustandekommen der Gruppe ist noch offen. Verschiedene Formen der Zusammenarbeit werden erprobt, indem man einfach anfängt, ohne lange zu planen. In dieser Phase gibt es am ehesten Konflikte und Auseinandersetzungen über Sachfragen und unterschiedliche Vorstel- lungen und Wünsche einzelner Interessierter. Diese Konflikte können die entstehen- den Gruppen sehr stark beschäftigen und tragen dazu bei, Ziele und Arbeitsweisen zu klären.

> "Bis zu dem Wochenende lief eigentlich viel so, wie wollen wir eigentlich arbeiten, als
> Frauengruppe, mit Erinnerungsarbeit.. wieviel Vertauen brauchen wir da noch in der
> Gruppe .."
> "Und dann da.. ist ein bisserl ein Einbruch.., da war schlechte Stimmung bei der Aus-
> einandersetzung mit B., es gab einen ziemlichen Eklat, sie findet das ganz schrecklich,
> wie da mit ihr umgegangen wird, nur weil sie kein Kind hat, wird nicht auf sie Rück-
> sicht genommen. Das war eine sehr intensive Zeit, ich seh das nicht als Einbruch, weil
> sich da unsere Normen gefestigt haben." (KRIZ)

Bei manchen Gruppen ist sofort klar, um was und wie es geht, bei anderen kann die Klärung und Konkretisierung der Ziele sehr lange dauern. Immer sind einige Grün- dungspersonen eindeutig auszumachen, was aber nicht heißt, daß diese dann auto- matisch die Leitung der Gruppe übernehmen. Ihrer Hartnäckigkeit ist es zu verdan- ken, daß die Gruppen zustande kommen. Sie setzen den Anlaß, den Ausgangs- und Kristallisationspunkt, damit die anderen überhaupt dazukommem können und sie stoßen dabei auf mehr oder weniger Resonanz und Bedarf.

Wenn in der Anfangsphase die Idee für ein konkretes Engagement entsteht, kön- nen die Neuen schnell entscheiden, ob es für sie etwas zu tun gibt oder nicht. Bei den aktionsorientierten Gruppen wird von den Einsteigern immer wieder betont, daß die

Konkretheit, das praktische Tun sie angezogen haben. Über die Rolle der Initiieren-
den hinaus wurden aber auch eindrucksvolle Geschichten von der Wirksamkeit bestimmter Ideen bei bestimmten Leuten zu bestimmter Zeit erzählt:

> Die Drucker -so erzählen sie, und das gehört wahrscheinlich jetzt zur Firmenlegende -
> haben sich beim Bier darüber unterhalten, die eigene alternative Zeitschrift doch besser
> selbst zu drucken, als sie immer in Auftrag zu "Alternativdruckern" zu geben. Sie wa-
> ren überzeugt, das selber besser zu können und wollten sich damit ein Taschengeld ver-
> dienen.(Drucker)

Ein Vortrag über Mittelamerika, der bei mehreren Leuten großen Eindruck hinterläßt,
ein Zeitschriftenartikel über Selbsthilfegruppen von Eltern behinderter Kinder, ein
Vortrag über kritische Sozialwissenschaften, der Stopp der Wohnungssanierung, der
Besuch eines Gemeindevertreters aus Bolivien, all das waren Anlässe, sich zu treffen, miteinander ins Gespräch zu kommen und gemeinsame Ideen zu entwickeln.
Ideen, die sicher zu den Zeitpunkten in der Luft lagen (Warum sonst hingehen?), die
auf persönlichen Bedarf und persönliche Entschlossenheit stießen, aber trotzdem auf
den Anlaß gewartet haben, geäußert zu werden. Es muß also nicht nur Personen,
sondern auch Gelegenheiten geben, miteinander über eine Sache, so schlimm und
belastend sie in vielen Fällen ist (behinderte Kinder, Sanierungsstopp, Nachrü-
stung..), ins Gespräch zu kommen. Das sind Zufälligkeiten, die gefördert werden
können.

In den aktionsorientierten Gruppen erleichtert und beschleunigt eine konkrete
Projektidee, bei der einzelne gleich etwas machen können, *den Anfang.* Bei all diesen
Gruppen gab es schon von Anfang an immer etwas Konkretes zu tun und man mußte
nicht allzulange darüber reden. *Identitätsorientierte Gruppen haben es schwerer, gemeinsame Arbeitsweisen zu entwickeln.* Zudem setzt ihre Arbeit von Anfang an eine
größere Vertrauensbasis voraus.

Drei Gruppen begannen als Seminare oder Schulungen mit festen Lehrern und einem damit festgelegten Rollenset. Die Gründung einer selbständigen Gruppe ohne -
oder mit selbst gewählten Lehrern - erfolgt dann erst viel später, nach der Ablösung
von ihnen oder ihrem Ausscheiden. Nach einer Phase des eindeutig fremdorganisierten Verlaufs versucht die Gruppe ohne die bisherigen Leiter einen eigenen
Start, oder sie gewinnt langsam immer mehr Unabhängigkeit. (s.2.2.3.)

Die große Unsicherheit und die Probierphase endet mit dem Entschluß zur Gruppengründung. Das ist manchmal ein genau datierbares Ereignis (KriZ, Stiefas,
CaSa), manchmal eine Zeitspanne, in der man beginnt, sich regelmäßig zu treffen,
einen Namen sucht und findet (SoLH), oder der Zeitpunkt, an dem beschlossen wird
aufgrund der äußeren Umstände, die Aktion dauerhaft fortzusetzen (FKM, NUZ). In
vielen Fällen wird berichtet, daß man das Gefühl hatte, jetzt auf einmal nicht nur et-

was Wichtiges zu tun, sondern daß das mit bestimmten Leuten getan wird (s.o. Stiefas, KriZ). Nachdem bisher immer auf Neue gewartet wurde, überzeugt man sich jetzt gegenseitig davon, daß schon genügend interessante Leute da sind. Man fragt sich jetzt: Was können wir, die wir schon da sind, miteinander machen. Dieser Perspektivewechsel wird in den meisten Lebenslinien der Gruppen durch einen Wendepunkt markiert: Von jetzt an geht's aufwärts. Es erscheint mir sinnvoll, *den Zeitpunkt der Gruppengründung nicht auf das erste Treffen zu datieren, sondern auf diesen Zusammenschluß der Interessierten zu einer Gruppe.* Die Erzählungen zeigen, daß auch die Beteiligten ziemlich genau im Gedächtnis haben, wann dieser Umschwung erfolgte. Zu der Idee als bisherigem Kristallisationspunkt kommt etwas Neues hinzu: Einige entschließen sich für die gemeinsame Idee und zugleich für die konkret anwesenden Leute, mit denen sie ihre Verwirklichung angehen wollen. Ab hier scheint es mir sinnvoll, von einer Gruppe zu sprechen. Dieser Übergang zur Gruppe gehört eigentlich zu den strukturellen Änderungen (s. 2.2). Aus einem Aggregat von einzelnen wird eine Gruppe.

2.1.2 Flitterwochen und Boom, Zusammen- und Abschluß

Der Zusammenschluß bringt Schwung in die Gruppe, und sie wirkt dadurch auf die immer noch Unentschlossenen erst richtig attraktiv. Die Entscheidung wird ihnen erleichtert, und sie schließen sich endgültig an. Eine intime, integrative Phase beginnt, in der sehr emsig miteinander gearbeitet wird, und zugleich beginnt sich die Gruppe nach außen abzuschließen.

Während für die Zeit vorher oft ein unentschlossenes Auf und Ab gezeichnet wurde, steigen die Kurven jetzt steil an. (s.Abb.) Die Linien geben vor allem die "Stimmung" und die Intensität der Zusammenarbeit wieder. Beides steigt ganz rapide an und in vielen Kurven jagt jetzt ein Höhepunkt den anderen. Die Aufbauphase ist in Schwung gekommen. Alles wird sehr intensiv erlebt und als ganz neu und aufregend empfunden.
Die inneren Entwicklungen der Gruppen werden folgendermaßen erlebt:

* *Es kommt etwas Ordnung ins Chaos*
Es werden Arbeitsformen entwickelt und ganz langsam die allernotwendigsten Regelungen eingeführt. Nach einer Phase, in der alle alles gleichzeitig besprechen wollten, entschließt man sich z.B. bei CaSa, die Rolle einer Gesprächsleitung einzuführen.
* *Zusammenwachsen*
Die Bilder, die für diese Phasen gezeichnet wurden, drücken das aus. Neu Dazukommende finden mehr Orientierung als ganz am Anfang. Eine "Pioniergruppe" ent-

steht, die die Aufbauphase bestimmt. Die Gruppe wird überschaubarer, ihre personellen Grenzen werden sichtbar, weil nicht mehr dauernd Neue kommen und wieder gehen. Bei IST wird von einer intensiven "Sesselrundenphase" berichtet, in der das eigene Programm entstanden ist. Die Sesselrunde steht für den überschaubaren Kreis, "da hat sich die Gruppe sehr stark und in sich geschlossen gefühlt.., großes Zusammengehörigkeitsgefühl, ..sehr kompakt und intensiv gearbeitet." In dieser Phase entsteht mehr Intimität, man lernt sich kennen, arbeitet zusammen, entdeckt immer neue Gemeinsamkeiten und Ähnlichkeiten, auch über die unmittelbare Gruppenarbeit hinaus.

* *Keine Konflikte*
Von Machtkampf und Auseinandersetzungen ist in dieser Zeit nichts zu spüren. Alle begeistern sich für die neu gewonnenen Möglichkeiten in der Gruppe. Die Gruppen profilieren sich als Ganzes gegenüber ihrer Umgebung. Die besonders hervorgehobenen Gründungspersonen stehen nicht mehr so isoliert da, werden eingebunden in den Kreis der anderen Aktiven.

In bezug auf die äußere Umwelt verändert die Gruppengründung etwas Entscheidendes. Man kann jetzt darangehen, und das trifft vor allem für die aktionsorientierten Gruppen zu, die entsprechenden Kontakte aufzubauen. Man wird jetzt als Initiative wahrgenommen und angesprochen, wird zum Teil einer Bewegung. Dazu müssen Thema, Aufgabe und Ziel eine gewisse Konjunktur haben und bei den meisten Gruppen war das auch der Fall (besonders bei Phils, IMA, 3WL, NUZ, Drucker). Dieser Zustand der Flitterwochen oder der "Hochkonjunktur" kann sehr lange anhalten. Manche Lebenslinien zeigen zwar ein gewisses Auf und Ab, aber generell geht es immerzu aufwärts. Krisen sind erstaunlich selten und die Gruppen CaSa, SolH, Stiefas, und auch die IMA und die Drucker (nicht so uneingeschränkt), boomen zum Zeitpunkt des Interviews immer noch. Im Laufe dieser Phase kommt es oft zu einem formellen Aufnahmestopp neuer Mitglieder. Man will nicht dauernd von neuem anfangen müssen und ist sich außerdem selbst genug (KriZ, FKM, CaSA). Zumindest werden die Werbungsaktivitäten eingestellt. Kommen trotzdem Neue, so können sie in dieser Zeit ganz empfindlich stören.

> "Und dann kam auf einmal aufgrund eines Zeitungsartikels eine ganze Menge neue Leute. Da war erstmal ein unheimlicher Leerraum da, weil man nicht gewußt hat, wie man die Leute integrieren soll, auf die Schnelle... wie man denen so viele Informationen gibt, .. Unsere Gruppe hat sich schon zusammengehörig gefühlt, daß man die Neuen zunächst eher als Außenseiter, oder die Gruppe störend empfunden hat. Die haben des auch gespannt. "(IST)

Bei identitätsorientierten Gruppen kommen schneller sehr intensive Beziehungen zustande, deswegen kommen die Gruppen auch schneller - nach einer evtl. langen Anlaufzeit - in die "Flitterwochen". In den aktionsbezogenen Gruppen sind vertrauensvolle Beziehungen viel weniger Voraussetzung für die Zusammenarbeit im Sinne des Zieles der Gruppe, und es kommt zu Arbeitsphasen mit langsam steigender Intimität unter den Mitgliedern, die über Jahre hinweg andauern können. Die FKM-Mitglieder berichten von einer Phase der "Verliebtheit" nach ca. 4 Jahren der Zusammenarbeit. Anfragen von außen wirken ungemein belebend und geben Gelegenheit, sich immer wieder darzustellen und aktiv zu werden. Die Gruppe wird gerade hier als solche erlebbar. Alle Höhepunkte, die in dieser Zeit in die Linien eingezeichnet werden, hängen mit Aktivitäten und Darstellungen der Gruppen nach außen zusammen. Das gemeinsame Auftreten erlebt man als besonders solidarisierend. Nur die distanzierenden, unterscheidenden Kräfte kommen offensichtlich nicht zum Tragen, vieles an Ärger staut sich im Zuge dieser ersten Gründerzeit und Hochphase an.

2.1.3 Krisen und Konflikte, Entzauberung und Neuanfang

Diese Einteilung ist insofern willkürlich, weil man die Phase des Zusammenschlusses so lange dauern lassen kann, bis Konflikte und Schwierigkeiten auftauchen. Trotzdem gibt es Anhaltspunkte dafür, daß die Gruppen jetzt eine neue Art von Problemen bewältigen müssen. Sie haben mit der Gewöhnung und mit dem Alltag der Zusammenarbeit zu tun. Die Grenzen der Gruppe werden sichtbar. Weder die Intimität und der Zusammenhalt können grenzenlos zunehmen, noch können die Aktivitäten immer gesteigert werden. Irgendwann werden die Hoffnungen, die man für erfüllbar hielt, enttäuscht. Die Gruppe verliert den Zauber des "Alles ist möglich". Gemeinsam ist den Krisen, daß die Gruppen an äußere oder innere Grenzen stoßen, daß nicht mehr alles reibungslos oder zumindest ohne größere Rückschläge abläuft. Ansonsten kann das sehr verschieden aussehen. In den Lebenslinien der untersuchten Gruppen fanden sich folgende "Krisentypen".

* *"Explosionen" - innere Konflikte*
Die Gruppen scheinen nach einem *Dampfkesselprinzip* zu funktionieren: Von all dem angestauten Druck ist nichts zu sehen, alles bleibt ganz ruhig. Informell wird wohl über die Schwierigkeiten gesprochen, aber in der Gruppe selbst tun alle so, als wäre alles in Ordnung. Ein relativ zufälliger Anlaß kann dann einen großen Krach auslösen, bei dem alles Angestaute auf einmal losbricht. Es handelt sich um Konflikte zwischen einzelnen Mitgliedern, von den Gruppen oft als Machtkampf bezeichnet.

> "Und da hat's einen ziemlichen Einbruch gegeben.. durch eine starke Meinungsverschiedenheit zwischen zwei AK - Mitgliedern (einer davon Mitinitiator), die ziemlich stark rivalisiert haben. Der ist dann ziemlich cholerisch aus der Gruppe ausgestiegen."

"Ich sah's so, eine Art Richtungsstreit, der eine wollte mehr politische Arbeit und Öffentlichkeitsarbeit und er wollte - was er machte - auch im AK genügend gewürdigt sehen... Und der AK war so auf dem Dreh: Unser Hauptanliegen ist die Betreuungsarbeit.." "So fing das ganze an und ist dann mehr oder weniger persönlich geworden, daß
man ihn ausbootet, .. ein ziemlich übler Streit.." "es ist auch nicht ausdiskutiert worden, es sind Briefe geschrieben worden, die dann kursiert sind. " "Es hat schon lange
geschwelt, ist nie zur Sprache gekommen und dann hat's plötzlich geknallt, Auslöser
war der Jahresbericht."(IST)

Ähnlich lang angestaute Konflikte finden sich in der Yogagruppe; in der Friedensinitiative kommt es nach fünf Jahren zu einem Streit über das, was in der Gruppe besprochen werden soll. Die Konflikte werden zwischen den aktiven Gruppenmitgliedern ausgetragen, und es geht um den jeweiligen Einfluß auf die Richtung der Gruppen. Im Vergleich zu anderen Phasenmodellen wird hier - wenn überhaupt - der
Machtkampf sehr spät nachgeholt. Sachliche Differenzen sind dann oft der Auslöser
für sehr persönlich ausgetragene Konflikte. Der Konfliktstil der "möglichst langen
Vermeidung" beruht auf der Angst vor der Unkontrollierbarkeit von Konflikten und
er begründet diese zugleich: Schließlich muß der Druck sehr hoch sein, daß überhaupt etwas zur Sprache kommt, und dann knallt es eben sehr laut. Im Rückblick
werden die - überstandenen - Konflikte immer als Tiefpunkte in die Lebenslinien eingezeichnet. Trotzdem werden sie mit dem Unterton einer gemeinsam gewonnenen
Schlacht erzählt. Sie festigen den Zusammenhalt. Man kann vermuten, daß dadurch
auch der Umgangsstil etwas offener wird. Das Tabu, nicht über die Beziehungen zu
den anderen und die eigenen Einschätzungen zu reden, wurde zumindest einmal
nachhaltig gebrochen. An diesen Stellen kommt es oft erstmalig zu einer Auseinandersetzung über den Umgang miteinander.

"Heut sagt ma ses gleich richtig und net durch alle, sondern demjenigen .." "des war
ganz gut, daß es mal gekracht hat, i find's nimmer so schlimm, weil nix passiert is, es
hat sich keiner gekeilt, niemand ist ausgetreten ...," "I find scho, es war eine Zerreiß-
probe, es hätt ja knallen können und sie (eine Vereinsvorsitzende) hätt' sagen können, i
hau alles hin .. des hat's zwar g'sagt, aber sie hat's net gmacht."(NUZ)

* *Generationenwechsel*

"Dann sind neue Leute gekommen und haben neue Diskussionen begonnen und auf
solchen Diskussionen gab's dann manchmal die Antwort: Ja ja, das haben wir auch
schon diskutiert. .. so eine leicht destruktive Tendenz, war nicht böse gemeint, aber
hatte seine Wirkung. ..Ich hatte den Eindruck, die verhindern auch einen Neuanfang,
..die Unklarheit hatte so eine bremsende Wirkung auf die Neuen.."(3WL)
"Du warst so ein Fels in der Brandung, aber sonst war alles im Zerfließen.., du warst
auch nicht immer da, jedes Treffen war anders besetzt und es war nicht zu erkennen, wer
da der Kern ist. Ein halbes Jahr lang nicht." (3WL)

In dieser Gruppe wird der Generationenwechsel am eindrücklichsten beschrieben, auch bei der Yogagruppe hat er sich vollzogen, ohne solche Erinnerungen zurückzulassen und ansatzweise bei IST. Der Zustand der Gruppe ähnelt stark der Gründungsphase, wieder steht in Frage, ob es überhaupt weitergeht, und sehr viel Unsicherheit und Unklarheit prägt die Stimmung. Der Kern der Gruppe löst sich auf und muß sich erst wieder neu bilden. Trotz der Schwierigkeiten wirkt die Gruppe wieder offener. Die Neuen, die jetzt dazukommen, müssen nicht aus dem unmittelbaren Bekanntenkreis der verbliebenen Mitglieder kommen, auch "fremdere" haben wieder eine Chance. Die "Alten" verabschieden sich so, wie die Neuen dazugekommen sind: formlos. Man bleibt einfach weg, erscheint immer seltener etc. Wer sollte sie verabschieden als Träger der Initiative, da es ja (noch) keine Nachfolger gibt. Die müßten sich für so eine Aktion außerdem formell ausweisen können.

* *Unvorhersehbares - Unfälle*

Das ist eine Restkategorie für Ereignisse, die sehr einschneidende Konsequenzen für die Gruppen haben, die Schicksalsschlägen ähneln und zugleich nur wenig mit dem inneren Zustand der Gruppen zu tun haben, reine Störungen von außen, mit denen umgegangen werden muß. Die Gruppen werden davon eher aufgeschreckt. Darunter zähle ich einen Arbeitsunfall bei den Druckern, der die eigene Arbeitsweise grundsätzlich in Frage stellt und den einzelnen lange nachgeht. Der zweimalige Verlust der Ladenräume beim 3WL, der den Kundenstamm halbiert und größte Anstrengungen erfordert, wieder zu Räumen zu kommen. Ebenso der überraschende Ansturm von Neuen bei IST, der nach einem Zeitungsartikel allerdings fast zu erwarten gewesen war. Die Neuen kamen zu einem Zeitpunkt, zu dem eine erneute Öffnung der Gruppe noch nicht ausdiskutiert war.

* *Das Abschlaffen*

> "Nach der Aktion mit der Behinderteneinrichtung ging es einfach wieder ein bißchen bergab. Es wurde ruhiger, das heißt, daß die Gruppe nicht immer ein festes Thema hatte, es wurde halt von Fall zu Fall besprochen, was der einzelne vorgetragen hat.."
> "Wir hatten auch schon vorgeschlagen ‚gemeinsam auf ein Wochenende zu fahren .. alle haben genickt und wir haben geschrieben und einen Termin ausgemacht .. und als es dann soweit war, sind wir alleine dagestanden. Das war meiner Ansicht nach so der Abstieg." (EBK)
> "Es läuft so dahin, wir bräuchten einen neuen Aufhänger.. vielleicht haben wir schon was. ... die Sanierung läuft, es ist so viel Kleinkram zu machen, aber damit lockst du niemand hinterm Ofen vor. Die kommen nur, wenn was los ist.." (NUZ)

Bei den identitätsorientierten Gruppen, auch bei den Phils, läuft sich das gemeinsame Vorhaben langsam tot, es ist nicht mit Mehr-vom-Selben zu kompensieren, eine

Neuorientierung steht an, neue Themen, Aufgaben müssen gefunden werden. Die "Aktiven" einer Gruppe, die die Intensität weiter vorantreiben wollen, stoßen auf "passiven" Widerstand; man hat einfach keine Zeit (EBK). Man muß drauf warten, bis von außen etwas kommt ("Wenn wieder ein Problem ansteht, dann sind alle wieder da"). Die aktionsorientierten Gruppen laufen Gefahr, ihren ursprünglichen Zweck zu erreichen, und müssen sich auch neue Ziele und Aktionsformen suchen. Die Yoga-Gruppe verliert für einzelne an Attraktivität und orientiert sich neu, indem ein Lehrer gesucht wird. Begleitet sind diese "Einbrüche" meist von wehmütigen Gefühlen und Erinnerungen an die aktiven Zeiten. Man kann sich nicht so richtig über das Erreichte freuen, da dadurch ja die Gruppe auf dem Spiel steht.

Unter die Kategorie des Abschlaffens zähle ich auch das "konfliktlose" Weggehen, ohne vorher etwas für die eigenen Interessen getan zu haben. Die streitlose Variante des Konflikts ist hier vertreten, vielleicht weniger bedrohlich, aber auch mit viel mehr Enttäuschung und Resignation verbunden. Es konnte nicht zu einer Klärung und damit zu "frischerer" Luft kommen. Diese Zeit kann oft mit "stiller Enttäuschung" überschrieben werden. In den untersuchten Gruppen gehen alle Krisenzeiten wieder in zumindest begrenzte Neuanfänge über, die wieder zu einem neuen "Zusammenschluß und Aufschwung" führen. Dieser macht aber nicht mehr den unbedarften Eindruck wie in der Zeit nach der Gruppengründung. Die Phasen werden u.U. wieder durchlaufen, allerdings nicht mit dieser Heftigkeit. Die Ausschläge werden flacher. Keine Gruppe war auf eine Art von Krise spezialisiert.

2.1.4 Zusammenfassung

In den dargestellten Lebenslinien der Gruppen kann man drei sich wiederholende Phasen unterscheiden:
1. Nachdem die Gründer, mehr oder weniger begünstigt von äußeren Bedingungen, einen Anlaß, sich zu treffen, geschaffen haben, klärt sich in der Vorlauf- oder Probephase, ob und mit wem die Gruppe zustande kommt. Die Unentschiedenheit und Unsicherheit sind in dieser Zeit am größten, geeignete Leute werden gesucht, anhand von ersten Aktionen werden die Ziele und Vorgehensweisen konkretisiert. Konflikte sind hier am wahrscheinlichsten, sie geben Gelegenheit, erste Konturen der Gruppe zu klären. Die Phase endet mit der Gründung der Gruppe, an die sich
2. eine Phase des Zusammenschlusses, die "Flitterwochen" anschließen. Zusammenarbeit und Beziehungen intensivieren sich, besonders die gemeinsamen Auftritte als Gruppe und die ersten Erfolge heben das Gemeinschaftsgefühl. Es geht steil aufwärts, und v.a. bei den aktionsorientierten Gruppen kann diese Phase sehr lange anhalten. Widerstände von außen erhöhen das Engagement eher. Innere

Konflikte führen zu

3. einer Phase der Krisen und der Entzauberung, in der die Grenzen der Gruppen deutlich werden. Es kommt zu lange angestauten Konflikten zwischen einzelnen engagierten Mitgliedern, eine "Generation" wichtiger Leute geht, man hat die ersten Ziele erreicht und muß sich erneut orientieren, um wieder Auftrieb zu bekommen, oder die Gruppe "schlafft ab" und man wartet auf neue Anstöße von außen.[4]

Die Krisen münden in "Neuanfängen", man hat aber den Eindruck, daß die Möglichkeiten jetzt realistischer gesehen werden, die "Ausschläge" der Höhen und Tiefen werden geringer, die Gruppen als Ganzes werden als "erwachsener" empfunden.

Identitätsorientierte Gruppen haben einen längeren Anlauf, ihre Arbeitsweise muß erst erfunden werden und die Entscheidung zum Mitmachen setzt ein größeres persönliches Vertrauen zu den anderen voraus. Erleichtert wird ihr Start durch einen großen Bedarf, sich mit Betroffenen auszutauschen und dadurch zu entlasten. Nach dieser ersten "Entlastung" kommen sie schneller an den kritischen Punkt, an dem eine Neuorientierung notwendig wird.

Aktionsorientierte Gruppen erleichtern den Einstieg durch eine konkrete Handlungsperspektive. Dafür können sich hier die Beziehungen jahrelang auf einem relativ unpersönlichen Niveau stabilisieren.

2.2 Änderungen zweiter Ordnung: Von der Gruppe zu .....

Langfristige Veränderungen sind in sozialen Systemen, in denen die Geschehnisse des Alltags sehr im Vordergrund stehen und die ganze Aufmerksamkeit in Anspruch nehmen, schwer wahrzunehmen. Es bleibt selten die Zeit und es gibt wenig Anlässe, die Vergangenheit mit dem Heute zu vergleichen. Im Interview wurde das auf zwei Arten versucht: Alle sollten den Zustand der Gruppe zum Zeitpunkt ihres Eintritts beschreiben und aufzeichnen und daneben den heutigen Zustand. Bei der Besprechung der "Lebenslinie" wurden neben den aktuellen Ereignissen langfristigere Tendenzen sichtbar. Am meisten habe ich mit der Entwicklung zur Organisation gerechnet, weil diese Tendenz allgemein fast als gesetzmäßig angenommen wird. Die anderen langfristigen Veränderungen, die ich für nicht minder grundsätzlich halte, sind nicht so vorhersehbar gewesen. Anders als die phasentypischen Veränderungen sind

---

4 W. Schülein beschreibt für die Entwicklung von Wohngemeinschaften ähnliche Phasen (1983, u. 1980). Die Untersuchungen, die sich mehr an gruppendynamischen Phaseneinteilungen orientieren (W.Asam, M. Heck, M. Schneider 1984) beschreiben eine Konfliktphase vor der Kohäsions- und Arbeitsphase (ebenso Schneider, 1983). Die Konflikte sind hier u.U. vor der Gruppengründung, die in den anderen Untersuchungen evt. zum Gruppenprozeß gerechnet werden. Vielleicht werden sie von den Gruppenvertretern gar nicht als solche wahrgenommen.

hier Veränderungen beschrieben, die die Identität der Gruppen betreffen: *Über einer bestimmten Schwelle werden sie zu einem anderen sozialen System.* Zu jeder Veränderungsart gibt es in einzelnen Gruppen eindrückliche Beispiele, an denen ich versuchen möchte, das Typische der jeweiligen Veränderung herauszuarbeiten.

2.2.1 Vom Treffen einzelner zum Zusammenschluß der Gruppe

Dieser Übergang von einer Ansammlung einzelner zu einer Gruppe soll noch einmal der Vollständigkeit halber erwähnt werden. Auch hier entsteht etwas qualitativ Anderes gegenüber dem Zustand vor der Gruppengründung. (s. 2.1.1)

2.2.2 Von der hierarchischen zur egalitären Gruppe: Die Emanzipation

Unter den befragten Gruppen finden sich zwei Arten von "fremdinitiierten" Gruppen: Die einen (NUZ und IST) wurden unter Mithilfe von "professionell betroffenen" Sozialarbeitern mitinitiiert, die anderen begannen als Schulungs- und Workshop-gruppen mit einem formellen Lehrer-Schüler-Arrangement (Phils, Yoga, CaSa). Alle Gruppen dieser Art haben sich über die ursprünglichen hierarchischen Rollenverteilungen hinaus entwickelt und zu einer gleichmäßigeren Verteilung der Macht gefunden. Dieser Abbau mehr oder weniger formalisierter Einflußstrukturen wird als Emanzipation von diesen - ursprünglich durchaus hilfreichen und gewollten - Abhängigkeiten empfunden. Er soll im folgenden veranschaulicht werden. Bei NUZ und IST hatten die an der Gründung beteiligten Sozialarbeiterinnen und Sozialarbeitern keine formale Leitungsaufgabe. Sie unterschieden sich aber von den anderen Mitgliedern dadurch, daß sie sich im Rahmen ihrer beruflichen Tätigkeit engagierten. Von "gruppeneigenen" Hauptamtlichen unterscheiden sie sich dadurch, daß sie ihre berufliche Arbeit unabhängig von der Gruppe ausüben und diese ihnen nichts diktieren kann.

Es geht jetzt nicht um die gar nicht zu entscheidende Frage, wessen Werk die Gruppen nun eigentlich sind: Das der Profis oder das der Betroffenen oder Interessenten. Beide Gruppen lösen sich bei aller Unterschiedlichkeit über einen Zeitraum mehrerer Jahre hinweg von den Sozialarbeitern ab und entwickeln mehr und mehr Eigenständigkeit. In den Gruppenbildern rücken sie aus der zentralen Mitte an den Rand und sie werden nicht mehr so selbstverständlich als Mitglieder angesehen. Als "Ungleiche" bekommen sie eine Sonderstellung am Rand, oder sie werden gar nicht mehr dazugezählt. In beiden Gruppen ist von Ablösung und "Erwachsenwerden" die Rede. Die langjährigen Mitglieder fühlen sich immer weniger auf Hilfe angewiesen.

Sie werden selbst zu den Trägern der Kontinuität und treten den jeweils "neuen" Sozialarbeitern sehr selbstbewußt gegenüber. Mit eigenen, "unabhängigen" Veranstaltungen profilieren sie die Gruppe und werden vom "Anhängsel" zum eigenständigen Gesprächspartner für Dritte (NUZ). In beiden Gruppen unterstützen die Professionellen diesen Prozeß, ohne sich, (und das erscheint wichtig) bei den ersten kritischen Anfragen an ihre Rolle zu schnell zurückzuziehen. So ermöglichen sie eine schrittweise Ablösung.

Bei drei anderen Gruppen gab es klar definierte Lehrer-Schüler-Rollen. Bei den Phils und der Yogagruppe liegen diese Verhältnisse lange zurück, und die Veränderung zur egalitären Gruppe ist zwar erfolgt, aber nicht mehr nachvollziehbar. Am aktuellsten hat diesen Prozeß CaSa erlebt und auf eine besonders dramatische Weise.

Die Rhythmusgruppe trat das erste Mal als Work-Shop-Ensemble auf, zusammengesetzt aus Teilnehmerinnen und Teilnehmern verschiedener Kurse des Lehrerpaars. Diese bestimmten -entsprechend ihrer Rolle- das Programm und wer mitspielen durfte. Bestimmte organisatorische Aufgaben übernahmen einzelne Mitspieler. Der Auftritt war ein Erfolg und verschiedene andere folgten zur Zufriedenheit aller Beteiligten, die Konzerte waren immer Höhepunkte in der Zusammenarbeit, man traf sich regelmäßig zum Proben, neue Mitspieler kamen auf Einladung des Leiterpaares. "Es war ein ziemlicher Anstieg, sowohl musikalisch, als auch vom Zusammenhalt der Gruppe und von der Begeisterung her."

Nach ca. eineinhalb Jahren, die Berichtenden konnten das genau an einzelnen Auftritten festmachen, "ging's mit den Konflikten ganz schön an, wo dann nach den Konzerten die Stimmung ganz schön runterging, oder direkt vorher, wo die Streitpunkte immer wieder kamen. Es ging um die Frage: Wie werden Konzerte aufgezogen? Wieviel dürft ihr mitbestimmen bei den Konzerten?"

Anfangs war die Gruppe relativ geschlossen "Die da oben, wir da unten", doch dann gabs auch innerhalb der Gruppe Streitpunkte, wer für oder gegen die beiden war, auch ganz persönlich sie sympathisch fand oder nicht". "Für mich ging's immer drum, ob wir uns als Gruppe von denen repräsentiert fühlen konnten, v.a nach außen, oder nur Staffage waren." Im nachhinein finden es die Betroffenen erstaunlich, daß man sich immer wieder einigen konnte, wenn auch der Konsens immer kleiner wurde und der Konflikt sich zuspitzte. "Konflikte wurden auch über Ausschluß gelöst. Mindestens acht Mitglieder wurden von den beiden "rausgeschmissen". Das war ein totaler Konflikt zwischen der Autorität, die sie sein wollten. und der Demokratie, in dem Sinne, daß wir arbeiten müssen und zwar voll."

Während einer längeren Abwesenheit der beiden Leiter tritt die Gruppe eigenständig auf und alle empfinden das als große Zeit. Nach ihrer Rückkunft versuchen sie, "die beiden in unser Projekt wieder zu integrieren", aber das funktioniert nicht. Der Streit eskaliert und das Leiterpaar löst die Gruppe auf und lädt einen Teil davon zu einem Nachfolgeprojekt ein. Das gibt den Anstoß zur Neugründung der eigenen Musikgruppe. Die Nichteingeladenen machten den "Auserwählten" ein Angebot und fast alle sind darauf eingestiegen. Die Gruppe hatte genügend Zusammenhalt und gemeinsame Erfahrung entwickelt, daß sie sich gegen den Versuch, sie zu spalten und das alte hierarchische Rollensystem wieder einzuführen, behaupten konnte. (CaSa)

Zu dieser Geschichte gibt es viele interpretative Zugänge. Man kann es als Autoritäts- konflikt ansehen, bei dem die Abhängigkeits- und Gegenabhängigkeitsängste und Bedürfnisse der Beteiligten aktualisiert werden, als Machtkampf, als Widerstand ge- gen autoritäres Verhalten etc.. Auf der Gruppenebene wird - bei diesem Beispiel sehr plötzlich - das hierarchische Prinzip durch ein egalitäres ersetzt. Mit diesem Wechsel verändern sich die Rollen und Funktionen der Beteiligten grundlegend. War vorher die Gruppe in Lehrer und Schüler und Leiter und Mitglieder geteilt, so gibt es jetzt der Norm nach nur Gleiche. Die einzelnen verstehen sich so, und die Gruppe insge- samt versteht ihre Mitwirkenden so. Das Verhalten und die Erwartungen der einzel- nen wird jetzt von einer anderen Grundregel geprägt, von der es - wie vorher auch - viele Abweichungen gibt und geben wird.[5]

Die Gruppe wird nicht mehr bestimmt (in bezug auf Mitglieder, Art der Auf- tritte,..), sondern bestimmt selbst, und alle sind bei den Entscheidungen gleichbe- rechtigt. Die gemeinsamen Konzerte und v.a. die "Probephase" der Selbständigkeit der Gruppe waren so ermutigende Erfahrungen, die Auseinandersetzungen mit dem Leiterpaar auf die Dauer so strapazierend, daß die Gruppe als Ganzes sich ablösen konnte. Was vorher nur probehalber untereinander galt, wurde jetzt (ganz selbstver- ständlich) Grundlage der Gruppe.

Der reine Austausch des hierarchischen mit dem egalitären Prinzip wäre aber nur ein begrenzter Fortschritt, der die Musikgruppe in ihrer weiteren Entwicklung wie- derum empfindlich einschränken würde. Wenn vorübergehende Lehrer-Schüler-Ver- hältnisse innerhalb der Gruppe und evtl. mit Lehrern von außerhalb nicht zustande kämen, würde die Veränderung eine reine Entdifferenzierung bedeuten, wodurch mit dem Prinzip der Gleichheit des Einflusses auch das die Möglichkeit eines Lehrers und u.U. des voneinander Lernens ausgeschlossen würde. Die musikalische Entwick- lungsfähigkeit der Gruppe und der einzelnen würde stark eingeschränkt.

> Nach dem Konflikt gibt es dabei tatsächlich einige Schwierigkeiten. Man setzt zwar
> gemeinsam einen musikalischen Leiter ein, aber eigentlich wollen ihm alle dreinreden
> und er ist sich seiner Rolle sehr unsicher. Nachdem er seine Unsicherheit wiederholt zur
> Sprache gebracht hat, wird die Rolle selbstverständlicher und die besondere Empfind-
> lichkeit gegenüber den Profilierungsversuchen einzelner nimmt etwas ab. Um voneinan-
> der zu lernen, müßte man sich auch gegenseitig Rückmeldungen geben. Dazu hatten
> bisher nur die offiziellen Lehrer das Recht und die Pflicht. Untereinander ist das
> tabuisiert und es ist nicht klar, ob solche Rückmeldungen überhaupt eingeführt werden
> sollen. Für wie notwendig sie die Interviewteilnehmer auch halten, so gefährlich sind
> sie für den Zusammenhalt der Gruppe. Sehr erfolgreich werden zwei Workshops durch-
> geführt, für die Lehrer von außen engagiert wurden.

---

5 Begrifflich kann diese, wie die anderen Veränderungen zweiter Ordnung, als Veränderung der Leit- differenz, des leitenden Handlungsschemas eines Systems gefaßt werden. (H. Willke 1987, S. 109, in Anlehnung an N.Luhmann 1985).

Es ist noch offen, ob die Gruppe einfach zum anderen Extrem der Gleichheit über-geht, oder ob sie als Gruppe lernt, im Kontext der Gleichheit die für das Lernen not-wendige Ungleichheit zuzulassen und zu organisieren. Ganz gleich wie die Ge-schichte ausgeht, es ist hoffentlich verständlich geworden, warum ich von einem Wechsel des Kontextes spreche: Mußte vorher alles in der Gruppe auf dem Hinter-grund des Lehrer-Schüler-Verhältnisses geschehen oder besser des Führer-Geführ-ten-Verhältnisses interpretiert werden, so gibt jetzt die Gleichberechtigung diesen Hintergrund ab.

Es ist nicht leicht nachvollziehbar, warum die einzelnen bei diesem Verhalten der Leitung so lange "mitgespielt" haben. Schließlich machten alle freiwillig mit, es gab keinen institutionellen Rahmen (wie in einer Schule), der die Gruppenform stabilisierte. Erklärungen, die auf die Lebensgeschichte und Persönlichkeitsmerkmale der Beteiligten zurückgehen, liegen nahe, sollen hier aber außer acht gelassen werden. In welchem Zustand muß die Gruppe sein, um sich lösen und verändern zu können? Offensichtlich muß die Gruppe eine gewisse Sicherheit bieten. Die Probephase - in der man sich beweisen konnte, daß es geht - hat dazu viel beige-tragen. Dabei konnte ein Modell, das der gemeinsamen Zukunft, ausprobiert werden, das vorher nicht realistisch erschien und das genügend Gewißheit für den Erfolg einer Ablösung bot. Die Gruppe und nicht nur die einzelnen hatten gelernt, selbstän-dig aufzutreten, zu proben, zu organisieren etc. Ohne die harte Konfrontation der Leiter wäre es wahrscheinlich nicht zu dieser Veränderung gekommen. Sie haben die "Entweder-oder"-Entscheidung provoziert. Gruppenleiter, die eine Veränderung ihrer Rolle und ein Selbständigwerden der Gruppe weniger kränkend empfinden, ermög-lichen Wandlungen, die weniger dramatisch ablaufen. Trotzdem vollzieht sich auch dort diese Änderung des Kontextes. Die Leiter können diese Änderungen vielleicht anstoßen aber nicht vollziehen. Das muß die Gruppe - der sie ja angehören - machen, sonst bliebe die Gleichberechtigung im Kontext der Bestimmung und Hierarchie von oben. Die beiden, die sich hier so intensiv gegen eine Veränderung ihrer Rolle wandten, konnten sich wahrscheinlich keine andere Form der Zusammenarbeit vor-stellen, sondern nur die beiden Alternativen: In Abhängigkeit geraten und die Lehrer-rolle verlieren oder die Rolle behalten und Leiterin und Leiter der Gruppe in fast allen Belangen zu bleiben.

2.2.3 Von der thematischen Gruppe zum Freundeskreis: "Die Verpersönlichung"

Mit der Zeit werden die Beziehungen in den Gruppen enger, man lernt sich privat mehr und mehr kennen, in vielen Gruppen entsteht der Plan, den persönlichen Bezug zum Thema oder zur Aufgabe mitzubesprechen. Bei SoLH geht es nicht mehr nur um

Hilfe für die Partnergruppe in Bolivien, sondern auch um die Reflexion des eigenen Lebensstils, bei FKM wird mehr und mehr betont, daß das Verhalten des einzelnen mit den Friedensfragen zu tun hat. Die Aufgaben der Gruppen "verpersönlichen" sich. Bei den Stiefas fängt man an, sich auch privat zu treffen, und freundschaftliche Beziehungen erscheinen möglich. Beziehungen, die vorerst auf ein Thema, eine Aufgabe beschränkt waren, weiten sich aus, beziehen immer mehr Lebensbereiche mit ein. Sie werden vielfältiger. Am Ende dieser Entwicklung, die ich "Verpersönlichung" nennen möchte, steht der Freundes- oder Freundinnenkreis, die Clique, bei denen die persönlichen Beziehungen die Themen bestimmen und nicht umgekehrt. Die Unterscheidung zwischen "persönlich" und "privat" lehnt sich an den Sprachgebrauch der Gruppenvertrer an. Wenn der persönliche Bezug zum jeweiligen Thema der Gruppe mehr und mehr in den Vordergrund tritt, so heißt das nicht, daß zugleich mehr private Themen ("Beziehungssystem", berufliche Probleme etc.) in der Gruppe bearbeitet werden. Diese bleiben den informellen Beziehungen außerhalb vorbehalten. Bei den Phils und FKM ist der Prozeß wohl am weitesten fortgeschritten, aber die "Schwelle" zum Freundeskreis nicht überschritten. Sonst wären sie für mich als thematische Gruppe nicht mehr ansprechbar gewesen. Man kann diese Entwicklung nur gleichsam hochrechnen.

Auf einem der regelmäßigen "Freizeit- und Abschlaff- und Auswertungswochenenden", " wo für mi des angefangen hat, daß wir mehr so emotionale Nähe .. das Gruppengefühl war immer schon stark von der Geschichte her .. daß wir immer mehr zu Freunden geworden sind. Und da hab ich's jetzt auch getrennt (in der Lebenslinie), daß es so mit unserer thematischen Arbeit ein bisserl bergab geht, weil wir nimmer so recht wissen, was wir tun solln, also weil's so viele Themen gibt und weil wir uns da nicht so recht einigen können, was wir tun solln. Aber mit der emotionalen Nähe geht's bergauf."

In der Zeit davor war der bestehende Aufnahmestopp der Gruppe zugunsten der interessierten Partner, die früher schon an den gemeinsamen Wochenenden teilnahmen, aufgehoben. Fremde Neueinsteiger gibt es seitdem nicht mehr. Der thematische Bereich der Gruppe wird zum "Privaten" hin ausgedehnt, wichtige Erlebnisse und Entscheidungen werden von einzelnen angesprochen. " Wie die J. erzählt hat, was es für sie heißt, daß ihre Mutter krank ist, das war was ganz Privates und des kam dann immer öfters. .. Wir haben auch immer uns selber einbezogen, über unseren Lebensstil, unsere Wünsche und Phantasien gesprochen".(FKM)

"Die Arbeitsenergie hat immer mehr abgenommen.. nach der Formierung war unwahrscheinlich viel los .. auch rundherum.. ganz langsam hat's dann abgenommen.. wie keine Protokolle mehr geschrieben wurden .. Leute ausgestiegen sind..bis heute .. Mit der Kurve hab ich die Arbeitsenergie gemeint." ".. es müßte eine andere Kurve geben, die aufsteigt, so Freundeskreis."" Früher haben wir vielleicht überhaupt mehr gegeben, da war mehr Zeitgeist drin, mehr Hoffnung..." (PHilS)

Beide Gruppen machen eine ähnliche Entwicklung durch. *Das Aktionsniveau im Sinne ihrer Aufgabe nimmt ab, die persönlichen Beziehungen intensivieren sich und werden verläßlicher.* Mehr und mehr "Freizeitaktivitäten" finden statt. Es herrscht ein Aufnahmestopp, und wenn jemand dazukommt, dann über persönliche Beziehungen. "Fremde" werden sich auch nicht mehr um Mitgliedschaften bewerben. Das Selbstverständnis der Gruppen entwickelt sich in Richtung Freundeskreis. Am gemeinsamen Thema wird festgehalten. *Die innere Ausweitung geht mit einer zunehmenden äußeren Isolation einher.* Die Lebendigkeit des unterstützenden, belebenden Umfelds, der "Szene", in die die Gruppen eingebunden sind, nimmt in beiden Fällen ab. Vor allem die Phils vermeiden alle neuen Anschlußmöglichkeiten an "neue Bewegungen". FKM unterhält zwar noch viele Kontakte zu anderen Gruppen und ist durch die institutionelle Einbindung noch weit von der Isolation entfernt, aber die Friedensbewegung verliert in dieser Zeit insgesamt stark an Bedeutung. Da sich die Balance zwischen dem offiziellen Thema und den persönlichen Beziehungen langsam verschiebt, stehen die Gruppen irgendwann vor der Frage, sind wir (nur noch?) ein Freundeskreis, in dem wir uns treffen, weil wir uns interessant und symphatisch finden? Wird die gemeinsame "dritte Sache" von dem persönlichen Interesse füreinander abgelöst und dadurch ersetzt? Eine folgenschwere Veränderung. Der Kontext des Themas, auf dessen Hintergrund die Beziehungen bisher "stattfanden", wird mit dem Kontext der Beziehungen vertauscht. Jetzt bilden sie den Hintergrund für die möglichen Themen. In Leitdifferenzen ausgedrückt heißt das: "Zum Thema gehörig - nicht zum Thema gehörig" wird ersetzt durch Nähe und Distanz, Sympathie-Antipathie.

Wie die Beispiele zeigen, sind das langsame, graduelle Entwicklungen, bei denen das "Umschlagen" in den anderen Gruppentyp kaum spürbar wird. Das ist aber sicher das Schicksal eines großen Teils dieser Gruppen, die sich dann als Kreise von Bekannten mit vielen gemeinsamen Erlebnissen und Erfahrungen weiterhin treffen, ohne die bisherige Regelmäßigkeit, aber sicher mit einem hohen Maß an persönlicher Verbindlichkeit. Die Entwicklung bedeutet nicht die Auflösung, sondern einen Wandel 2. Ordnung. In vielen Gruppen wird dieses Balanceproblem lange Zeit in einem sehr produktiven Gleichgewicht gehalten und damit die Entscheidung vermieden. Den letztlich entscheidenden Anstoß dazu gibt wahrscheinlich die sich verändernde Umwelt. Die Anschlußfähigkeit als thematische Gruppe geht verloren. Sich "nur" als Freundeskreis zu verstehen, heißt - so ist das eher zwischen den Zeilen zu lesen - für die Befragten einen Abstieg oder die Auflösung der Gruppe. Es wird nicht als Weiterentwicklung gesehen, obwohl das ja durchaus eine ist: Die persönlichen Beziehungen intensivieren sich, neue persönliche Verbindlichkeiten entstehen, die es vorher nicht gab. Die - sowieso schon geringen - formellen Verbindlichkeiten verschwinden.

2.2.4 Von der Gruppe zur Organisation: Die Formalisierung und Differenzierung

Bei den untersuchten Gruppen sollte diese Entwicklung aus der Rückschau heraus nachgezeichnet werden. Da ich keine größeren Selbsthilfeorganisationen oder politisch/kulturelle Organisationen untersucht habe (da gäbe es viele Beispiele, wie Menschenrechtsorganisationen, Naturschutz und größere entwicklungspolitische Einrichtungen), die sich großteils aus kleinen Initiativen entwickelt haben, kann der Prozeß der Formalisierung hier nur bis zu einem gewissen Grad verfolgt werden. Die Ergebnisse insgesamt sind widersprüchlich: Manche Gruppen - vor allem die aktionsorientierten - kommen zu immer mehr formalen Regelungen, die rechtlichen Strukturen und die Professionalisierung mancher Aktivitäten setzt ein. Dagegen bleiben die innere Differenzierung, die Verteilung verschiedener Funktionen, die Formalisierung der Aufnahme und des Mitgliederbegriffs, in den Anfängen stecken. Den *formalen* Regelungen steht eine starke Tendenz zu *personalen* Regelungen gegenüber, das heißt, die Verantwortung darüber, was und wie jedes Mitglied es macht, bleibt weitgehend ihm selbst überlassen. Auf die Verantwortlichkeit der einzelnen kommt es an. *So entsteht der Eindruck, daß die Formalisierung der Gruppen immer hinter den tatsächlichen Anforderungen der praktischen Arbeit zurückhängt.* Besonders dort, wo das Engagement von Hauptamtlichen bestimmte rechtliche Strukturen erfordert, entsprechen die Organisationsstrukturen nicht den tatsächlichen Anforderungen. Trotz dieser Verzögerung nehmen formale Regelungen mit der Zeit zu und machmal entdeckt man sogar den Wert des Organisierens. Bei IMA, 3WL und den Druckern sind diese Entwicklungen - mit den entsprechenden Gegentendenzen - am weitesten fortgeschritten. Sie sollen als Beispiele dienen.[6]

Formalisierung durch rechtliche Regelungen
Unter den Gruppen sind drei Vereine und eine Genossenschaft. Die Vereinsgründungen erfolgen immer dann, wenn ein Rechtsträger für hauptamtliche Mitarbeiter und die eigene Finanzierung (Spenden) gebraucht wird. Bei IST übernimmt diese Funktionen der Wohlfahrtsverband, bei dem auch der Sozialarbeiter angestellt ist, der den Kreis gegründet hat. Dort ist die hauptamtliche Mitarbeiterin der Initiative angestellt. Bei SOLH werden die Finanzaktionen (viele Spendengelder) von der Pfarrei abgewickelt. Bei diesen und den anderen Gruppen bestand keine Notwendigkeit der rechtlichen Organisation. Bei den Druckern sind Teilhaberverträge für die Grün-

---

6   Zu verschiedenen Kriterien für den Grad der Formalisierung und Komplexität einer Organisation s. z.B. K. Türk (1976): Spezialisierung (abgegrenzte Funktionsbereiche), Standardisierung (gleichförmige Normierung des Handelns), Formalisierung (Ausmaß schriftlicher Regelungen), Zentralisierung (Verteilung von Entscheidungskompetenzen). Für Gesundheitsselbsthilfegruppen s. F. Hegner (1981).

dungsmitglieder in Vorbereitung. Auch hier erfolgt die rechtliche Regelung erst lange nach dem Aufbau des Betriebs.

Wegen der differenzierten Aufgabe wurde beim 3WL schon sehr früh neben dem Verein auch eine GmbH gegründet. In allen Gruppen spielen die Vereinsorgane (Vorstände, Mitgliederversammlungen) eine marginale Rolle, sie werden aus formalen Gründen eingerichtet. Nur bei NUZ gehen von den öffentlichen Vorstandssitzungen die entscheidenden Aktivitäten aus. Für diesen Vorstand ist die Legitimation durch möglichst viele Mitglieder als Interessensvertretung besonders wichtig.

Professionalisierung und Spezialisierung
Darunter verstehe ich die Übertragung von bestimmten Aufgaben der Gruppe an einzelne bezahlte Mitarbeiter u.U. mit der dafür notwendigen Ausbildung.

> Die Drucker werden nach ca. zwei Jahren alle der Reihe nach von ehrenamtlichen Mitarbeitern zu hauptamtlichen. Je mehr der Umsatz steigt, desto mehr können - wenn zunächst auch sehr schlecht - davon leben. Die Leute ohne fachliche Ausbildung stiegen bis auf einen langsam aus. Die Initiative hat sich in einen Betrieb verwandelt, der jetzt auch Mitarbeiter anstellt und so zwischen Inhabern und Angestellten hierarchisch trennt. Diese Entwicklung war in keiner Weise geplant, auch die Zuständigkeiten haben sich aus den speziellen Vorlieben und Fähigkeiten der einzelnen ergeben. Wer ein einigermaßen eigenständiges Aufgabengebiet gefunden hatte, der entschied sich für das Bleiben.

Hier wird ein Betrieb gegründet, mit dem man sich nicht mehr nur ein Taschengeld verdienen will, sondern die Vollbeschäftigung der Teilhaber wird zum Ziel. Im Unterschied dazu werden die Hauptamtlichen bei IMA, IST und 3WL zur Entlastung der Ehrenamtlichen und zur Erweiterung des Aktionsradius angestellt. Die Arbeitsbeschaffung für verdiente Mitglieder spielt sicher auch eine Rolle. Die Finanzierung läuft über öffentliche und Spendengelder, nur der 3WL erwirtschaftet einen Teil der Kosten mit den Ladeneinnahmen.

> Beim 3WL versuchte der innere Kreis, sich selbst durch die Stelle eines Hauptamtlichen zu entlasten. Über ABM-Mittel (der übliche Weg) gelang es, die Stelle eines halbtags arbeitenden Bildungsreferenten einzurichten. Nach drei Jahren wird die Stelle weiter - allerdings unter großen Mühen - mit einem öffentlichen Zuschuß und Spendenmitteln finanziert. Der Hauptamtliche selbst findet keine Organisationsstruktur vor, wie das einem Angestelltenverhältnis entspricht. Er muß sich seine Arbeit, wie alle anderen Ehrenamtlichen auch, selbst organisieren. Außer einem sehr offenen Auftrag gibt es keine Leitung oder Kontrolle. (3WL)

Hervorstechendes Merkmal der Professionalisierung ist, daß sie von den Beteiligten geradezu systematisch ignoriert wird. Die damit verbundene Funktionalisierung der einzelnen Mitglieder und die Aufteilung unterschiedlicher Aufgaben und Positionen beißt sich mit dem Anspruch, daß alle gleichviel beizutragen und mitzureden haben. Gerade IMA tut - mit drei Hauptamlichen - immer noch so, als wäre sie eine Initiative Ehrenamtlicher, von denen alle machen können und sollen, was sie besonders interessiert. Die Einführung von Dienstvorgesetzten etc. käme einer Hierarchisierung der Initiative gleich, die nicht ihrem Selbstverständnis entspricht. Trotzdem: Mit den Hauptamtlichen werden die Initiativen unabhängiger vom Engagement des einzelnen, ein gewisses Maß an Aktivität und Kontinuität kann garantiert werden. Das bringt entscheidende Vorteile und sichert wie bei IMA "ein sehr hohes Maß an Aktivität", das sonst wohl nicht aufrechtzuerhalten wäre.

Die Bezahlung führt zunächst nicht zu speziellen Anforderungen an die Hauptamtlichen, z.B. der Erledigung von Aufgaben, die eine besondere Qualifikationen erfordern oder die für Ehrenamtliche lästig und mühevoll sind. Man erwartet von den Hauptamtlichen besonders *viel* Engagement, aber eine genauere Eingrenzung der Aufgaben und Zuständigkeiten unterbleibt. Die Differenzierung in Haupt- und Ehrenamtliche, professionelle und nichtprofessionelle Mitarbeiterinnen und Mitarbeiter stellt das bisherige Selbstverständnis in Frage. So organisiert man sich zwar Hauptamtliche, ändert die eigene Arbeitsorganisation aber nicht entsprechend um. Man tut so, als wäre man gar nicht dabei, eine Organisation mit formalisierten, personenunabhängigen Rollen zu werden. Ob die Professionalisierung weitergeht, ist bei den Gruppen noch offen: Die Finanzierungen der Stellen sind sehr wacklig und nicht langfristig gesichert. Mit Hauptamtlichen, die nicht aus dem Verein selbst kommen, wird die Rollendifferenzierung deutlicher werden. Die Entwicklung zum alternativen Dienstleistungsbetrieb schreitet nicht eindeutig und schnell voran. Die Hauptamtlichen verstehen sich in der Regel als "Vollzeit"-Ehrenamtliche, sie könnten sich aber langsam zu Zuarbeitern und Unterstützerinnen des ehrenamtlichen Engagements entwickeln, wie das bei IST und 3WL im Ansatz bereits sichtbar ist.

Differenzierung von Rollen und Funktionen: Personalisierung statt Formalisierung
Die innere Differenzierung von (Leitungs-)rollen und die hierarchische Struktur des inneren und äußeren Kreises in den offenen Gruppen wird später ausführlicher behandelt. Hier möchte ich die Ergebnisse der Untersuchung zusammenfassen. In allen Gruppen beobachte ich die Grundtendenz, formale Regelungen und formale Funktionsteilungen zu vermeiden. *Die Autonomie des einzelnen, seine Entscheidungsfreiheit und seine Verantwortlichkeit sollen nicht eingeschränkt werden.* Niemand soll über andere bestimmen können. *Reagieren Organisationen auf Störungen mit formalen Regelungen, die dieses und ähnliche Probleme ein für allemal lösen sollen, so wird in den selbstorganisierten Gruppen bei Schwierigkeiten* - auch mangels von

Sanktionsmöglichkeiten - *die Verantwortlichkeit des einzelnen noch mehr betont.*[7] Man versucht, Problemen mit "mehr vom Selben" zu begegnen: Der einzelne soll sich im Zweifelsfall noch mehr "reinhängen".

Differenzierung in Untergruppen: Eigenständig oder vorübergehend
Alle offenen Gruppen haben eine "unipolare" Struktur (Kern-Schale), die (zeitweise) geschlossenen bilden nach der Sichtweise der Befragten ein eher egalitäres Beziehungsmuster aus. Diese Struktur ist nicht sehr anfällig für Konflikte, da sich nur schwer Gegenpole, die über genügend Einfluß verfügen, bilden können. Der Versuch, über interne Arbeitsgruppen Funktionen zu differenzieren, klappt auf die Dauer nur, wenn sich daraus eigenständige Untergruppen entwickeln können, mit eigenen Aufgaben, eigenen Mitgliedern, eigenen Zielen etc.

> "Manchmal denke ich, die IST wäre effektiver, wenn sie mehr strukturiert wäre, ich wollte mehr Struktur, Hierarchie, Verein .., aber da bin ich an die Wand geklatscht worden... Die Arbeitsgruppen haben sich sofort wieder aufgelöst. .. Ich bin unsicher geworden, vielleicht ist es besser so." (IST)

Als reine "Zulieferer" im Sinne des Organisationsprinzips der Differenzierung von Funktionen sind sie nicht von Bestand. Wenn dauerhaft verschiedene Arbeitsgruppen entstehen, dann stehen sie nicht in einem hierarchischen Verhältnis zueinander und bilden keine Gruppen erster und zweiter Ordnung. Die Verbindung entspricht einem heterarchischen Prinzip, bei dem jede Gruppe eigenständig Einfluß auf den "lockeren" Zusammenschluß nehmen kann. Es erscheint so, daß die Arbeit dort zuviel "reine Arbeit" und zuwenig Nähe zum lebendigen Kern der Gruppe bietet. Die verschiedenen Pole sind dann nur sehr locker miteinander verbunden und stehen in keinem hierarchischen Verhältnis zueinander, bilden keine Gruppen erster und zweiter Ordnung. (Beispiel IMA, IST, 3WL). Die interne Differenzierung stößt auch hier auf Grenzen, die vielleicht nicht die Effektivität der Gruppen erhöhen, aber das umfassende unabhängige Engagement der Einzelnen betonen.

> "Es gibt einzelne Untergruppen mit bestimmten Aufgaben, die sind aber teilweise sehr weit weg vom Laden... und suchen und finden eigene Mitglieder.., da ist oft mehr persönlicher Kontakt möglich. Die AKs sind sehr selbstständig und kümmern sich selber um ihre Arbeitsfähigkeit." So beschäftigt sich eine Gruppe seit Jahren mit Fragen der Weltwirtschaft und arbeitet dem Mitarbeiterkreis zu. Für eine rein funktionale Teilung "gibt es nicht genügend Leute". (3WL)

---

7 Vgl. A. Kreutz: In alternativen Betrieben wird von einzelnen die Übernahme überdurchschnittlicher Belastungen durch die eigene Verantwortlichkeit verlangt (S.121).

Die Entwicklungsprozesse der Gruppen lassen sich anhand von zwei Ebenen der Veränderung beschreiben. Die erste Ebene erfaßt zyklische Veränderungen der Gruppen, die sich in die Phasen: Vorlauf, Zusammenschluß/Flitterwochen, Krisenzeit/Entzauberung und damit verbundene Neuorientierung einteilen läßt. Zusammenfassung s. 3.2.5) Die zweite Ebene umfaßt grundlegende und langfristige Entwicklungen (2.Ordnung), die nicht phasenhaft ablaufen und die die Gruppe als Ganzes zu einem anderen sozialen System verändern.

1. Emanzipation: Von der hierarchischen zur egalitären Gruppe. Die Gruppen mit "formellen" Gründern oder Leiterinnen emanzipieren sich von diesen und die Leitung der Gruppe geht auf alle Mitglieder über und es bestehen keine formellen Unterschiede mehr. Die Gruppen werden "erwachsen" und die Gleichheit wird zum zentralen Bestandteil ihrer Identität.

2. Verpersönlichung: Von der thematischen Gruppe zum Freundeskreis. Die persönlichen Beziehungen weiten sich aus und bekommen einen immer weniger sach- und aufgabenbezogenen und immer mehr privaten und freundschaftlichen Charakter. Am Endpunkt der Entwicklung wird die Gruppe zum Freundeskreis und verliert ihre "öffentliche", sachbezogene Identität, für die Zugehörigkeit wird die Sympathie das entscheidende Kriterium.

3. Von der Gruppe zur Organisation: Die Entwicklung zur Organisation läßt sich an der Verrechtlichung, der Professionalisierung und den funktionalen Differenzierungen ablesen. Die Ergebnisse sind widersprüchlich. Den Formalisierungstendenzen steht die Tendenz zur Personalisierung der Verantwortung für einzelne Aufgaben gegenüber. Probleme in der Arbeit werden in der Regel nicht mit Formalisierung sondern mit Personalisierung zu lösen versucht. Das einzelne Mitglied soll (noch) mehr Verantwortung übernehmen. Der Grad an Differenzierung und Organisation hinkt immer hinter den Anforderungen der Aufgabe (in den Augen des Untersuchers) hinterher. Der Entpersönlichung auf dem Weg zur Organisation sind große Barrieren entgegengesetzt. Der Entwicklungsprozeß zur Organisation wird als Veränderung nicht bemerkt. Das Selbstbild der ehrenamtlichen, egalitären Gruppe bleibt erhalten.

Alle drei Dimensionen erscheinen für alle Gruppen möglich, aktionsorientierte können zu Freundeskreisen, identitätsorientierte zu Organisationen werden. Gegenüber der allgemein festgestellten Entwicklungstendenz zur Organisation[8] findet sich - nicht nur bei Gesprächsselbsthilfegruppen, sondern auch bei sehr aktiven, sachorientierten

Gruppen - auch die Tendenz zur Verpersönlichung, die Entwicklung zum Freundeskreis. Die Alternative: Organisation oder Auflösung hat somit keinen Zwangscharak-
ter. In beiden Gruppentypen kann die Kontinuität als Gruppe zwischen Formalisierung und Verpersönlichung sehr lange aufrechterhalten werden. Der Gefahr des
Zerfalls bei fehlender Formalisierung waren einzelne Gruppen über Jahrzehnte hinaus
nicht ausgesetzt.[9]

Werden einmal kritische Grenzen überschritten, wird die Gruppe zur egalitären,
zum "Freundeskreis" und zur Organisation. Die Erzählungen lassen sich ganz gut mit
einer *Schwellenangst vor der Änderung der Gruppenidentität* beschrieben. Alle
scheinen gerne am alten festzuhalten, die Gruppen sind an diesen Stellen mit Neue-
rungen sehr zurückhaltend und träge. Die anstehenden Krisen werden so lange wie
möglich hinausgezögert. Zugleich verändert sich jede der Gruppen während der Zeit
ihres Bestehens in keiner der drei Dimensionen. Sie erscheinen zu wenig formalisiert
und zu sehr vom Interesse der Mitglieder abhängig, als daß sie sich einen Stillstand
oder dauernde Wiederholungen leisten könnten.

3. Kontinuität und Identität: Das Feste

Im vorhergehenden Abschnitt wurde gezeigt, daß sich die Gruppen in verschiedener
Hinsicht dauernd verändern und weiterentwickeln. Lange Zeiten ohne besondere Aktivitäten und Ereignisse sowie ohne innere Veränderungen führen eher zu Stillstand
und "Abschlaffen". Gegenüber allzu schnellen Veränderungen müssen die Gruppen
inhaltliche, personelle und räumliche Grenzen ziehen, um ihr Selbstverständnis aufzubauen und aufrechterhalten zu können. Es muß dauernd entschieden werden, was
dazugehört und was nicht. Im folgenden Abschnitt werden die typischen Lösungen,
die sich in den untersuchten Gruppen für das Problem der Aufrechterhaltung der
Kontinuität und des Selbstverständisses finden ließen, dargestellt.

---

8 Zur Entwicklung von SH-Gruppen zu Selbsthilfeorganisationen s. E. Halves u. H. Wettendorf
   (1986): Mit der Zielausweitung von der eigenen Betroffenheit zur Interessensvertretung geht die
   zunehmende Formalisierung einher. J. Huber (1987) hält diese Entwicklung für gesetzmäßig. Im
   besten Fall entstehen neue Dienstleistungsbetriebe, d. h. die Gruppen institutionalisieren sich
   oder sie stagnieren und verfallen. (S. 76 ff.) Bei den von F.Schliehe (1988) untersuchten Gruppen
   entwickeln sich die identitätsorientierten Gruppen zu Interessensverbänden , Aktionsgruppen zu
   Kleinbetrieben. S. auch J. Behrendt et al. (1981)
9 Wie bei den von K.H. Ohle (1983) beschriebenen Motorradclubs würde eine stärkere Formalisierung den Bestand des Systems bei einzelnen Gruppen viel mehr gefährden als sichern. Die Identität der Gruppen wie die einzelner Motorradclubs besteht aus einer "relativen Informalität und Un-
   geplantheit". Auch eine "Informalisierung" oder, wie hier beschrieben, eine Verpersönlichung
   kann zum Bestand des Systems beitragen.

3.1 Thematische Grenzen: Worüber wird gesprochen?

Die Frage nach den thematischen Grenzen wurde immer ausführlich diskutiert. Entgegen meinen anfänglichen Befürchtungen, daß die Gesprächsteilnehmer mit dieser Aufgabe nicht viel anfangen würden, erwies sie sich als eine der ergiebigsten. Alle Gesprächspartnerinnen und -partner konnten überraschend genau darüber Auskunft geben, was in der Gruppe besprochen wird und was nicht. Das sich anschließende Gespräch über die Themen in der "Grauzone" zwischen den Kategorien "eindeutig Thema" und "eindeutig außerhalb", die eigentlich wichtig wären, aber zu wenig angesprochen bzw. tabuisiert wurden, war sehr produktiv: Die Gruppenvertreter reflektierten bei der Beantwortung immer auch gleich die Frage, in welcher Hinsicht sie die bestehenden Grenzen erweitern müßten. Es war leichter, die Tabus und die "heißen" Themen aus der distanzierteren "Forscherperspektive" anzusprechen, als in der Gruppe selbst darüber zu reden (s. Kap. IV).

Die Aufgabe im Interview bezog sich auf die "formalen" Themen in der Gruppe, also diejenigen, die im gesamten Kreis zur Sprache kommen und bei denen alle Mitglieder teilnehmen können. Viele der tabuisierten Themen werden außerhalb im Informellen besprochen, d.h. man ruft sich an, geht nachher im kleinen Kreis noch auf ein Bier, ist mit einzelnen mehr befreundet und kann deshalb mit diesen über die anderen reden.[10]

> In der graphischen Zusammenfassung auf der nächsten Seite finden sich zu jeder Gruppe die wichtigsten Stichworte, die zu diesem Thema geäußert wurden. Im Zentrum stehen die selbstverständlichen Themen. Die thematischen Stichpunkte im mittleren Bereich ("unklar, sollte eigentlich einbezogen werden") , geben Hinweise darauf, was die Gruppenvertreter als Defizit ansehen und gerne einbeziehen würden. Außen steht, was sie für "selbstverständlich ausgegrenzt" halten.

Potentiell darf in allen Gruppen über alles gesprochen werden. Erwartungsgemäß berichtete niemand über Themen und Fragen, die ganz offiziell aus den Gesprächen ausgeklammert werden müßten, weil irgendeine Vereinbarung in der Gruppe es so verlangen würde. Nach der Einschätzung und dem Empfinden der Befragten halten sich alle Mitglieder jeweils ganz selbstverständlich an gewisse Grenzen, die nie formal festgelegt wurden. Sie sind nicht unübertretbar und es gibt auch keine Sanktionen, wenn sie einmal gebrochen werden. In der Regel wird das Gesagte einfach nicht beachtet, oder gezielte Übertretungen bergen die Möglichkeit zu Veränderungen und Entwicklungen in den Gruppen. Die folgende Zusammenfassung hält sich an das, was üblicherweise gesagt und nicht gesagt wird, weniger an die Ausnahmen.

---

10 Das Verhältnis zwischen formellem und informellem Bereich in den Gruppen und ihre Bedeutung für Reflexion und Selbststeuerung wird unter 6.3.6. behandelt.

Abbildung: Die thematischen Grenzen der Gruppen

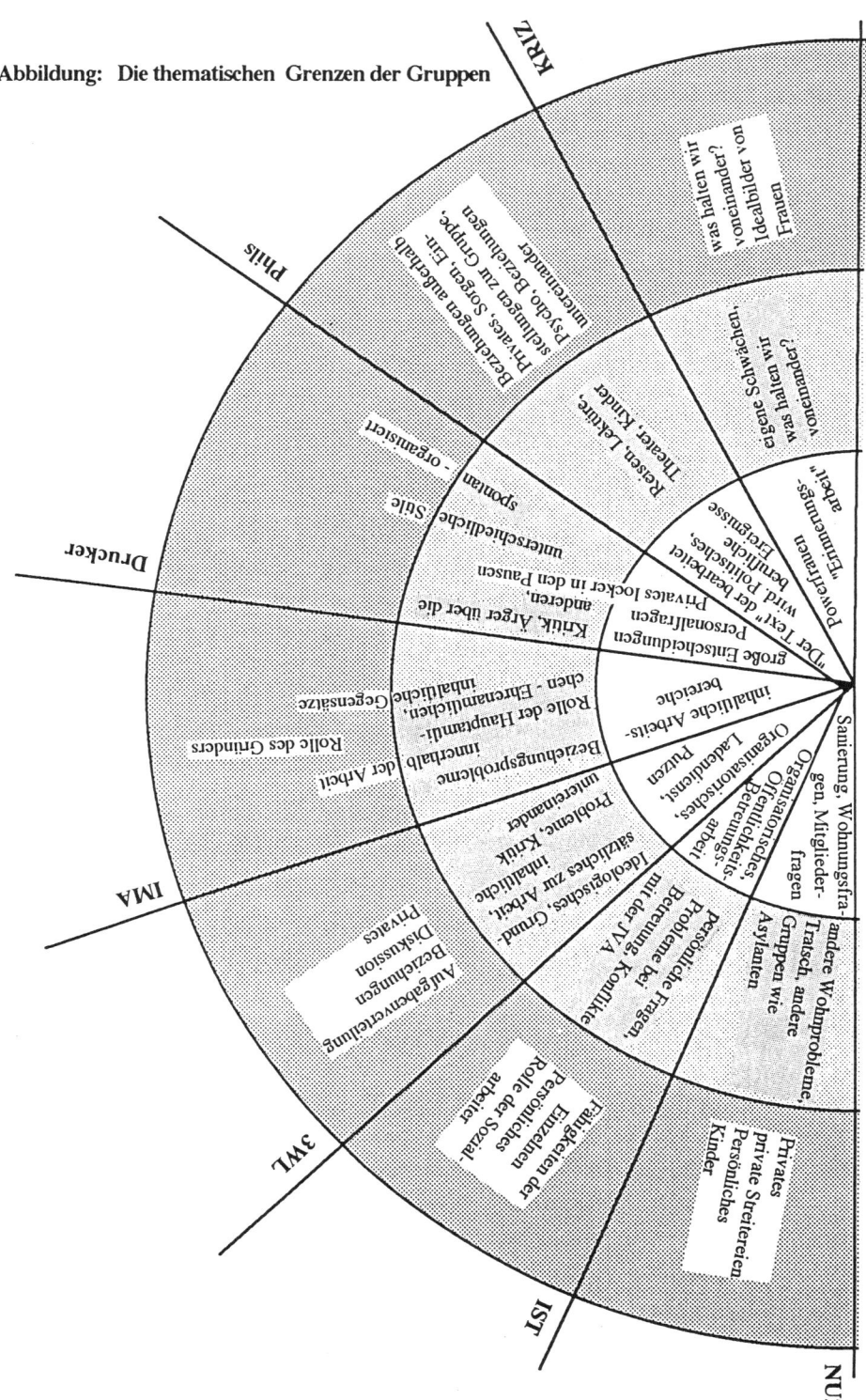

126

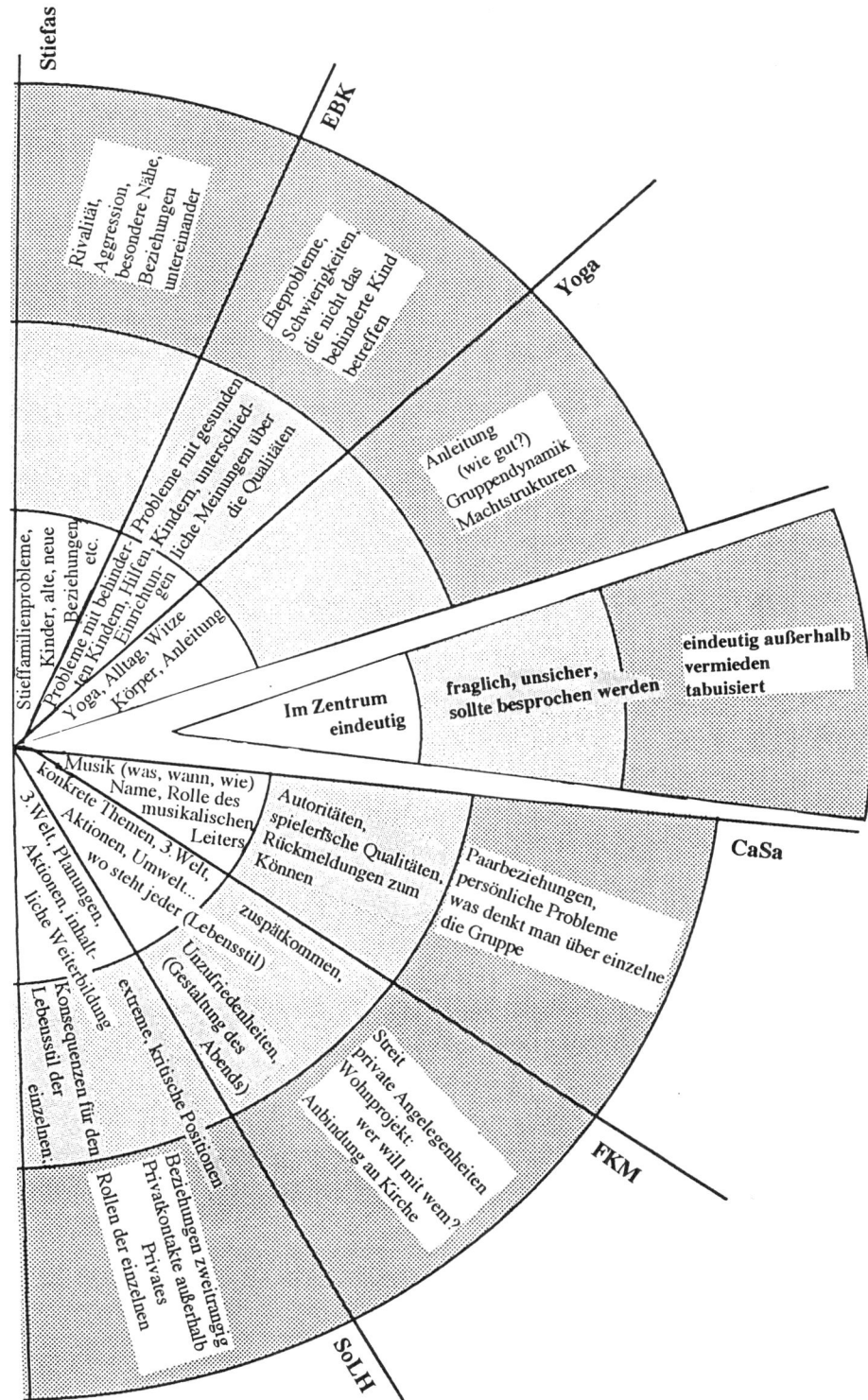

Stiefas

EBK

Yoga

Rivalität, Aggression, besondere Nähe, Beziehungen untereinander

Eheprobleme, Schwierigkeiten, die nicht das behinderte Kind betreffen

Anleitung (wie gut?) Gruppendynamik Machtstrukturen

Stieffamilienprobleme, Kinder, alte, neue Beziehungen etc.

Probleme mit behinder- / Probleme mit gesunden ten Kindern, Hilfen, Kindern, unterschied-Einrichtun- / liche Meinungen über gen / die Qualitäten

Yoga, Alltag, Witze Körper, Anleitung

Im Zentrum eindeutig

fraglich, unsicher, sollte besprochen werden

eindeutig außerhalb vermieden tabuisiert

CaSa

Musik (was, wann, wie) Name, Rolle des musikalischen Leiters

Konkrete Themen, 3. Welt, 3. Welt, Planungen, Aktionen, Umwelt... wo steht jeder (Lebensstil)

Autoritäten, spielerische Qualitäten, Rückmeldungen zum Können

Paarbeziehungen, persönliche Probleme, was denkt man über einzelne, die Gruppe

zuspätkommen, Unzufriedenheiten, (Gestaltung des Abends)

Aktionen, inhalt-liche Weiterbildung.

extreme, kritische Positionen

Streit private Angelegenheiten Wohnprojekt: wer will mit wem? Anbindung an Kirche

Konsequenzen für den Lebensstil der einzelnen.

Beziehungen zweitrangig, Privatkontakte außerhalb Privates Rollen der einzelnen

FKM

SoLH

127

*   *Im Zentrum steht das Problem - nicht die Beziehungen*

Klar im Zentrum der Gespräche steht das jeweilige sachliche Thema bzw. die Aufgabe der Gruppe. Zu diesem Thema trifft man sich und das Interesse daran begründet die Zugehörigkeit. Es ist der jeweilige Kristallisationspunkt für die Gespräche, danach entscheidet sich, was im Kontext der Gruppe wichtig und unwichtig ist. Im inneren Kreis findet sich fast bei jeder Gruppe ein Satz wie:

> "Im Zentrum steht das Problem (behinderte Kinder) (EBK),.. im Zentrum steht der Text (Phils.), ..um die Sache wächst viel (Yoga).., letztlich hält uns das offene Problem in Bolivien zusammen (SoLH). .."

Das ist nicht der einzige Grund sich zusammenzuschließen, und die jeweiligen Themen und Ziele können verändert und erweitert werden, aber es ist der gemeinsame Anknüpfungspunkt, die gemeinsame Sache, über die die Kontakte entstehen. Jede Veränderung dieses Kristallisationspunkts bedroht die Identität der Gruppe und stellt die Frage, was andere oder man selbst von der Gruppe halten sollen. Die Beziehungen können das Thema und die Aufgabe nicht ersetzen. Dann ändert sich die Gruppe grundsätzlich zum Freundeskreis und ist nicht mehr die Yoga-, Frauen- Friedensgruppe, als die sie angefangen und sich nach außen dargestellt hat.

*   *"Wichtig ist, was verbindet"*

Am einfachsten drängen sich organisationstechnische Fragen in den Vordergrund, sie kommen ganz selbstverständlich auf die Tagesordnung und werden ausgiebig besprochen. Diese Punkte *müssen* besprochen werden, und sie nehmen oft die Zeit in Anspruch, die für die "eigentlichen" inhaltlichen Fragen vorgesehen ist. Das hat nicht weniger mit ihrer Dringlichkeit zu tun, sondern damit, daß es die Themen sind, bei denen man leicht einsteigen kann, ohne größere inhaltliche Differenzen befürchten zu müssen. Es wird zwar oft beklagt, sich zu lange damit aufzuhalten, aber wenig unternommen, z.B. die Tagesordnung oder den Ablauf der Treffen zu verändern. Längere, inhaltliche Diskussionen, bei denen z.B. ein inhaltlicher Standpunkt der Gruppe erarbeitet werden soll, finden nach Meinung der Befragten in der Regel zu wenig statt. Da heißt es dann: "Das Thema müßten wir einmal ausführlich besprechen, nicht nur so zwischendurch", aber es kommt oft nicht dazu. Gruppen mit einer klaren Gesprächsleitung, die den Ablauf des Gesprächs strukturiert, haben es dabei leichter. Trennendes, Themen mit Konfliktstoff schiebt man lieber hinaus, bis sie nicht zu umgehen sind, oder man klammert sie einfach aus.

> "In der Gruppe sind wir, was die politischen Ansichten in bezug auf Bolivien angeht, relativ homogen, parteipolitisch nicht so... da haben wir nicht so drüber geredet..." "ich hab das Gefühl, daß da schon noch viel im Grauzonenbereich liegt, daß nicht jeder unbedingt viel rausläßt, wo er merkt, da könnte ein Konflikt liegen.." (SoLH)

Es kann sein, daß die untersuchten Gruppen besonders konfliktscheue und harmoniebedürftige Menschen anziehen, ohne daß ich diesen Eindruck bei den Interviews gewonnen habe. Die Scheu vor divergierenden Themen hat vielmehr mit der spezifischen Situation der Gruppen selbst zu tun. Ihr Zusammenhalt - ausschließlich auf Freiwilligkeit hin angelegt - wird durch die Thematisierung von Unterschieden schnell gefährdet. Einige Gruppen halten es sich auch zugute, daß unterschiedliche Meinungen eben nicht bis zum Letzten ausgetragen werden müssen, um die Zusammenarbeit aufrechterhalten zu können. Inhaltliche Positionen werden hier der Zusammenarbeit in der Gruppe untergeordnet. Oft werden die strittigen Themen im informellen Kreis unter Gleichgesinnten weiterbesprochen.

Die Aufmerksamkeit der Mitglieder ist viel mehr auf das Verbindende, Gemeinsame ausgerichtet, als auf Unterschiede, die ja zu Trennungen führen könnten. Wichtig ist die gemeinsame Betroffenheit, die Gleichheit, das "So-geht's-mir-auch" und nicht das "Ich-erlebe-das-ganz-anders". Unterschiede werden wahrgenommen oder an bestimmten Stellen vermutet und dann ausgeklammert, wenn sie den Zusammenhalt gefährden. Die gemeinsamen Sichtweisen sind gefragt, darauf baut die Gruppe auf.

*   *"Nichts Privates, aber immer mehr Persönliches"*
In großer Übereinstimmung gilt zugleich, daß "Privates" ganz selbstverständlich nicht zu den Themen der Gruppe gehört. Mit "Privat" wird dabei ein persönlicher Bereich bezeichnet, wie die Beziehung, die Familie, berufliche und persönliche Probleme, soweit sie nicht ausdrücklich (in den SHGs) Thema der Gruppe sind. Die Probleme mit der Freundin spielen in der Initiativgruppe Mittelamerika genausowenig eine Rolle wie Fragen der Ausbildung und des Berufs im Elternkreis behinderter Kinder. In diesem Elternkreis wußten die Mütter z.B. gar nichts über die Ausbildungen und Berufe der anderen, "weil es einfach niemanden bisher interessiert hat", wie sie sagten.

> "So oberflächliche Dinge wie den Beruf weiß ich von den anderen gar nicht.. es ging ganz tief.., was macht mich eifersüchtig, und so .. von Anfang an, weil die Problematik so brennend ist" (Stiefas)

So klingt es auch bei den anderen Gruppen: Privates oder Intimes *ohne* Bezug zum Thema wird höchstens im Informellen besprochen, mit einzelnen Mitgliedern, die man besser kennt und von denen man dafür Interesse erwarten kann. Das heißt, daß die Gruppen nicht automatisch auch Freundeskreise sind, in denen sich Leute treffen, "die über alles reden (können)". Eine Entwicklung zum abgeschlossenen Freundeskreis, mit einer Vielzahl an persönlicheren Themen, ist dadurch nicht ausgeschlossen (s. 2.2.3).

* *"Über Beziehungen spricht man nicht"*

Im informellen, mit einzelnen anderen aus der Gruppe, wird viel über interne Beziehungen, Konflikte zwischen einzelnen Mitgliedern und über diese gesprochen, aber nicht im formellen Teil.

> "Wie man die Gruppe findet, was man gut oder schlecht daran findet, wie man zu den anderen steht, was einem gefällt, was nicht, das wird mit einzelnen besprochen, da wird telefoniert und viele treffen sich außerhalb und reden drüber, aber auf keinen Fall in der Gruppe." (CaSa)

Diese Ausgrenzung teilt die Musikgruppe mit allen anderen Gruppen: Über die Beziehungen untereinander wird nicht gesprochen. Rückmeldungen über das, was einem am anderen gefällt, aufregt etc., ob man ihn mag oder nicht, werden nicht eingebracht. Die Gruppen selbst sehen darin nur dann ein Defizit, wenn schwelende Konflikte zu spät angesprochen werden und es so zum großen Knall kommt. Allgemeine Fragen der Sympathie und Antipathie füreinander gehören nicht in die Gruppe, wenn hierin allerdings die Ursache für Probleme in der Zusammenarbeit gesehen wird, ist der Ausschluß als Defizit empfunden.

> "Bisher hatte ich nicht das Gefühl, daß etwas unter den Teppich gekehrt wurde, aber über Beziehungen untereinander, über Rivalität, Aggression .. besondere Nähe reden wir nicht. .. das stand bisher nicht an, es könnte aber eine Phase kommen der Auseinandersetzung untereinander."(Stiefas)

Im allgemeinen ist es selbstverständlich, den anderen nicht zu kritisieren. Warum auch, "es ist doch überall so, daß man sich mit dem einen besser und dem anderen schlechter versteht". Immer wenn in den Gruppen Fragen auftauchen, die eine Differenzierung der Beziehungen erfordern, werden diese vermieden. Z.B. die Frage, wen man in einem gemeinsamen Wohn- und Arbeitsprojekt dabei haben möchte, wer an einer Untergruppe teilnehmen soll, mit wem man besonders gerne zusammenarbeiten würde.. . Es kommt entweder gar nicht zu den Situationen, die die Unterscheidungen heraufbeschwören würden, oder sie werden informell gelöst. Teilweise geschieht das in bewußter Abgrenzung zu Selbsterfahrungs- und Psychogruppen, teilweise bestreitet man sich selbst das Recht, Einschätzungen zu äußern und damit zu "beurteilen", teilweise möchte man nicht riskieren, daß die Kritisierten die Gruppe verlassen.

Die Beziehungsebene, die in allen formalen Organisationen als tabuisiert gilt, ist auch hier kein Thema. Aus psychologischer Sicht fällt es schwer, das nicht ausschließlich als Defizit zu sehen. Die Gruppen selbst beklagen es nicht als solches, "das ist ganz normal, das ist keine Selbsterfahrungsgruppe". "Wenn hier Beziehungen besprochen werden, dann hört das "Drinnen" (die thematische Arbeit) auf"

(Phils). Das klingt danach, als müsse der "innere Raum" für das Eigentliche reserviert und von Beziehungsproblemen freigehalten werden, sonst könnte sich die Gruppe auflösen. Manchmal hat es auch den Beiklang: Wenn wir damit erst anfangen würden, kämen wir nicht mehr zum Eigentlichen. Hier liegt - nach der Vermutung der Betroffenen - der meiste Sprengstoff und damit eine Gefahr für den Fortbestand der Gruppen. Eine ungeschützte Reflexion der Beziehungen könnte zu schnell zu unlösbaren Konflikten führen, die niemand mehr beherrschen kann. Das Tabu hat seine Ursache in einem Problem: Man müßte zwar - wenn sie behindern - über emotionale Beziehungen miteinander reden, aber wenn die Lawine erst einmal losgetreten ist, wird befürchtet, daß nichts Verbindendes mehr bleibt. Die (Arbeits-) Beziehungen und damit die Gruppenstrukturen wurden nur bei IST unter Anleitung eines außenstehenden Referenten bearbeitet. Diese Norm wird offensichtlich nur im (äußersten) Konfliktfall oder mit Hilfe Außenstehender durchbrochen werden.

* *"Keine Bewertungen anderer Mitglieder"*
Es scheint die Norm zu geben: "Niemand hat das Recht, andere in der Gruppe offen zu bewerten, wie gut sie ihre Aufgabe erfüllen".

> Im 3WL heißt das "wenn einer mit Walkman im Laden sitzt, kann man ihn schlecht deswegen kritisieren, das ist ein Tabu und hochgradig heiß" (3WL).
> "Manche meinen, sie spielen wahnsinnig gut, und es sagt ihnen einfach keiner, so eine Rückmeldung wäre wahnsinnig wichtig, man sieht bei anderen mehr als bei sich selbst"(CaSa),
> "Wie wir uns selber als Frauen finden, darüber reden wir nicht" (KRIZ).

Insgesamt steht hinter diesem Bewertungsverbot die Haltung, daß, wie einer aus der Initiative zur Betreuung Strafgefangener sagt, "niemand den anderen von oben herab beurteilen kann". Mit welchem Recht sollte ein Gruppenmitglied bestimmen, was richtig und was falsch ist? Diese Themen werden als wirkliches Defizit erlebt: Man sollte sie eigentlich viel mehr besprechen. Zugleich will sich aber auch niemand als "Lehrer", "Beurteiler", "Chef" aufspielen.

> "Man bekommt kein Feedback, obwohl man vieles selbst gar nicht spannt, .. man hat Angst, den anderen zu verletzen. Darüber und ob und wie der einzelne Rückmeldungen haben will, müßte mal in der ganzen Gruppe gesprochen werden. .. Dann wird's gleich zu psycho, dann brauchen wir einen Supervisor..haha" (CaSa)

Während das "Beziehungstabu" nur in Konfliktfällen als hinderlich bewertet wird, widerspricht das "Bewertungstabu" dem eigenen Selbstverständnis. Der eigene Anspruch lautet, daß alle Gruppenmitglieder, wenn sie an anderen etwas stört, das sofort und direkt ansprechen sollen. Im Gruppenalltag kommt es fast nie dazu, und die

Mitglieder versagen sich damit gegenseitig eine neutrale Lernmöglichkeit. Teilweise ist ihnen das bewußt. Wahrscheinlich ist, daß man "die Bewertungen weiterhin unterschwellig abkriegt und dann geht" (3WL).

Solange sich niemand als rückmeldende, kritisierende (positiv wie negativ) und bewertende Autorität verhalten will und darf, um das Gleichgewichtsgebot nicht zu brechen, werden die Gruppen auf dieses Entwicklungspotential verzichten müssen. Die Gleichstimmigkeit dieses Tabus legt nahe, daß es weniger als Konfliktscheu und Ängstlichkeit der Mitglieder zu deuten ist, sondern als spezifische Norm dieses Typs sozialer Systeme. Sie verstehen sich als "Gegenwelt" zu den sonstigen - weitgehend auf Konkurrenz und Ungleichheit angelegten - Lebensbezügen der Mitglieder und sollen einen spezifischen angstfreien, solidarischen und von Offenheit geprägten Raum mit den entsprechenden Möglichkeiten eröffnen. Darin haben Bewertungen (positiv wie negativ) keinen Platz. Die Bewertungen, die alle Beteiligten - weil sie sich ganz automatisch mit den anderen vergleichen - vollziehen, bleiben im Informellen oder werden gar nicht geäußert.

Im Gegensatz dazu erwartet man sich von den von "außen" eingeladenen Lehrern (CaSa) und Seminarleitern (NUZ, IST) genau diese Bewertungen der Arbeit der einzelnen und die Rückmeldungen, die man selber nicht geben will.

* *"Die Gruppe selbst ist kein Thema"*

Das Verhältnis des einzelnen zur Gruppe und die Gruppe selbst mit ihren Arbeitsformen, Normen, ihren Machtverhältnissen und Leitungsstrukturen, das alles kommt nicht zur Sprache. Man kann sich zwar darüber unterhalten, was gemacht werden soll, aber für das "Gruppenförmige" an diesen Aktivitäten besteht kein Rahmen, es in die Überlegungen, Planungen und Reflexionen miteinzubeziehen. Da diese Norm in besonderer Beziehung zur Selbststeuerung und Reflexion der Gruppen steht, werden die Ergebnisse dazu später ausführlich abgehandelt (s. v.a. 5.3.1).

* *Unterschiede zwischen den Gruppen*

Zur Vollständigkeit sei darauf hingewiesen, daß diese thematischen Grenzen die einzelnen Gruppen voneinander unterscheiden. Die Grenzen können starr, eng und unhinterfragbar sein oder flexibel und leicht zu brechen. In den identitätsorientierten Gruppen werden von vornherein viel persönlichere Themen besprochen als in den aktionsorientierten. In diesen Gruppen gilt es, Persönliches in bezug auf das Thema mitzuteilen, die eigene Betroffenheit möglichst transparent zu machen. Das führt zu unterschiedlich intimen Beziehungen in den beiden Gruppentypen.

Sicherlich unterscheiden sich konfliktfreudigere und konfliktscheuere Gruppen trotz der allgemeinen Tendenz, Konflikte und unterschiedliche Ansichten auszuklammern. Manche Gruppen haben ein engeres, andere ein weiteres Themenspektrum.

Manche können es erweitern, andere befürchten dabei, die Entfernung der Gruppe von ihrem eigentlichen Zweck könnte zerstörende Wirkung haben. Sehr intensive und häufige Treffen gegenüber seltenen, weniger regelmäßigen Treffen wirken sich auch auf die Bandbreite der Themen aus.

3.2 Mitgliederspektrum: Ähnliche Ausgangslagen und zunehmende Homogenisierung

Die Mitglieder der untersuchten Gruppen verbindet nicht nur das Engagement und Interesse für das Gruppenziel bzw. die gemeinsame Betroffenheit von einer bestimmten Lebenslage, sie sind sich darüber hinaus in vielen Merkmalen wie Beruf, Schicht, Lebensgewohnheiten sehr ähnlich. Da trafen sich Studentinnen der Sozialwissenschaften, Gymnasiallehrer mit besonderem Interesse an politökonomischen und philosophischen Fragen, kirchliche Mitarbeiterinnen und Mitarbeiter mit Interesse für Friedenspolitik, um vorweg die "homogensten" Gruppen zu nennen. In der Yoga-Gruppe sind viele, die sich aus der außerschulischen Jugendarbeit in dem Jugendzentrum kennen, in dem die Gruppe stattfindet. Der gemeinsame Stallgeruch und ähnliche biographische Erfahrungen prägen diese Gruppen über das gemeinsame Interesse hinaus. Für die Identität und Stabilität der Gruppen ist dieses hohe Maß an Gemeinsamkeiten und Ähnlichkeiten sicher entscheidend. Die Gruppen verstehen sich als Treffpunkte Gleichgesinnter und Gleichbetroffener. Wer nach einiger Zeit wegbleibt, ist oft etwas "anders" als die Mehrheit der Gruppe und empfindet diesen Unterschied selbst als störend, den oft sehr intensiven Integrationsbemühungen der anderen zum Trotz. In der Frauengruppe gehen die "Nicht-Powerfrauen", und die aktiven bleiben mehr und mehr unter sich, bei der Yogagrupe geht die "Karrierefrau", die sich schon äußerlich von den eher alternativ gekleideten anderen unterscheidet, bei den Lehrern die einzige Frau, in der Friedensinititative können die Akademiker die Sekretärin auf die Dauer nicht integrieren, bei NUZ kommen die Männer im Vorstand abhanden. Es bröckelt an den Rändern, ein gleichsam "automatischer" Homogenisierungsprozeß begleitet die Gruppen.

Die größten Spannbreiten (Alter, Beruf, Ausbildung) finden sich bei den Initiativen, die sehr konkrete Möglichkeiten des Engagements anbieten. Wer sich dafür interessiert, kann mitmachen, ohne daß man dabei sehr viel persönliche Erfahrungen mit den anderen teilen muß.

"In letzter Zeit kommen mehr und mehr Interessierte über ein Schild in der Auslage, ohne alle persönlichen Kontakte zu anderen Mitarbeitern. Sie suchen von sich aus eine Möglichkeit nach Engagement über den privaten Bereich hinaus. Im Laden kann man gleich mitmachen und man bekommt dort eine feste Aufgabe."(3WL)

Das Spektrum in den "identitätsbezogenen" Gruppen ist deutlich geringer. Hier geht es darum, die anderen zu verstehen und zu unterstützen, und damit um den Vergleich fremder und eigener Erfahrungen. Die anderen können zum eigenen Problem etwas sagen (und dürfen das deswegen tun), weil sie ähnliche oder die gleichen Erfahrungen teilen. Je ähnlicher die Erfahrungen sind, desto leichter kann man sich gegenseitig verstehen und sie nachvollziehen, desto begrenzter ist das Mitgliederspektrum der Gruppe. Bei EBK ist es eine wichtige Frage, ob und inwieweit sich Eltern von mongoloiden Kindern und schwerstbehinderten Kindern überhaupt gegenseitig verstehen und weiterhelfen können. In den Selbsthilfegruppen ist gerade das Verstehen aufgrund der gemeinsamen Betroffenheit der wichtigste qualitative Unterschied gegenüber professioneller Hilfe, die nicht auf den gemeinsamen Erfahrungen aufbauen kann.

Auf die Frage, wer oder welcher Typ an Mitgliedern der Gruppe fehle, antworteten alle, daß ihnen niemand abgehe, daß die Vielfalt innerhalb der Gruppe so richtig sei, wie sie ist. Nur die Frauengruppe (KRIZ) bedauerte, daß gerade die Frauen mit etwas anderen Einstellungen die Gruppe verlassen haben. Die Leute fanden sich also unterschiedlich und ähnlich genug. Trotz dieser Zufriedenheit läßt sich absehen, daß die Gruppen sich in ihrem Selbstverständnis mehr und mehr festigen und keine tiefergehenden Auseinandersetzungen die Kontinuität stören werden. Zugleich werden die belebenden Auseinandersetzungen abnehmen. Die gesteigerte Einigkeit schützt vor immer neuen Diskussionen über Ziele, Arbeitsformen etc., verringert aber zugleich Entwicklungen, die sich aus diesen Auseinandersetzungen ergeben könnten.

3.3 Innere Differenzierung: Das Kern-Schale-Prinzip

In den Protokollen lassen sich keine Hinweise auf typische Rollenmuster in den Gruppen finden, die zwischen verschiedenen Aufgaben und Funktionen von Mitgliedern differenzieren würden. Die Rollen, die genannt werden, sind solche, die mit den persönlichen Fähigkeiten einzelner zusammenhängen und ihre Geschichte in der Gruppe widerspiegeln, aber keine Rollen im Sinne überindividueller Verhaltens- und Handlungserwartungen, die das komplementäre, differenzierende Zusammenspiel der Mitglieder in der Gruppe regeln.

  * die Hinterfragerin, die Kritische (Yoga)
  * Leiter, Strukturierer, Einladender (SoHL)
  * Die graue Eminenz, der heimliche Kopf der Gruppe (IST)
  * 3 Sprecherinnen (gewählt) (IST)
  * Der Lockere - der Korrekte (Drucker)

* Der Initiator (IMA)
* Vermittler, Optimist, Softie, Schwarzes Schaf (CaSa)
* Organisatorin (Stiefas)
* Leute, die mehr reden, Leute, die weniger reden (Kriz)
* Mitläuferrollen (EBK)

Die Antwort auf die Frage nach verschiedenen Rollen und Funktionen fiel den meisten Interviewteilnehmern schwer. Manchmal sind sie überrascht, wie wenig ihnen dazu einfällt. Oft wird die Individualität der einzelnen betont, die jeweils etwas Persönliches und für sie Spezifisches in die Gruppe einbrächten. Auch bei der Verteilung verschiedener Funktionen und Zuständigkeiten zeigt sich, daß es Leute gibt, die sehr viel machen und andere, die weniger machen, aber sie machen in der Regel nichts Unterschiedliches.

Die Analyse der Bilder der heutigen Gruppensituation, die alle Gesprächsteilnehmer zu Beginn von ihrer Gruppe malten, brachte ein Grundmuster zutage, das sich durch fast alle der Gruppen zieht: Das Prinzip des Kerns und der Schale.[11] In den Zeichnungen wird auf verschiedene Weise diese Differenzierung bildlich ausgedrückt.

Man kann es auch als Rollendifferenzierung verstehen, auf jeden Fall hat es viel mit der Kontinuität der Gruppen zu tun. Die Abbildung auf der nächsten Seite zeigt jeweils ein verkleinertes Bild jeder Gruppe, mit den einzelnen Stichworten zu dieser Differenzierung. Das Primat der Offenheit für Neue und der Gleichberechtigung aller Mitglieder hat zur Folge, daß jedes neue Mitglied von Anfang an vollen Einfluß auf alle Geschicke der Gruppe nehmen kann. Das Muster des Kerns und der Schale verhindert diese dauernde Infragestellung.

> "Die Leute, die das stärker tragen, die kommen mir sehr mächtig vor. Daß die M. nicht mehr weiter die Übungen leiten soll (Yogalehrerin), das war schon gelaufen... es wird viel außerhalb besprochen.., da verliere ich die Lust zum Diskutieren," sagt ein relativ neues Mitglied der Yogagruppe über die Regelung eines Konflikts zwischen (Teilen) der Gruppe und der Lehrerin. (Yoga)
>
> "Es gibt so ein paar Leut in der Gruppe, wenn die was sagen, dann wird dem mehr

---

11 H. Guderian, E. Schorsch, E. Halves benennen dieses Phänomen als Differenzierung zwischen leitenden und geleiteten, zwischen aktiven und passiven Mitgliedern, das in fast allen ihrer 16 untersuchten Gruppen (90%) auftritt. Ebenso sieht F. Schliehe (1988) eine innere Differenzierung in aktive und passive Mitglieder. In bezug auf die erhaltende Funktion der Differenzierung für die Gruppe erscheint mir der Name "Kern-Schale-Differenzierung" weniger wertend und geeigneter. Außerdem sind die Mitglieder auf der äußeren Schale mit "passiv" und "machtlos" nicht hinreichend beschrieben. Ähnlich ist die Unterscheidung von M.Fröhlich (1984), die "ihre" Friedensinitiative in eine Primärgruppe (die emotional verbindende Gruppe, für Ziele, Kontinuität und Zusammenhalt zuständig) und eine Sekundärgruppe (nicht emotional eingebunden, sporadische Teilnahme) unterteilt und das Zusammenspiel analysiert. Für Bürgerinitiativen: Stabile Kerngruppe (Führungskreis) und von Fall zu Fall mitwirkungsbereite Anhänger- und Sympathisantengruppe (B. Armbruster 1979, S. 164).

Gewicht beigemessen.. so ein dominanter Teil.. Neue, die gleich mitmischen wollen, kommen da nicht rein." (IST)

Der Kern, das sind die Leute, die dafür sorgen, daß nach einer Veranstaltungsreihe nicht wieder alles zusammenbricht, weil die Leute wieder gehen, sondern die Kontinuität halten .. Traditionen." (IMA)

In allen aktionsorientierten Gruppen und in drei der identitätsorientierten Gruppen wird von einem Zentrum der Gruppe berichtet, das als Träger der Tradition und bisherigen Erfahrungen mehr Einfluß auf Entscheidungen nehmen kann als andere, weiter "außen" in dieser Hierarchie angesiedelte Mitglieder. Nicht die Art der Aufgabe oder das spezielle Ziel einer Gruppe ist entscheidend für diese innere "Hierarchisierung", sondern ob eine Gruppe offen oder geschlossen ist. Der innere Kreis zeichnet sich vor allem durch langfristiges, kontinuierliches Engagement für die Sache der Gruppe aus. Darunter sind oft die Gründer der Gruppen. Neben der Kompentenz im Sinne der Aufgabe wird ihre "Zentralität" damit begründet, daß sie viele informelle Kontakte zu den Mitgliedern außerhalb der offiziellen Treffen haben und pflegen (FKM) und in der Freizeit mehr zusammen machen (Yoga). Sie übernehmen Verantwortung und trauen sich zu, Entscheidungen zu treffen (3WL).

"Sie sind die Maker, der Klüngel, die Leute, die oben sitzen und Bescheid wissen. Verteidigen die paar Alten die Ideen und Ziele der Gruppe und tragen sie weiter oder werden die mit der Demokratie über Bord geworfen.?"(IST)

Hier wird das permanente Konfliktpotential der *offenen* Gruppen angesprochen. Ist diese Schalenstruktur aber erst einmal ausgebildet, kommt es selten dazu: Wer nämlich in einer solchen Gruppe sich engagieren und die Richtung mitbestimmen will, muß dazu erst im inneren Kreis gelandet sein. Mit sehr abweichende Vorstellungen und Zielsetzungen wird niemand dort ankommen.

"Die Notwendigkeit, jemanden rauszuschmeißen, ergibt sich nicht, wenn jemand andere Ansichten vertritt, der kommt nicht weiter rein.. Hier arbeiten die mit, die sich mit den Zielen und den Organisationsstrukturen identifizieren. Wenn jemand diese nicht teilt, kommt er gar nicht erst soweit rein. .. das regelt sich ein bißchen von selbst." (IMA)

Im Zentrum der Gruppen treffen sich dadurch Leute, die ähnliche Ansichten über Ziel und Zukunft der Gruppe haben, es wird unter diesen nicht (mehr) zu starken Richtungskämpfen kommen. Die Neuen haben viel weniger Chancen, sich durchzusetzen, und gehen, bevor sich die Konflikte dramatisch zugespitzt haben. Wer gleich "innen" mitreden will, weil er die Arbeit der Gruppe aus anderen Erfahrungen kennt, stößt schnell auf Widerstand: Die (innere) Gruppe sieht ihre eigenen Erfahrungen abgewertet. (IST). Neue Mitglieder erwarten sich von den "Alten" diese Orientierung. Das entlastet und man muß nicht alles selbst von vorne aufbauen.

Abbildung: Gruppenbilder zum Zeitpunkt des Interviews

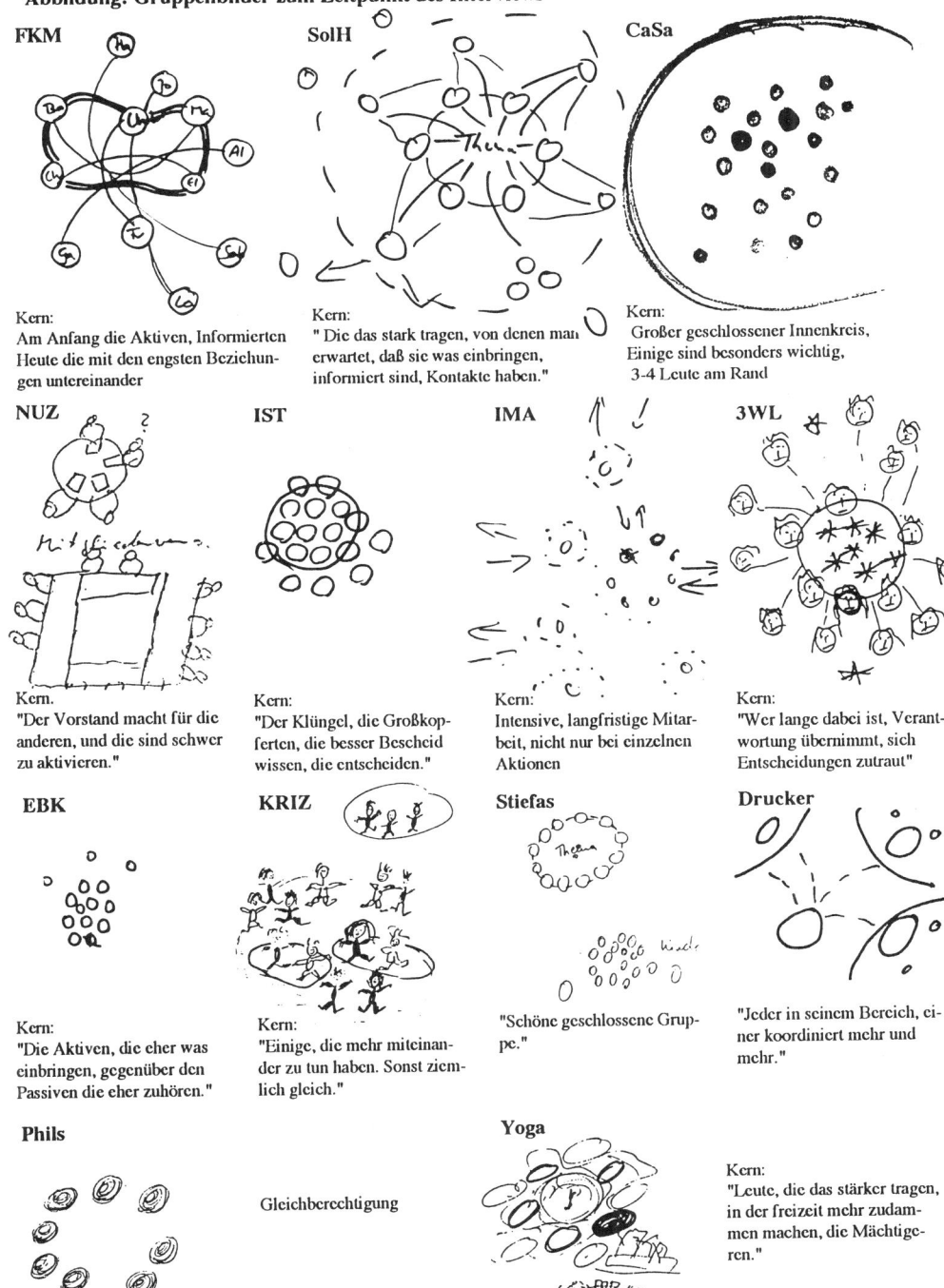

FKM

Kern:
Am Anfang die Aktiven, Informierten
Heute die mit den engsten Beziehungen untereinander

SolH

Kern:
" Die das stark tragen, von denen man
erwartet, daß sie was einbringen,
informiert sind, Kontakte haben."

CaSa

Kern:
Großer geschlossener Innenkreis,
Einige sind besonders wichtig,
3-4 Leute am Rand

NUZ

Kern:
"Der Vorstand macht für die
anderen, und die sind schwer
zu aktivieren."

IST

Kern:
"Der Klüngel, die Großkopferten, die besser Bescheid
wissen, die entscheiden."

IMA

Kern:
Intensive, langfristige Mitarbeit, nicht nur bei einzelnen
Aktionen

3WL

Kern:
"Wer lange dabei ist, Verantwortung übernimmt, sich
Entscheidungen zutraut"

EBK

Kern:
"Die Aktiven, die eher was
einbringen, gegenüber den
Passiven die eher zuhören."

KRIZ

Kern:
"Einige, die mehr miteinander zu tun haben. Sonst ziemlich gleich."

Stiefas

"Schöne geschlossene Gruppe."

Drucker

"Jeder in seinem Bereich, einer koordiniert mehr und
mehr."

Phils

Gleichberechtigung

Yoga

Kern:
"Leute, die das stärker tragen,
in der freizeit mehr zudammen machen, die Mächtigeren."

137

"Am Anfang hab i kaum g'redt, weil die anderen waren schon so aktiv.., dann über die B. die hat mir viel erzählt.., über die bin i reinkommen.., weil die mir wahnsinnig sympathisch war." (NUZ).
"Am Anfang waren es für mich nur diffuse Beziehungen, .. die machen viel, die kennen sich aus,... es hat unheimlich lange gedauert mit dem Reinkommen..." (FKM).

Da es sich um informelle Strukturen handelt und der Kreis der Alten sich nicht formal durch besondere Ämter und Befugnisse auszeichnet, verwundert es nicht, daß man - um reinzukommen - besonders hartnäckig sein muß. Alle "neueren" Mitglieder, die an den Interviews teilnahmen, berichteten von diesen diffusen Strukturen, die sie erst nach längerer Zeit durchblicken lernten. Sie äußerten die Erwartung, daß es da einen Kern geben müßte, an dem sie sich orientieren wollten und von dem sie sich mehr Orientierung und Einführung wünschten, als tatsächlich geboten wurde. Manchmal erscheint es so, als würden Neue auf besonders harte Proben gestellt.

Ich glaube, daß sich dieser Prozeß durch formale Regelungen oder Einführungen nicht beliebig verkürzen oder erleichtern läßt. Das Aneinander-Gewöhnen, die Inkulturation in die Gruppe braucht wohl immer seine Zeit, und die Gruppe selbst "schützt" sich damit vor zu vielen und mächtigen Neulingen. Sicher läßt sich der Prozeß transparenter gestalten, dabei müßten aber die "Ungleichheiten" zwischen Alten und Neuen thematisiert werden. Es entsteht so etwas wie eine informelle Probezeit, in der die Neuen sich selbst aktiv orientieren müssen, ohne daß sie dabei besonders unterstützt würden. In den meisten Fällen können sie sich nicht an jemanden wenden, der für sie zuständig wäre, ein Chef, ein Verantwortlicher für Neue. Diese Funktionen sind nicht besetzt und von Fremden nicht auszumachen. Dieses Verfahren bewirkt eine Selektion besonders aktiver und entschlossener Mitglieder.

Der innere Kreis legitimiert sich über Erfahrungen und Engagement. Solange die Grenzen einigermaßen durchlässig sind, wird damit die notwendige Kontinuität gewahrt, ohne Neue gleich ganz auszuschließen. Zumindest bei NUZ ist es aber zu dieser Entwicklung gekommen. Der Vorsprung der Erfahrenen kann von Neuen nicht mehr aufgeholt werden. Unter diesen "Kreis von Fachfrauen" (NUZ) traut sich niemand mehr, der von den Sachen nichts versteht. Zu hohe Anforderungen schrecken Neue ab, sich überhaupt dem Aufwand des Reinkommens zu unterziehen. Die Schalenform der Gruppe ersetzt teilweise die funktionalen Differenzierungen, sie begrenzt zugleich das Leistungsvermögen, aber auch die Entpersönlichung der Gruppen.

Wie bewerten die Gruppen diese Struktur? In den Gesprächen über die Gruppen wurde dieses Grundmuster als normal aufgenommen. Daß es Trägerinnen und Träger der Gruppen gibt, die sich mehr als andere für die Tradition und den Stil der Gruppe verantwortlich fühlen und diese auch übernehmen, ist vor allem für die neueren Mitglieder nicht überraschend und einschränkend. Am meisten Probleme haben die

"Inneren" selbst damit: Sie wollen nicht so mächtig sein, wie die anderen sie beschreiben. Oft beklagen sie sich auch über die laschen "Äußeren", die mehr tun müßten und von denen sie eigentlich mehr erwarten. Die Einführung und evtuell auch die Fortbildung der neuen Mitglieder ist nicht Teil ihrer Rolle, obwohl die Neuen sich das wünschen würden.

3.4 Zusammenfassung

Die Gruppen stehen vor dem Problem, - trotz und wegen der geringen formalen Absicherung - ihre Kontinuität und Identität zu bewahren, so daß sie als soziales System von innen und außen erfahrbar sind. Alle Gruppen bilden ein Normensystem aus, das regelt, welche Fragen und Themen zum Gespräch in der Gruppe gehören und welche ausgeschlossen und tabuisiert werden. Diese Regeln können als Schutz vor (allzuviel) Verstörungen des Systems interpretiert werden. Obwohl es nirgendwo formale Begrenzungen der Gesprächsthemen gab, konnten die Diskussionsteilnehmer jeweils eindeutig angeben, was in ihre Gruppe gehört und was nicht.

Im Zentrum des thematischen Feldes steht die jeweilige Aufgabe, das Thema der Gruppe. "Die gemeinsame Sache" bildet den Kristallisationspunkt für alle Themen. Verändert sich hier etwas, steht sofort der Bestand der Gruppe in Frage. Die sozialen Beziehungen unter den Mitgliedern, ihre Gefühle einander gegenüber, sind tabuisiert. Entweder man versteht sich bewußt nicht als "Psychogruppe" oder meint, daß es keine Rolle spielt, "wie man die anderen findet". Hier wird viel Explosivstoff vermutet, der die Gruppen platzen lassen könnte (Beziehungsebene).

Es wird zwischen "Privatem" unterschieden, das in der Gruppe nichts verloren hat, und "Persönlichem in bezug auf das Thema", das mit wachsender Vertraulichkeit mehr und mehr eingebracht wird.

"Wichtig ist, was verbindet", alle Themen, die die Gemeinsamkeit in Frage stellen, bleiben draußen. Konflikte werden so umgangen, teilweise bewußt offen gelassen. Stehen die Regeln bis hierher im Einklang mit dem Selbstverständnis der Gruppen, so kollidiert die Norm: "Keine Bewertungen anderer Mitglieder" mit dem Selbstbild (Bewertungstabu). Danach hat niemand das Recht, zu kritisieren, wie andere ihre Aufgaben in der Gruppe erfüllen. Der offizielle Anspruch lautet im Gegensatz dazu, kritische Punkte sofort und direkt anzusprechen. Viele Gruppenvertreter sehen hier ein sehr hinderliches Defizit. Der Konformitätsdruck, der nur Gleiche unter Gleichen erlaubt und Kritik und Rückmeldung mit (angemaßter) Autorität gleichsetzt, behindert hier wichtige Lern- und Entwicklungsmöglichkeiten einzelner, wie der Gruppen als Ganzes.

Als Gruppen Gleichgesinnter treffen sich hier von Anfang an Menschen, die sich in vielem ähnlich sind. In Laufe ihres Prozesses nimmt die Homogenität der Gruppen noch zu; Mitglieder, die sich in irgendeiner Weise als anders erleben, bleiben am ehesten weg. Identitätsorientierte Gruppen setzen mehr Ähnlichkeit und Gemeinsamkeiten voraus, aktionsorientierte können über die gemeinsame konkrete Aufgabe ein relativ großes Spektrum unterschiedlicher Mitglieder integrieren.

Es lassen sich keine typischen Rollenmuster, abgehoben von den Personen in den Gruppen finden. Ein durchgängiges Prinzip der inneren Differenzierung in einen "Kern" und eine "Schale" der Gruppe schützt in den offenen Gruppen allzuviel Infragestellung durch Neue und wahrt die Tradition. Dem inneren Kern gehören alle an, die sich langfristig und verbindlich engagieren, die sich Entscheidungen zutrauen, Verantwortung übernehmen und viele Kontakte zu den anderen pflegen. In der loseren Schale werden die neuen, eher passiven, weniger dauerhaften und angepaßten Mitglieder angesiedelt.

Diese "unipolare" Struktur schützt vor inneren Konflikten, Mitglieder mit abweichenden Ansichten dringen erst gar nicht in den Kern der Gruppe vor. Innere Vielfalt und Unterschiede können auch keine Entwicklungen befördern. Die Homogenität und das Kern-Schale-Prinzip minimieren innere Konflikte, das Regelsystem zeigt, daß diese auch systematisch vermieden werden. Die Anstöße dazu müssen aus der Auseinandersetzung mit der gemeinsamen Umwelt kommen. Gefährlich wird es an den Stellen, wo die Hierarchie - eine innere Differenzierung - durch Konformität ersetzt war.

4. Das Veränderliche, Lockere, Bewegliche

Die Entwicklungs- und Veränderungsrichtungen der Gruppen sind anhand der Lebenslinien im zweiten Abschnitt dieses Kapitels beschrieben. In diesem Abschnitt möchte ich der Frage nachgehen, was die Gruppen in Bewegung bringt und hält. Als Störungsquelle, die Veränderungen bewirkt, kann fast alles in der inneren und äußeren Umgebung der Gruppen interpretiert werden. Ob sie wirksam werden, hängt davon ab, ob die Gruppe sie als relevante Störung bemerkt. Diese Vielzahl von Einzelheiten kann nur in allgemeine Kategorien gefaßt werden. Es sind dies Punkte, die die Interviewten selbst betont haben. Ob das die sensiblen Punkte der Gruppen überhaupt sind, ließe sich nur in der Praxis erproben.

4.1 Dauernder Anfang und/oder dauernde Anregung? Dazukommen - Weggehen, Aufnahme neuer Mitglieder

Ein dauernder Unruheherd in den Gruppen sind die Neuen. Mit ihnen kommen neben neuen Ideen und Erfahrungen und neuem Engagement immer wieder alte Fragen in die Gruppe zurück. Die Gruppe fängt in gewisser Weise wieder von vorne an.

> "Es ist gut, wenn Neue dazukommen, es gibt ja oft fast keine Themen mehr, es gibt keine neuen Situationen (mit den behinderten Kindern) mehr und da ist man fast automatisch versucht, über alles mögliche zu reden, aber nicht mehr darüber, worum es geht."(EBK)
> "Es hat sich ein gewisser Standard entwickelt, daß nicht jeder einfach so mitarbeiten kann, viele mit wenig Erfahrung können relativ wenig zur Entlastung beitragen... nur Hilfsarbeiten machen, viele bringen keine Kompetenz mit." (IMA)

Zwei widersprüchliche Notwendigkeiten müssen gelöst werden: Um nicht auszusterben und weggehende Mitglieder zu ersetzen bzw. um die eigenen Aktivitäten verstärken zu können, brauchen die Gruppen immer neue Mitglieder. Um sich als Gruppe zu entwickeln und inhaltliche Fortschritte zu machen, können nicht beliebig Neue aufgenommen werden. Es hängt von der Lösung dieses Problems ab, in welcher Hinsicht das verändernde Potential der Neuen zum Störfaktor wird. Wie dieses Dilemma gelöst wird, hängt eng mit dem Entwicklungsstand der Gruppen zusammen. Es gibt Phasen der Offenheit und Phasen der Abgeschlossenheit, die nicht beliebig gewechselt werden können.

In den Prozeßbeschreibungen wurde deutlich, daß sich an eine Phase der Werbung und Offenheit, in der relativ viele Interessenten vorbeischauen und auch wieder wegbleiben, oft eine Phase des Abschlusses anschließt. Es sind nun genügend Mitglieder, man will gemeinsam weiterkommen und nicht immer von vorne anfangen. Öffnet sich die Gruppe dann erneut, so ist sie meistens nur noch für Bekannte der jeweiligen Mitglieder oder für Fachleute offen, unbekannte, unerfahrene Neue haben nur noch wenig Chancen, integriert zu werden. Die Neuen stoßen dann auf besondere Probleme: Die Gruppe hat sich so weit formiert, daß nicht mehr alle dazupassen, die kommen. Den Stil kann man nicht mehr in dem Maße beeinflussen, wie das für die Gründungsmitglieder ganz selbstverständlich war. Diese erneut offenen Gruppen haben mittlerweile einen deutlichen Kern ausgebildet, der die Richtung weitgehend bestimmt. Wer trotzdem dazukommen will, muß sehr hartnäckig sein und über einen langen Atem verfügen. Viele Neue der späteren Generationen erzählen von zunächst sehr entmutigenden Erfahrungen.

> "Wer länger dabei bleiben will, der muß schon sehr hartnäckig sein.. Eine harte Schule, ein Neuer erfährt nicht besonders viel Zuwendung... die weicheren Pflänzchen gehen

schnell ein.. da sieht man, was wir für ein Verein sind."..."Man kommt nur über
Engagement rein"."Heute, wo die Gruppe wieder offener ist, gibt es eine große Fluktuation unter den Mitarbeitern. Das war zu den Zeiten, wo es ein relativ enger Kreis
war, nicht so..." (3WL)

Es wird dem einzelnen Neuen nicht einfach gemacht, sich zurechtzufinden. Auch so
wird eine bestimmte Auswahl getroffen, ohne daß sich die Gruppe selbst entscheiden
muß. Bei der Analyse der Formen der Aufnahme neuer Mtglieder stellt sich heraus,
daß sich die Gruppen Neuen gegenüber nur generell öffnen oder verschließen können. Eine differenzierte Auswahl besonders geeigneter Mitglieder war - bis auf die
Druckerin - keiner Gruppe möglich. Ein Versuch, den Zugang zur Gruppe zu regeln,
verlief bei IST so:

> Nach schlechten Erfahrungen mit dem Zustrom von neuen Interessierten, die das bishe-
> rige Konzept der Gruppe in Frage stellten, und um für Neue transparent zu machen,
> welche Art von Betreuungsarbeit die Gruppe leisten will, und welche Erwartungen man
> an Neue richtet, machten zwei Frauen des inneren Kreises ein Papier, in dem diese
> Fragen geregelt werden sollten. Sie konnten sich damit nicht durchsetzen. Die über-
> wiegende Mehrheit wollte die Gruppe für alle Interessierten offenhalten und die Ent-
> scheidung, einen Gefangenen zu betreuen oder nicht, dem einzelnen überlassen."Wer
> soll denn hergehen und beurteilen, ob einer das kann oder nicht. Doch nicht irgendein
> Klüngel, der sich über die anderen stellt. Ob jemand betreuen kann oder nicht... ja das
> kriegt der schon irgendwie mit, das wird zwischen den Zeilen mal besprochen, oder
> wenn man neben ihm sitzt. Auf jeden Fall war es seitdem kein Problem mehr." (IST)

Die Sorge um die Qualität der Arbeit würde in vielen Fällen ein Auswahlverfahren
oder die gezielte Einführung und Ausbildung der Neuen erfordern. Wie aber kann
man Anforderungen an die Neuen stellen, wenn man für alle offen sein will? Wer
kann und darf die Kriterien für Neue formulieren und kontrollieren? An diesen Kriterien müßten sich nicht nur die Neuen, sondern auch die schon Anwesenden messen
lassen. Das setzt eine sehr "ungleiche" Position voraus und eine Menge von Bewer-
tungsprozessen in Gang, die aber - wie schon dargelegt - aus dem Gespräch in der
Gruppe ausgeklammert sind.

> "Die Neuen werden von Erfahrenen eingearbeitet, heißt die Regel. Aber wer entscheidet,
> wer erfahren ist und wer nicht? Viele Fehler pflanzen sich deswegen fort, weil solche
> Erfahrenen einarbeiten, die selbst nicht durchblicken. Das kann sehr ärgerlich sein, aber
> es ist ein so heißes Thema, daß sich fast niemand rantraut." (3WL)

Mit Ausnahme der Drucker, die sich aber nicht als offene Gruppe verstehen, hat
keine Gruppe ein Auswahlverfahren oder ein Einführungsprogramm mit einer Probezeit etc. entwickelt, obwohl es in verschiedenen Gruppen als Problem besprochen
wurde. Neben IST (s.o.) wurde das Probem bei CaSa, dem 3WL, bei IMA, Kriz,

der Yogagruppe, der FKM schon einmal besprochen. Die jeweilige Lösung war der Abschluß oder die Öffnung. Eine gezielte Einführung und die Erleichterung des Einstiegs für Neue ist ein fast nicht lösbares Problem für die Gruppen.

Damit wird die Auswahl neuer Mitglieder ein informeller, kein formeller Prozeß, bei dem die einzelnen Neuen langsam spüren müssen, ob sie dazupassen oder nicht. Die Gruppe verhält sich höchstens ablehnend, lehnt aber niemanden ab und wirft niemanden raus. Entscheidend ist, ob sich der einzelne zugehörig fühlt oder nicht. Ob sich jemand zutraut, die - manchmal beträchtlichen - Anforderungen an Zeit und Fachlichkeit zu erfüllen, bleibt ihm überlassen. Man geht davon aus, daß es die Betreffenden schon merken, wenn sie nicht dem Niveau entsprechen.

> In der Musikgruppe, die ein bestimmtes musikalisches Niveau verlangt, das relativ eindeutig feststellbar ist, zeigt sich, daß es der Gruppe schwerfällt, jemandem Neuen Nein zu sagen. Niemand ist dafür, aber auch - und das wäre für eine Ablehnung dringend notwendig - niemand eindeutig dagegen. So passiert es eben, daß Leute dazukommen, von denen viele meinen, daß sie aufgrund ihrer spielerischen Fähigkeiten nicht in der Gruppe mithalten können.

Die Autonomie der Gruppe wird dadurch eingeschränkt, daß die Verfügung über den Zugang bei den neu Hinzugekommenen liegt und nicht bei der Gruppe. Gegenüber neuen Mitgliedern mit evtl. anderen Vorstellungen kann die Gruppe nur mit Aufnahme oder Ausschluß reagieren. Das Recht des einzelnen wird stärker bewertet als das Recht der Gruppe. Dabei wird so argumentiert, daß niemand innerhalb der Gruppe über die, die reinkommen wollen, zu urteilen hätte. In den Gruppen wird keine formale Definition von Mitgliedschaft entwickelt, in der formale Kriterien für die Zugehörigkeit und die Ablehnung/Ausschluß formuliert sind. Auch die Gründung von Trägervereinen, wo dies satzungsgemäß möglich wäre, führt nicht zu solchen Formalitäten. Die Institutionalisierung findet hier eine eindeutige Grenze. Die Gruppe als Intstitution kann nicht formal über die Mitglieder verfügen, sicher ein Schutz davor, daß das soziale System sich gegenüber den Beteiligten selbständig macht. "Wenn jemand wegbleibt, dann muß man das zur Kenntnis nehmen", es bleibt kaum Raum für ein Gespräch, niemand hat "Anrecht" auf eine Erklärung. Der normale Abschied ist das Wegbleiben, sehr oft ohne weitere Erklärung, in ganz seltenen Fällen (in der Untersuchung zweimal) geht jemand im (offenen) Streit.

4.2 Äußere Umwelten

4.2.1 Der Wert der Szene

Bei der Frage nach den Verbindungen der Gruppe zu ihrer Außenwelt stellten die aktionsorientierten Gruppen und Teile der identitätsorientierten (Stiefas, KriZ) ein sehr differenziertes Netzwerk von Personen und Gruppen dar, mit dem sie kooperierten und sich austauschten. Sie sind *über einzelne ihrer Mitglieder* eingebunden in eine Szene von gleichgesinnten Gruppen. Fast alle waren oder sind in ihrem Umfeld bekannt. Aus diesen Kontakten entstehen sehr viele Anregungen und auch Anfragen/Anforderungen, die zu Aktionen und Aktivitäten führen, die isolierte Gruppen vielleicht nicht auf die Beine brächten. Die Einbindung in die Szene von Gruppen und Personen mit ähnlichen Auffassungen und Zielvorstellungen, auch das Gefühl, in der einzelnen Gruppe nicht alleine dazustehen, sondern Teil einer größeren Bewegung zu sein, belebt das Gruppenleben ungemein.

> Bei SoLh ist die Anbindung an die Kirchengemeinde, innerhalb der sich die Gruppe gegründet hat, eher lose. Obwohl das gar nicht das Selbstverständnis untereinander ist, sind sie als die "Rot-Grünen" der Gemeinde verschrien. Zu den Veranstaltungen kommen weniger die Gemeindemitglieder, als Mitglieder anderer Gruppen in der Solidaritätsarbeit mit Ländern der "3. Welt". Es entstehen Kooperationen mit dem nahegelegenen 3.Welt-Laden. Die Teilnahme an einem 3.Welt-Tag im Landkreis stellt einen Höhepunkt für die Selbstdarstellung der Gruppe dar. Aus der Kooperation entstehen neue Aktionsideen, gemeinsam schafft man Anlässe, das eigene Anliegen in die Öffentlichkeit zu tragen. (SOLH)

Viel enger noch sind die Szeneverbindungen von IMA, 3WL, FKM; diese Gruppen treten auch als Koordinatoren von größeren regionalen Aktionen auf. Die jeweilige Szene bietet Rückhalt für einzelne Gruppen auch über die "Hochkonjunktur" der einzelnen Bewegung (z.B.Frieden, Solidaritätsarbeit mit Mittelamerika) hinaus. Die letztgenannten Gruppen bekamen in ihrem thematischen und regionalen Bereich eine zentrale Stellung in der Szene, so daß von ihnen selbst viele Impulse ausgingen.

4.2.2 Konkrete Aufgabe - konkretes Gegenüber

Je konkreter und leichter darstellbar die Aufgabe, die Arbeit einer Gruppe ist, desto leichter kann man dazukommen. Die meisten Interessenten suchen die Möglichkeit zu einem konkreten Engagement, bei dem sie selbst - über das Reden hinaus - aktiv werden können. Nicht zuletzt deshalb dürfte sich unter den (über so lange Zeit erfolgreichen) Gruppen ein so großer Anteil mit ganz konkreten Tätigkeiten finden. Der

3WL, in dem alle Ladendienst machen, IMA mit den Soldaritätsbrigaden, über die die meisten Interessierten eingestiegen sind, IST mit der Betreuung von Gefangenen, CaSA als Musikgruppe, Yoga, die Drucker in ihrer Anfangsphase, mit dem Drucken als handgreiflichen und handwerklichen Gegenprogramm zum Schreiben und Vertreiben der Schülerzeitung. In all diesen Gruppen muß der einzelne nicht lange suchen und sich entscheiden, was er tun könnte, es steht bereits im Programm, wie gearbeitet wird. Das konkrete Engagement wird dem theoretischen gegenübergestellt, das sich "auf's Reden" beschränkt.

> Ein Mitglied der 3WL bringt es auf den Nenner: "Der Laden ist genau das, was ich ge-
> sucht hab. Ich wollte nicht nur so für mich dahinleben, sondern was für die Gemein-
> schaft tun. Und im Laden geht das sehr gut. Da wird nicht nur geredet, sondern es sollte
> schon was Handfestes sein und trotzdem geht's um einen größeren Zusammenhang.
> Ganz anders als in politischen Gruppen, wo oft nur gelabert wird."

Mindestens genauso belebend ist ein konkretes Gegenüber: Die Partnergruppe in Bolivien mit den wechselseitigen Besuchen und den Anfragen um ganz konkrete politische Unterstützung z.B. im Fall von Landbesetzungen (SoLH), die Partnergruppen in Mittelamerika, die um Unterstützung einzelner Projekte bitten. Bei NUZ sind das die kommunalen Behörden und Gremien, mit denen sich die Gruppe auseinandersetzen muß und in denen sie sich einen Platz erkämpft hat. Bei IST ist die Strafanstalt das Gegenüber, mit ihr muß verhandelt und auch kooperiert werden. Zugleich drohen dieser Gruppe Konflikte, wenn die Öffentlichkeitsarbeit über den Strafvollzug zu kritisch gerät. Die Befragten selbst benennen diese Kontakte und Bezugspunkte als wichtige Antriebsquellen für ihre Gruppen. Sie werden von außen gefordert und versuchen, diesen Anfragen gerecht zu werden. Die einmal entstandenen Verbindungen verpflichten. Schon schwieriger ist es, sich von Verpflichtungen und Anfragen von außen abzugrenzen und der dauernden Überlastung zu begegnen.

> "Vieles wird außerhalb durch die Vorarbeit oder von einzelnen bei Anfragen z.B. am
> Telefon entschieden. .. Es ist kaum möglich, etwas auszudiskutieren, es wird einge-
> bracht, und wenn niemand etwas dagegen hat, gilt es als beschlossen. .. Man kann sich
> nicht gegen etwas entscheiden, .. in seltenen Fällen wird es nicht beschlossen." (IMA)

Die identitätsorientierten Gruppen haben diese konkreten Aufgaben und das Gegenüber meistens nicht und sind für das Lockere und Bewegliche in ihrem Gruppenleben ganz auf sich selbst gestellt. Wenn die einzelnen nicht immer neue Erfahrungen, Fragen und Interessen einbringen, wird sich die Gruppe langsam erschöpfen. Neue Mitglieder bringen für die alten nur vorübergehend neue Perspektiven. Sie kommen schneller an den Punkt, an dem sie sich neu orientieren müssen. Entweder sie wenden sich auch an die Öffentlichkeit und bieten Hilfe für weitere Betroffene an, oder sie werden langsam zum Freundeskreis, oder sie werden eine Gruppe im Wartestand, die erst wieder in Aktion kommt, wenn ein neues, gemeinsames Problem auftaucht.

4.2.3 Keine Gegenwelt, aber etwas Besonderes

Das im ersten Kapitel beschriebene Verständnis von Selbstorganisation im Sinne eines politischen Programms als Empowerment gegenüber der allgemeinen Fremdbestimmtheit wird bei den Fragen zu den Umweltbeziehungen und auch sonst nicht ausdrücklich formuliert. Die Gruppen grenzen sich nicht von anderen Bezugsgruppen und Organisationen ab, sie haben keine negativen Beispiele vor Augen, wenn sie sich mit anderen vergleichen. Es gibt keine scharfen Gegensätze und Abgrenzungen gegenüber den Einrichtungen, Gruppen, Organisationen, mit denen die Gruppen zu tun haben, man sucht vielmehr die Auseinandersetzung und will Ansprechpartner werden. Das Selbstverständnis der Gruppen wird nicht *explizit* als Abgrenzung von den Normen der Umgebung formuliert, sie verstehen sich nicht ausdrücklich als eine Art Gegenwelt. Das heißt nicht, daß sie sich konfliktlos einfügen und keinen Anspruch entwickeln, ihre Umgebung entsprechend ihren Zielen zu beeinflussen. In allen Gesprächen finden sich Aussagen, daß die an den Gruppen Beteiligten davon überzeugt sind, bei etwas "Besonderem" mitzumachen, das sie von der "bundesrepublikanischen Einheitssauce" (Phils) unterscheidet und abhebt. Sie sind der Überzeugung, etwas zu tun, das über das "Normale" und Selbstverständliche in den jeweiligen Umwelten hinausgeht. Der EBK gibt sich nicht mit der professionellen Versorgung zufrieden, die Stiefas erleben sich nicht als defizitäre Familien, sondern als Familien in einer besonderen Lage, mit der man sich - auch öffentlich - auseinandersetzen sollte. Bei SoLH geht man über das "übliche" karitative Engagement hinaus und versucht, politisch Einfluß zu nehmen, CaSa versteht sich als besondere Musikgruppe, weil selten so viele Leute gut zusammenspielen können.. etc. Für jede Gruppe läßt sich eine solche Besonderheit beschreiben. Ein wichtiges Merkmal der Identität der Gruppen in bezug auf ihre äußere Umwelt ist dieses "Besondere", das sie von anderen unterscheidet und das Bewußtsein vermittelt, nicht eine unter vielen zu sein. Diese Besonderheit muß sich nicht in einer elitären oder "missionarischen" Haltung[12] der Umwelt gegenüber ausdrücken, sie gehört zum Selbstverständnis der Gruppen und spielt für die Motivation der einzelnen und den Zusammenhalt der Gruppen eine große Rolle. Teil dieser Identität ist es, Dinge die sonst anderen überlassen werden, selbst in die Hand zu nehmen. Sehr oft ist darüber - und zu Recht - ein gewisser Stolz zu bemerken.

Darüber hinaus stellt sich für die Gruppen, die sich als Interessensvertretung ver-

---

12 H.Kreutz (1985) und die Zusammenfassung des Klassifikationsschemas Kap.III, Anm.11

stehen oder die mit politischen und sozialen Ideen und Problemen an die Öffentlichkeit treten (3WL, IMA, IST, NUZ, FKM, SoLH und teilweise KRIZ, EBK, STIEFAS) die Frage, inwieweit sie missionarisch , d.h. auch gegen die öffentliche Meinung auftreten und Einfluß nehmen, bzw. wieweit sie sich auf ein karitatives oder soziales Engagement beschränken wollen, um keinen größeren Anstoß zu erregen. Diese Spannung bleibt nur dann für die Gruppen belebend, wenn sie nicht im Sinne einer Seite endgültig geregelt wird. Ein Großteil des Erfolgs der untersuchten Gruppen hängt sicher damit zusammen, daß sie diesen Grundkonflikt erfolgreich balancieren. Mit der Anpassung verliert die Gruppe das "Besondere" und Identitätsstiftende, mit der Radikalität den Kontakt zum Konkreten, zu dem was der einzelne tun kann. So ist es zu verstehen, daß es bei den untersuchten Gruppen keine sektenhaften Abkapselungen gab, wie H.Kreutz (1985) das für einen Teil der Stichprobe alternativer Projekte beschreibt. Bis auf die Drucker versteht sich keine Gruppe als Alternative zur "normalen" Berufswelt, im Sinne eines sozialen Experiments, das den einzelnen den Unterhalt sichert. Die Abgrenzung zum "normalen" Erwerbsleben spielt bei den anderen keine Rolle und wird nicht als Abgrenzung verwendet.

5. Bewegende und/oder bedrohliche Spannungen: Systematisierung der Auswertung

Am Ende der Auswertung der Themen und Fragen, die sich auf den *basalen Prozeß der Selbstorganisation* bezogen, werden die Ergebnisse noch einmal unter folgenden Gesichtspunkten zusammengefaßt: Welche zentralen Steuerungsaufgaben müssen in den Gruppen bewältigt werden und wo liegen die "sensiblen Punkte" der Gruppen, an denen die Gruppe über Intervention und Reflexion beeinflußbar sind. Als *sensibel* werden die Themen bezeichnet, deren Bedeutung in der Gruppe entweder viel zur Klärung des Selbstverständnisses beiträgt und die die Gruppen bewegen, oder solche, die als bedrohlich aus der gruppeninternen Auseinandersetzung über das Selbstverständnis ausgeschlossen werden. Die folgenden Polaritäten kann man einerseits - wie im dritten Abschnitt der Auswertung - als Entwicklungsdimension verstehen, die langfristige Veränderungsrichtungen in den Gruppen beschreiben bis hin zum Wandel in ein anderes soziales System. Andererseits sind sie als *allgemeine* Formulierungen der *typischen* Spannungen, die in den selbstorganisierten Gruppen anhand einzelner Entscheidungsalternativen geklärt und balanciert werden müssen, aufzufassen. Mit jeweils neuen konkreten Lösungen einzelner Fragen und neuen Richtungsentscheidungen, die in der Gruppe explizit oder implizit in der Auseinandersetzung der Mitglieder getroffen werden, entwickelt sich die Gruppe weiter, oder sie beharrt auf ihrem augenblicklichen Stand. Bedrohliche Spannungen werden u.U.

ausgeschlossen (durch den Weggang von Mitgliedern oder den Ausschluß des Themas aus der Kommunikation der Gruppe), bewegende Spannungen werden ausgetragen, neue Lösungen werden integriert, und das Selbstverständnis der Gruppe verändert sich. Das Gespräch der Vertreterinnen und Vertreter wurde jeweils von einer oder (in wenigen Fällen) von mehreren Polaritäten bestimmt, sie traten in ihren Schilderungen deutlich hervor und bestimmten ihr jeweiliges Bild von der Gruppe. Eine Richtungsänderung in die eine oder andere Richtung betrifft den "Kern" der gemeinsamen Identität, entsprechend intensiv können die Auseinandersetzungen sein.

Zwei Polaritäten prägen das *inhaltliche, sachliche Selbstverständnis* der Gruppen. Sie werden immer dann ausgetragen, wenn Entscheidungen über weitere Aktionen oder thematische Schwerpunkte anstehen. Typisch für die hier untersuchten Gruppen ist, daß sie die beiden Spannungen nicht mit einem entweder - oder lösen, sondern daß sich ihre Aktivitäten zwischen den beiden Polen abspielen. Sie tun das eine, ohne das andere thematisch oder personell ganz auszuschließen. Gerade diese Mischung wird oft als das eigentlich Spannende an einer Gruppe erlebt.

Die eigenen Aktivitäten werden verstanden und gestaltet als

"Konkrete Hilfe"	*Aufklärung*
(konformes Selbstverständnis)	*(reformerisches Selbstverständnis)*

Diese Spannung bestimmt in erster Linie die aktionsorientierten Gruppen, sie drückt sich aus in Fragestellungen und Entscheidungsalternativen wie:

karitative Arbeit, materielle Unterstützung, Einzelfallhilfe, Sammelaktivitäten etc. für Partnergruppen in der "dritten Welt", Kooperation mit und Unterstützung der jeweiligen Institutionen (Behörden, Justizvollzugsanstalt, Schulen, Kirchen), um die eigene Arbeit abzusichern.	Öffentlichkeitsarbeit, Darstellung politischer, gesellschaftlicher Hintergründe und Zusammenhänge der Armut. Kritik der Institutionen, politische Solidaritätsarbeit, Bildungsarbeit.

Beispiele: IMA, 3WL,IST, SOLH

Die konkrete Hilfe richtet sich an einzelne Zielgruppen und Personen, deren Notlage behoben werden soll, ohne daß die politischen und ökonomischen Hintergründe der Not in Betracht gezogen werden. Nach diesem Selbstverständnis ist die konkrete Verbesserung der Situation von Betroffenen, zu denen man in der Regel persönlichen Kontakt hat, wichtig und die eigene tatkräftige Aktion. Dieses Hilfeverständnis bringt eine Gruppe nicht in Gegensatz zur Umwelt, deren Verknüpfungen mit der jeweiligen Notlage nicht thematisiert werden, und begründet somit ein konformes Selbstverständnis. Das reformerische Selbstverständnis bemüht sich um die Hintergründe und deren Veröffentlichung, Einzel(fall)hilfe wird als Kurieren an Symptomen gesehen, Ziel ist vielmehr, Sprachrohr eigener oder der Interessen der Bezugsgruppe zu sein.

Man will die öffentliche Meinung und die der Politiker beeinflussen etc. und versteht sich mehr oder weniger in Opposition dazu. Aufklärung in diesem Sinne bietet wesentlich weniger konkrete Handlungsmöglichkeiten, die Konsequenzen des eigenen Handelns sind nicht leicht festzustellen.[13] Die konkrete Aktionsmöglichkeit zieht zunächst die Interessierten an, die "aufklärenden" Aktionen folgen aus der Erfahrung, daß die Hilfsmöglichkeiten der Gruppe sehr begrenzt sind. Der direkte Kontakt zu Betroffenen (Partnergruppen aus der "dritten" Welt, Strafgefangene..) und die Auseinandersetzung mit deren oder den eigenen (z.B. EBK) Lebensbedingungen schaffen erst die Basis zur Kritik aus der Sicht der Betroffenen und legitimieren das eigene öffentliche Auftreten. Eine zunehmende Radikalisierung schneidet mehr und mehr von neuen Mitgliedern und natürlich von öffentlichen Ressourcen ab. Für die untersuchten aktionsorientierten Gruppen liegt in der Verknüpfung beider Aktionsformen der Schlüssel zu ihrer anhaltenden Attraktivität und ihrem hohen Aktionsniveau. Diese Spannung wird sehr intensiv thematisiert und überwiegend als bewegend erlebt.

Die Gruppen orientieren ihre thematische Arbeit

am Inhalt, an ihrer Aufgabe | *am persönlichen Bezug*
 | *(zu Inhalt und Aufgabe)*

Die Spannung chrakterisiert die identitätsorientierten Gruppen, sie konkretisiert sich in folgenden Fragestellungen und Entscheidungsalternativen.

Arbeit am Text, ohne Textarbeit keine Gruppe	persönlicher Bezug zu den Texten, aktuelle Fragen, eigene berufliche Praxis, Freundeskreis (Phils)
öffentliche Aktionen, Bearbeitung einzelner Themen	persönliche Anteile und Praxis in bezug auf Friedens- und Lebensstilfragen (FKM, SOLH)
Streng am Thema "Behinderte Kinder " bleiben	Ausdehnung auf persönliche Fragen (Beziehung, Familie, andere Kinder..) (EBK)
Yoga üben und lernen	Austausch von persönlichen Erfahrungen beim Yoga-Üben (Yoga)
Theoriearbeit und Veröffentlichung	Selbsterfahrung, Biographisches (KRIZ)

Die identitätsorientierten Gruppen stehen immer wieder vor der Entscheidung, ob sie in die sachliche, theoretische Arbeit am Thema auch Fragen mit einbeziehen, wie:

---

13 (Symbolische) Widerstandsaktionen (z.B. Blockaden von Raketenstandorten während der Nachrüstungsdebatte) über politische Solidaritäts- und Öffentlichekeitsarbeit hinaus bringen die Beteiligten schnell an den Rand der Legalität und erfordern sehr viel persönliche Risikobereitschaft. Gruppen mit radikaleren Aktionsformen sind für Befragungen dieser Art nicht (mehr) zugänglich (s. Auswahlkriterien Kap III.1).

Was bedeutet das Besprochene für mich, welche Konsequenzen ziehe ich daraus..?
Je persönlicher es wird, desto mehr Intimität ensteht, desto leichter geht aber auch
der gemeinsame sachliche Bezug verloren. Auch mit dieser Spannung wird in den
Gruppen viel experimentiert: Die Verbindung von themenbezogener Selbstreflexion
und öffentlicher, sachlicher u. theoriebezogener Arbeit ist die besondere, attraktive
Mischung.

Die beiden Dimensionen zur inhaltlichen Orientierung der Gruppen sind, trotz
der Konfliktarmut der Gruppen mit ihrer unipolaren Struktur, Gegenstand vieler
Gespräche, und sie nehmen viel Platz ein. Das bedeutet, daß in den Gruppen für die
Bestimmung des Selbstverständnisses auf diesen Dimensionen viel Energie verwendet wird, sie werden in der Regel nicht als bedrohlich ausgeschlossen.

Viel weniger deutlich findet die Auseinandersetzung zur Bestimmung des Selbstverständisses in bezug auf die *Art der Zusammenarbeit in der Gruppe* statt. Die folgenden drei Polaritäten tauchen zwar in den Interviews und auch in den informellen
Reflexionen über die Gruppe auf, aber sehr selten im Gespräch in der Gruppe selbst.
Sie werden in weit größerem Maße tabuisiert als die sachlich-ideolgischen Dimen-
sionen der Arbeit. Das Selbstverständnis als Gruppe Gleicher und Gleichberechtigter,
wird von der Veröffentlichung der unterschiedlichen Meinungen im Gruppenalltag in
Frage gestellt. *Wie* jemand mitarbeitet, wie locker oder wie verpflichtend er z.B. sein
Engagement gestaltet und welche Erwartungen aneinander gestellt werden, über diese
Fragen findet in den Gruppen selbst kaum eine Auseinandersetzung statt. Das würde
gegen das Bewertungstabu verstoßen.
Die Zusammenarbeit soll

spontan, flexibel   *geplant, dauerhaft*

organisiert sein. Konkrete Fragestellungen dazu sind:

Ausführliche Diskussionen zu Ent-scheidungen die jederzeit wieder auf-gehoben werden können.	Kurze Besprechungen, eindeutige Zuständigkeiten. (CaSa)
Jeweils individuelle Absprachen über Urlaub und Arbeitszeit, viel Gestal-tungsspielraum, mehr Reibung zwi-schen den einzelnen anhand dieser Probleme.	Mehr Planung, gerechtere und transparentere Absprachen für alle, eindeutige Zuständigkeiten, weni-ger Reibungsverluste und Ärger deswegen. (Drucker)

Die Mitarbeit soll

verbindlich, langfristig	*unverbindlich, von mal zu mal*
mit hohem Einsatz	*mit wenig Aufwand*

möglich sein. Diese Polarität kennzeichnet das Konfliktpotential zwischen dem Kern und der Schale der Gruppe. Die wechselseitigen Erwartungen werden aber nicht geklärt. Beispiele sind:

Permanente Mitarbeit, nicht nur bei einzelnen Aktionen. Speziali- stinnen im Vorstand. Sehr hohe Anforderungen an Zeit und fachli- che Kompetenz.	Teilnahme bei einzelnen Aktio- nen, lieber zuhören, ohne persönli- che Ansprache gar nichts tun, bei- tragszahlende Mitglieder (NUZ)
Hohe Qualität der Musik, viel Interesse an Weiterbildung.	Musikmachen ohne besondere An- sprüche, Freizeitvergnügen (CaSa).
Maximales Engagement, praktisch Vollzeit, hohe Ansprüche an Qua- lität	Ab und zu reinschauen, bei einzel- nen Themen mitarbeiten, wenig Vorerfahrungen mitbringen (IMA)

Die letzte Dimension der Gruppenentwicklung und des Selbstverständisses in bezug auf die Form der Zusammenarbeit lautet:

Differenzierung von Funk- tionen und Einfluß	*Gleiche Aufgaben und gleicher Einfluß für alle*
Formelle Aufgaben für einzelne Mitglieder in der Vertretung nach außen, als Referenten, Lehrer, Vorstand Diskussionsleiterinnen und -leiter etc.	Keine Funktionsteilungen (bei bestehenden Unterschieden, s. IV 5.1.) (IST, CaSa, NUZ, IMA)

In einigen der untersuchten Gruppen werden die Polaritäten zur Form der Zusam- menarbeit nicht zum Problem. Es entsteht gar kein Regelungsbedarf von Fragen in diesen Bereichen. In den Gruppen, die in den Beispielen genannt werden, besteht nach Ansicht der Interviewteilnehmerinnen und -teilnehmer ein Bedarf an Klärung, es kommt aber nur in besonderen Konfliktfällen zu einer Thematisierung der unter- schiedlichen Ansichten zu dieser Frage. Daher meine Einschätzung,daß dies "bedrohliche" Dimensionen sind. In den homogenen und unipolaren Gruppen besteht weniger die Gefahr, daß die Spannungen als unvereinbare Gegensätze einander ge- genüberstehen werden mit der Konsequenz, daß einzelne Vertreter der Positionen sich unversöhlich gegenüberstehen. Problematischer wirkt sich aus, wenn sie - aus Angst vor zu viel Unterschiedlichkeit - nicht thematisiert werden können, weil dann viele Möglichkeiten, das Selbstverständnis als Gruppe klären zu können, nicht ge- nutzt werden.

6. Selbststeuerung

Im nächsten Abschnitt wird beschrieben, wie die Gruppen selbst ihren Ablauf und ihre Entwicklung steuern. Unter den Themen "Leitung", "Reflexion" und "Modell-vorstellungen" werden bereits angesprochene Ergebnisse der Befragung wieder auf-tauchen, deren Einzelheiten nicht noch einmal wiederholt werden sollen. Hin und wieder wird es sinnvoll sein, vor- und zurückzublättern. In den vorherigen Ab-schnitten bewegte sich die Auswertung der Interviews sehr nahe an den Einschätzun-gen der Befragten. Es wurde versucht, die Situation und die Entwicklung der Grup-pen mit den Augen der Betroffenen zu sehen. In diesem Abschnitt entferne ich mich mehr und mehr vom Wortlaut und interpretiere mehr im Sinne meines Modells der Selbststeuerung. Das war besonders an der Stelle notwendig, wo es um Themen wie "Macht" und "Leitung" geht. Im Sprachgebrauch der Gruppen kommt das kaum vor.

6.1 Leitung

6.1.1 Macht - Führung - Leitung: Ein Tabu?

Die Grundregel für den Umgang mit Macht in den untersuchten Gruppen läßt sich so formulieren: Niemand soll Macht über jemand anderen haben und ihn im Sinne der eigenen Ziele beeinflussen (können). Die Rechte und Freiheiten des einzelnen dürfen durch andere nicht eingeschränkt werden. Diese Haltung gegenüber dem Thema "Macht" wird an verschiedenen Stellen in der Befragung deutlich: bei der Aufnahme neuer Mitglieder, beim Treffen von Entscheidungen, bei der Einführung und der Kontrolle von Regelungen. Niemand soll von anderen bewertet werden, Defizite an Wissen und Können, die einzelne in bezug auf die Aufgabe der Gruppe haben, sollen nicht von den anderen, die sich damit hierarchisch höher stellen würden, sondern von den Betroffenen selbst festgestellt werden. Man will einander "machtlos" begegnen und gerade nicht so, wie das die meisten von ihnen aus Erfahrungen im Arbeitsleben oder von Ausbildungsinstitutionen her kennen. Es leuchtet ein, daß "Macht und Ein-fluß" in den Gruppen nicht angesprochen wird und eigentlich kein Thema ist, weil es - sollte es zum Problem werden - dem Selbstverständis widerspricht. Diese Vorsicht und diese Ablehnung drückt sich - in den Gruppengesprächen - in sehr vorsichtigen Formulierungen aus:

> "Ihr beiden wart die Anreger, ich möcht nicht sagen, jemand der die Gruppe führt, der Begriff "Führung" würde mir nicht gefallen, aber sowas ähnliches wie eine Tagesord-nung braucht man ja, wenn man sich trifft."

"Aber das ist mir deutlich aufgefallen, gerade letzten Donnerstag, nur über euch kamen die Anregungen rein, die man aufgegriffen hat..."(SOLH)

In den meisten Gruppen ist unbestreitbar, daß die verschiedenen Initiatoren und die Mitglieder in den Kernen mehr Einfluß auf das Geschehen in den Gruppen nehmen und die anderen sich v.a. an ihnen orientieren. Sie werden aber nicht als mächtiger, sondern v.a. als engagierter, informierter und als langjährige Mitglieder bezeichnet, gegenüber den Neuen, den noch Unerfahrenen und seltener Anwesenden. Diese innere Struktur oder gegenseitige Rollenerwartung wird in der Regel nicht als Machtunterschied verstanden. Es gilt stillschweigend als selbstverständlich, daß die Erfahrenen mehr Einfluß haben und nehmen. Sie bilden die Autoritäten der Gruppen, deren Wort und Meinung besonderes Gewicht hat. Ebenso selbstverständlich ist, daß die Betroffenen - auf ihren größeren Einfluß angesprochen - weit von sich weisen, daß sie ihn ausüben wollen. Kritik an dieser Stelle trifft sie ganz empfindlich, weil sie sofort das Selbstverständnis der Gruppe als egalitär in Frage stellt. Die Angehörigen des "Klüngels" (IST) relativieren ihren Einfluß, um nicht des Machthungers bezichtigt zu werden. Wird der Einfluß einzelner auf das Gruppengeschehen zu groß, so wird das als Bedrohung der Gruppen dargestellt.

"..Zentrum (der Gruppe) würde ich verneinen .., das würde ich nicht für gut finden, daß ein oder zwei Personen auf einem Sockel stehen, dann beeinflussen die die Gruppe so, daß automatisch ein paar, die nicht auf der Linie liegen, die Gruppe wieder verlassen.." (EBK)
A: "Das mit dem Klüngel, der immer außerhalb beim Bier noch was mauschelt, ist für die B. ein Reizwort..".
B: "Es wird immer ganz offen gefragt, wer noch mitgehen will, die wollen nur nicht".. (IST)

Macht wird immer mit kritischem Unterton angesprochen und schon im Interview kam die Frage manchmal als Unterstellung an. Schließlich darf es in richtigen selbstorganisierten Gruppen keine Machtunterschiede geben. Jemanden als einflußreicher zu bezeichnen, das enthielte immer auch den Vorwurf, daß andere durch sie ihres Einflusses beraubt würden. Das soll nicht heißen, daß die Macht einzelner Mitglieder in *allen* Gruppen ein Tabu darstellt. Oft ist es einfach kein wichtiges Thema, ohne daß der Eindruck entstand, es würde vermieden. Die Größe der Gruppe, die Kontinuität und Klarheit der Aufgaben, die lange Zusammenarbeit, in der jeder seine Position in der Gruppe gefunden hat, bedingen eine Situation, in der der Einfluß einzelner nicht zum Problem wird (z. B. Phils). In einigen Fällen wird es - zusammen mit dem Thema "Leitung und Führung" - ausdrücklich vermieden, um die Frage der Macht einzelner nicht zu gefährden bzw. auch um diese nicht zu verschrecken (IMA). Die Diskrepanz zwischen dem Selbstbild der Gruppen, nach dem alle gleichen Einfluß auf das Geschehen haben, und der realen Situation, daß den Mitgliedern im Gruppenkern besondere Autorität zugeschrieben wird, unterstützt das Tabu, mit dem das Thema "Macht" allgemein belegt ist.[14] Unter der Überschrift "Machtkampf" kann es zu erbitterten Auseinandersetzungen in den Gruppen kommen (s.3.1.3.1), die etwas von der emotionalen Brisanz des Themas deutlich machen, wenn es erst an die Oberfläche kommt. Dann wird der formlose, nicht durch die Gruppe legitimierte, Einfluß auf einmal als Machtmißbrauch empfunden. Der inhaltliche Anlaß des Streits schien mit seiner Heftigkeit nichts mehr zu tun zu haben. Die informelle Leitung trägt zum Aufbau der Spannungen bei, weil der Einfluß lange nicht kontrolliert werden konnte.[15] Der Streit wird als Problem der Mächtigen gesehen, die anderen, die über ihren Bedarf an Orientierung und Autorität daran beteiligt sind, können sich raushalten. Solange die Frage des Einflusses einzelner tabuisiert wird, kann auch Leitung nicht als Funktion der Gruppe verstanden werden. Sie wird immer dem Verdacht ausgesetzt sein, sich Macht auf Kosten anderer anzueignen und sie zu mißbrauchen. Wenige Gruppen entwickeln ein gemeinsames Verständnis davon, welche Art von Leitung sie notwendig haben und was sie ablehnen, das differenzierter ist als die Ansicht, daß man Leitung in jedweder Form nicht braucht oder brauchen darf.

6.1.2 Informelle, automatische Leitung

Bei der deutlichen Differenzierung in den Kern und die Schale, in die einflußreicheren und in die, die von diesen Orientierung und Entscheidungen erwarten, ohne daß sie mit formalen Strukturen (Satzungen) und Prozeduren (Wahlen) abgesichert sind, möchte ich von *informellen Leitern und Leiterinnnen* sprechen. Bis auf einige Ausnahmen (s.u.) werden Leitungsfunktionen nicht formal übertragen, die Positionen werden nicht festgeschrieben, es findet in der Regel keine formale interne Hierarchisierung statt. Scheiden die informellen Leiter aus, so können ihre Aufgaben nicht von anderen übernommen werden, es gibt keine Nachfolgeregelungen etc. Die alltägliche Art, Leitung zu übernehmen, zeigt sich am Ablauf der einzelnen Treffen, im Alltag der Gruppen. Wenn bei den Gesprächen auf ein gemeinsames Thema geachtet wer-

---

14 In formalen Organisationen ist es die Macht der Hierarchen, die im formalen System nicht angesprochen werden darf (z.B. J. Schmidt 1991) In diesen informellen Organisationen ist es die Macht der "Gleichen" bzw. der Orientierungsbedarf derer, die Autoritäten schaffen, die nicht aufgedeckt werden dürfen.

15 Die emotionale Aufladung kann auch psychologisch aus den Lebensgeschichten der Mitglieder erklärt werden. Vielleicht trifft sich hier eine besondere Auswahl von Menschen, die ein von Gegenabhängigkeit -im psychoanalytischen Sinne- geprägtes Verhältnis zu Autoritäten hat. Die plötzliche Intensität ist ein Hinweis, daß an diesen Stellen des Gruppengeschehens viele früher entstandene Ängste vor Abhängigkeit mobilisiert werden. Das Machttabu darf also nicht ausschließlich biographisch gesehen und auf individuelle Hintergründe reduziert werden.

den muß, wenn Entscheidungen herbeigeführt werden sollen, immer dann muß Leitung im Sinne der Steuerung eines Problemlöseprozesses wahrgenommen werden.

"Alle Leute treffen sich zwischen halb acht und acht im Laden und irgendwann mal sagt man, jetzt fangen wir an, und dann kruschtelt man die Mitarbeiterkiste vor und guckt, was sich so alles drin angesammelt hat, dann fängt man an, Punkte aufzustellen, guckt, was für Post reingekommen ist, oder wenn ein Thema wichtig ist, dann sagt das einer, dann kommt das auf die Tagesordnungsliste. Man sammelt, was alles an dem Abend besprochen werden muß.. hauptsächlich Organisatorisches... machmal inhaltliche Sachen, z.B frägt einer an, ob man dieses oder jenes (Produkt).. aus Bolivien im Laden nehmen würde.. Der, der die Liste geschrieben hat, der war unausgesprochener Gesprächsleiter von dem ganzen Treffen, er hat auch Protokoll geschrieben .. und dann hat man da locker, flockig flüssig drüber geschwätzt... immer wieder unterbrochen zwischendrin durch Privatgespräche .. seit einem Vierteljahr versuchen wir eine andere Struktur reinzubringen, weil das ziemlich zäh war, ohne Leitung.." (3WL)

Diese Situationen finden sich in vielen Gruppen wieder. Das bedeutet nicht, daß man damit wie bei 3WL unzufrieden wäre. Die offene, unstrukturierte Situation ist vielleicht für Neue in der Gruppe sehr verwirrend, nicht aber für die Mitglieder, die sich schon jahrelang auf diese Weise treffen. Sie halten ein Mehr an Gesprächsleitung meistens nicht mehr für nötig. *Ohne* Leitung findet auch das oben beschriebene Treffen nicht statt. Bei genauerem Hinsehen sind die "Irgendjemands" immer Mitglieder aus dem Kern der Gruppe und solche, die schon längere Zeit mitarbeiten. Sie kennen die "Gebräuche" der Gruppe am besten und ihr dauerhaftes Engagement vermittelt die Sicherheit, daß sie die Gruppe nicht für eigene Zwecke mißbrauchen. Sie werden fast automatisch zu dem, was ich mit "informellen Leitern" beschreiben möchte. Sie machen es einfach von sich aus, ohne Auftrag, aber mit Billigung der Gruppe. Werden sie darauf angesprochen, warum sie diese Aufgabe übernehmen, begründen sie es meistens mit dem persönlichen Interesse: "Weil ich dieses Warten nicht mag", "weil ich es hasse, wenn alles durcheinandergeht". Informelle oder automatische Leitung hat drei Merkmale:

1. Sie erläßt den Gruppen die sichtbare Hierarchisierung, das Selbstbild der Gleichheit kann aufrechterhalten werden. Schließlich können alle, wenn sie wollen, das gleiche machen. Leitung wird so ausgeübt, daß es aussieht wie "keine Leitung". Es ist gerade genug, um das Chaos erträglich zu halten, und nicht so viel, daß eine formale Rolle daraus entsteht.

2. Die "Leiter" sind - weil nicht beauftragt - auch nicht kritisierbar für ihr Vorgehen. Wer durch Wahl formell die Leitung einer Gruppe übernimmt, setzt sich ganz offiziell den Erwartungen und Befürchtungen der anderen aus. Man kann die Leitung daraufhin ansprechen, wie sie ihre Aufgabe ausfüllt. Bei der automatischen informellen Leitung ist das nicht möglich. Die Interviews zeigen, daß darüber, wie diese Leitung ausgeübt wird, nur im äußersten Konfliktfall gesprochen werden kann.

3. Sowenig die informell Leitenden kritisierbar sind, sowenig sind es die, die (informell) Leitung erwarten. Sie müssen keine Verantwortung dafür übernehmen, wem sie welche Aufgaben übertragen haben. Ihr Bedarf an Leitung - wohl als Abhängigkeit erlebt - muß nicht offengelegt werden.

Alle Merkmale sorgen dafür, daß das Problem der Leitung für die Gruppen unsichtbar bleibt. Für den Beobachter von außen erscheinen die Kosten höher als für die Betroffenen selbst; Wer nicht eingeweiht ist, der muß dieses Ausschweifende, Unkonzentrierte bei Gesprächen und die häufige Orientierungslosigkeit als sehr verwirrend erleben. Die "Einheimischen" wissen ja, wie es läuft und auch wer es letztlich macht. Die Schattenseite davon ist, daß die informellen Verhältnisse einen gruppeneigenen Diskurs zum Thema verhindern. Man kann und will nichts über Fragen von Leitung, ihre Funktionen für die Gruppe, Grenzen und Möglichkeiten austauschen und lernen. Informelle und automatische Leiter können und dürfen sehr viel Macht ausüben. Am Beispiel der IMA zeigt sich, daß der unwahrscheinlich aktive Initiator gerade über sein Engagement die Gruppe sehr weitgehend prägen kann, ohne aber offiziell als ihr Leiter aufzutreten. Seine Position in der Gruppe ist - wenn auch nicht unumstritten - so doch in der Gruppe selbst nicht thematisierbar. Eine offizielle Chefrolle wäre viel leichter angreifbar. In dieser Gruppe wird dadurch die längst fällige Diskussion über die Organisation der Arbeit und die dringend notwendigen Leitungsfunktionen unterbunden.

Formale Leitungs- oder Vertretungsfunktionen - in einer für die Gruppen relevanten Weise - wurden nur in zwei Gruppen eingerichtet. Diese Leitungspositionen entstanden nicht im Hinblick auf die Steuerung der Zusammenarbeit, sondern sie hatten zunächst mit Vertretungsaufgaben der Gruppe nach außen zu tun.

In einem Informationsprospekt wollte sich die Gruppe darstellen und für weitere Mitglieder werben. In dem Entwurf des Schreibens setzte einer der Gründer, "einfach so als Beispiel", die Namen von zwei sehr engagierten Mitarbeiterinnen ein. So wurden diese zu Sprecherinnen der Gruppe, auf Vorschlag des einen und mit Billigung der anderen. Nachfolgende Sprecher wurden und werden von der Gruppe für den Zeitraum eines Jahres gewählt. Ihre Aufgabe ist es vor allem, die Verhandlungen mit den Vertretern der Justizvollzugsanstalt zu führen sowie mit dem Wohlfahrtsverband, der die hauptamtliche Mitarbeiterin angestellt hat. Interne Aufgaben, wie die Gesprächsleitung, die Planung und Auswertung der Treffen etc., werden langsam mitübernommen. (IST)

Ähnliche Erfahrungen hat NUZ gemacht; der Vereinsvorstand war und ist vor allem für die Vertretung der Interessen der Gruppe gegenüber der Verwaltung zuständig. Die notwendige Kontinuität und Kompetenz bei diesen Aufgaben macht es notwendig, daß sie zumindest einige Zeit von den gleichen Leuten wahrgenommen werden. Dazu brauchen sie eine Legitimation - als Sprecher, Vereinsvorsitzende - die die Mitglieder der Gruppe selbst nicht von ihnen verlangen.

Das ist ein Anhaltspunkt dafür, daß Hierarchisierungsprozesse von äußeren Notwendigkeiten angestoßen werden und viel weniger von inneren. Hier würde sich die informelle Leitung viel länger halten.

Eine hierarchische Struktur, die Lenkung von oben nach unten, formal abgesicherte Machtunterschiede, die Steuerungsprinzipien herkömmlicher Organisationen,werden in den Gruppen abgelehnt und durch *kein* Leitungsverständnis ersetzt. Es gilt, daß alle gleich viel Einfluß nehmen können, obwohl deutliche Unterschiede zwischen den Mitgliedern bestehen. Selbstorganisation und Leitung sind im Verständnis der Gruppenmitglieder ein Gegensatz geblieben, die Steuerung von Problemlöseprozessen, von Entscheidungsfindungen, von Reflexion und Planung etc. sind nur ansatzweise möglich.

Wer auf die automatische und informelle Weise Leitung in den Gruppen übernimmt, der darf sich nicht "weit von der Gruppe entfernen". Planungen für zukünftige Entwicklungen, Vorbereitungen für die nächsten Treffen, Entwürfe etc. gehen schnell über den Rahmen des Selbstverständlichen hinaus und würden einen Auftrag der anderen voraussetzen. Natürlich freuen sich alle über die Initiative einiger, aber die muß sich auch immer wieder der Unterstützung der anderen versichern. So praktische Erfindungen wie eine vorbereitete Tagesordnung, vielleicht sogar schon vor dem Treffen den TeilnehmerInnen bekannt, findet man kaum. Alles passiert ziemlich spontan, und alle sollten nach Möglichkeit überall und zu jeder Zeit mitreden können. Leitung im Sinne einer "Zukunftssicht" der Gruppe, die ihre Entwicklungsmöglichkeiten im Blick hat, kann durch informelle Leiterinnen und Leitern kaum wahrgenommen werden. Dazu ist ihr Abstand zur Gruppe zu klein.

Das bedeutet, daß zunächst in allen Gruppen das Steuerungsprinzip Hierarchie durch das Steuerungsprinzip Konformität ersetzt wird, und in vielen Gruppen besteht kein Anlaß und/oder keine Möglichkeit weitergehende Steuerungsformen auszubilden. Sie müssen ihr Selbstverständnis als Gruppe von Gleichen und Gleichberechtigten nicht modifizieren, kein neues Verständnis von Leitung entwickeln. Die Gleichförmigkeit und Ähnlichkeit von Ansichten, Verhaltensweisen, Rechten und Pflichten etc. wird zum Entscheidungskriterium für alle anstehenden Fragen. Das schränkt die Möglichkeiten zur inneren Differenzierung und im Umgang mit bestehenden (und belebenden) Unterschieden sehr stark ein. Es gibt z. B. Unterschiede an Einfluß, aber diese dürfen nicht angesprochen werden und zur Klärung des Selbstverständnisses benutzt werden. In einigen Gruppen werden im Verlauf des Prozesses spezielle Leitungsfunktionen und -formen entwickelt, die einem Leitungsverständnis im Sinne der Selbstorganisation näherkommen.

6.1.3 Spezielle Leitungsfunktionen und -formen

Im vorhergehenden Absatz sollte klar werden, daß - so wie die Gruppen sich darstellen - es schwer ist, einzelne Leitungsaufgaben einzuführen, die die Steuerung der Gruppe betreffen. Es verwundert deshalb nicht, daß es in den meisten Gruppen ein mühsamer Prozeß ist, bis sie z.B. die Funktion einer Gesprächsleitung einführen. Erst kurz vor der Untersuchung wird bei 3WL eine Gesprächsleitung mit der Aufgabe der Vor- und Nachbereitung der Treffen eingerichtet. Auch bei NUZ, CaSa und IST wurde die Funktion dessen, der die Punkte sammelt, sie der Reihe nach aufruft, auf die Zeit schaut, oft auch Entscheidungen herbeiführt, Ergebnisse zusammenfaßt, manchmal das Protokoll führt, mittlerweile eingeführt. In den Augen der Befragten bedeuten die einfachen Regelungen einen großen Fortschritt. Die Entstehung dieser Funktionen und Aufgaben markieren den Übergang zu einem neuen Verständnis von Leitung und Führung gegenüber der informellen Leitung und der personalisierenden Sichtweise. Die Gruppe schafft sich ein Instrument, das die Austragung unterschiedlicher Meinungen nicht per Beschluß einer Fachautorität oder im Sinne des Obers, der den Unter sticht, löst, sondern indem sie die Zusammenarbeit zur Austragung von Meinungsunterschieden oder für Entscheidungsfindungen organisiert. Man kommt langsam über die Haltung "einer oder alle", was für die Gruppen dann "keiner" bedeutet, hinaus zu einer flexibleren, funktionalen Auffassung von Leitung. Man braucht keine Führer, sondern jemanden (am besten wechselnde), die das Zusammenspiel der einzelnen in bestimmten Situationen koordinieren.

Über das Beispiel der Gesprächsleitung hinaus wurden in einzelnen Gruppen für ihre jeweilige Aufgabe spezifische leitende und koordinierende Funktionen entwickelt und auch formal eingerichtet.

Bei den Druckern hat sich ohne Planungen - wie sie versichern - die Rolle eines Geschäftsführers entwickelt, der einerseits mit den Kunden verhandelt, andererseits die Arbeit in den verschiedenen Bereichen koordiniert, weil er den Überblick über die gesamten anstehenden Arbeiten hat. Von Leuten außerhalb wird er zwar manchmal als Chef angesprochen, er sei es aber tatsächlich nicht, wird versichert. Er hätte nur eine anders geartete Aufgabe: Die Koordination der verschiedenen Tätigkeiten bis zu zum Endprodukt (Drucker).

> Bei der Yogagruppe gibt es die Funktion des Anleiters/der Anleiterin der Übungen, die zwischen verschiedenen Mitgliedern - v.a. aus dem inneren Kern - rotiert. Bei CaSa wurde der musikalische Leiter eingeführt, der das Zusammenspiel koordiniert und anleitet. Bei den Stiefas übernimmt ein Mitglied die Leitung für eine Reihe von Abenden zur Familienrekonstruktion.

Diese sachorientierten Leitungsfunktionen oder besser *Spezialistenrollen*, die sich unmittelbar aus den Aufgaben der Gruppen ableiten, sind schneller entstanden und viel unumstrittener als allgemeinere Funktionen wie z.B. die Gesprächsleitung. Hier gehen die Gruppen vom Prinzip der Leitungspersonen zu dem der Leitungsfunktionen über, die nicht so fest mit einzelnen verbunden sind, ihnen nicht so auf den Leib geschnitten sind, daß nur die Betreffenden sie ausfüllen können. Sie gestehen den einzelnen eine besondere Position zu. Sie wechseln von der Position des Betroffenen in die der Leiter, die weniger ihre eigenen Interessen im Blick haben, sondern die der Gruppe als Gesamtes. Ist das erledigt, kehren sie zur anderen Perspektive zurück.

Sicher werden diese Ungleichheiten, die hier zugelassen werden, durch besondere Fähigkeiten einzelner erst möglich. Wenn niemand sich für diese Leitungsfunktionen anbietet, dann könnte man sie auch nicht in das Gruppenleben einbauen. Hier wird - und man darf die Schwierigkeiten und die teilweise sehr langen Vorgeschichten nicht vergessen - ein eher funktionales Leitungsverständnis praktiziert, als ein macht- und personenbezogenes. Es werden Aufgaben auf einer anderen Ebene erfüllt, ohne sie gleich zu festen Positionen auszubauen, von denen aus auch alle inhaltlichen Fragen der Gruppe bestimmt werden können. Sind spezielle Fähigkeiten nicht in den Gruppen verfügbar, gehen einige dazu über, sich diese - für bestimmte Aufgaben und Zeiträume - von außen dazuzuholen. Es werden Lehrer und Fachleute für einzelne Bereiche eingeladen (CaSa, Yoga, NUZ) und immer wieder auch für die Reflexion persönlicher Fragen (selbsterfahrungsorientiert) hinzugezogen; manchmal auch zur Klärung der Gruppensituation (IST). Diese "thematischen Sonderräume" werden im nächsten Abschnitt besprochen.

6.1.4 Zusammenfassung

Von Leitung und Führung der Gruppen oder vom besonderen Einfluß einzelner auf die Gruppe wird selten geredet. Dabei scheinen die "Mächtigen" des Kerns der Gruppe sich möglichst wenig als solche profilieren zu wollen. Führung, Einfluß und Macht darf es in selbstorganisierten Gruppen von ihrem Selbstverständnis her nicht geben. Es wird zwar ein hierarchisches, personenbezogenes Leitungsmodell abgelehnt, aber explizit keine andere, alternative Vorstellung von notwendigen Leitungsfunktionen entwickelt. Das Steuerungsprinzip der hierarchischen Lenkung und Differenzierung wird zunächst in allen Gruppen durch das Prinzip der Konformität ersetzt.

Die Tabuisierung der bestehenden (Macht-) Unterschiede zwischen Kern und Schale führen dazu, daß Leitung auf eine informelle und automatische Weise ausgeübt und nur selten formell vereinbart wird. Man vermeidet dadurch eine formelle

Hierarchisierung der Gruppe, zugleich sind die Leiter auf diese Weise nicht als solche identifizierbar und kritisierbar. Für viele der Gruppen ist dieses Vorgehen ganz selbstverständlich und kein Problem. Leitung bedarf für sie keiner Formalisierung. Es gibt für die Beteiligten keinen Anlaß, die Machtverteilung und die Leitung ins Gespräch zu bringen. Nur wenn es zu heftigen Konflikten um die Richtigkeit und den Einfluß in der Gruppe kommt, wird darüber gesprochen.

In manchen Gruppen gelingt es, nach langen, teilweise leidvollen Vorgeschichten, von der informellen - automatischen Leitung und dem Prinzip derKonformität zu einem funktionalen Leitungsverständnis zu kommen.[16] Einzelne Funktionen wie Gesprächsleitung und Koordinationsaufgaben werden eingerichtet, die im Wechsel meistens von den inneren Mitgliedern wahrgenommmen werden. Leitungsfunktionen im Sinne von Spezialistenrollen, die eng mit der Aufgabe der Gruppe verbunden sind, werden weniger kritisch betrachtet. Damit erhöht sich die Arbeitsfähigkeit der Gruppen. Formale Leitungsrollen (Vorsitzende, Sprecher) entstehen nicht aus "innerem" Bedarf, sondern für Vertretungsaufgaben nach außen.

6.2 Reflexion

Im Kapitel II wird unter Reflexion alles gefaßt, was mit Selbstbeobachtung, Selbstbeschreibung und Selbstthematisierung zu tun hat. In der Untersuchung sollte ein Eindruck darüber gewonnen werden, bei welchen Gelegenheiten und auf welche Weise über die Gruppe und über alles, was damit zu tun hat, gesprochen wird. Im Rahmen der Selbststeuerung einer Gruppe werden individuelle Reflexionen nur dann relevant, wenn die Beschreibungen und Beobachtungen der einzelnen Mitglieder ins gemeinsame Gespräch kommen. Nur so können sie sich auf den Prozeß auch bewußt steuernd auswirken. Diese Stellen in den Gruppen aufzuspüren, ist nicht so einfach, weil - gerade im Informellen - viel und oft über die Belange der Gruppe geredet wird, ohne daß das unter dem Titel "Auswertung, Reflexion, Bewertung etc." passiert. Oft treffen sich Teile der Gruppe nach dem offiziellen Ende der Zusammenkunft auf ein Bier und besprechen, wie es war und was als Nächstes ansteht. So findet die eigentliche Planung und Auswertung des Gruppengeschehens oft im informellen und nicht im offiziellen Teil statt. Telefonate zwischen den Treffen und andere informelle Kon-

---

16 Es gibt nur wenige Untersuchungen selbstorganisierter Gruppen, die Leitung thematisieren. Ausdrücklich geschieht das bei H.Guderian, E.Schorsch, E.Halves (1986). Alle aufgabenorientierten Gruppen hatten eine dominante oder emotionale Leitung, nur zwei Gesprächsselbsthilfegruppen beschrieben sich als gleichberechtigt und nicht geleitet. Die Art der Leitung bringen sie mit der Persönlichkeit des Leitenden in Verbindung (dominant, vital, impulsiv oder unterstützend, konfliktvermeidend, ängstlich). Es wird nicht deutlich, ob es sich um formelle oder informelle Leiter handelt. Diese Sichtweise differenziert nicht nach Leitungsfunktionen, sondern nach Leitungspersonen und beschränkt das Thema auf verschiedene Führungspersönlichkeiten.

takte können eine große Bedeutung haben. Wieder ging es mir nicht um Vollständigkeit, sondern ich wollte die vielfältigen Formen auch über das klassische "ausdrückliche Reflektieren" hinaus und die darin erkennbaren thematischen Grenzen erheben.

6.2.1 Thematischer Reflexionsraum

Die Inhalte aus dem Abschnitt "Thematische Grenzen" (3.1.) müssen unter dem Gesichtspunkt des Reflexionsvermögens der Gruppen erneut betrachtet werden. Schließlich gelten diese Grenzen für alle Gespräche in der Gruppe und damit auch für Auswertungen und Reflexionen über die Belange der Gruppe. Dazu kommen die Antworten auf die Fragen nach den ausdrücklichen Reflexions- und Auswertungszeiten und -themen.

* Aufgabenbezogenes wird reflektiert
Alle Fragen, die mit dem Thema und der Aufgabe zu tun haben, können jederzeit besprochen werden, soweit sie nicht für konfliktreich gehalten werden. Einzelne Aktionen und Erlebnisse werden ausgewertet, man berichtet den anderen davon, die nicht dabei waren. Das passiert mehr automatisch als systematisch. Vor allem, wenn etwas nicht geklappt hat, wird darüber beraten, ob eine Aktion weiterhin so durchzuführen ist oder nicht. CaSa wertet die Konzerte aus, meist schon unmittelbar danach im Informellen, SoLH die Sonntagsaktionen, IMA die einzelnen Aktionen. Die aktionsorientierten Gruppen haben dazu mehr Anlässe, die sich aus den jeweiligen "Höhepunkten" im Gruppenalltag ergeben. "Wenn etwas gut läuft, dann muß man nicht viel reflektieren" (SOLH), dieses Motto kann auch für die anderen aktionsorientierten Gruppen gelten. Die Ausführlichkeit der Gespräche über die Ziele und Aufgaben der Gruppen unterscheiden sich stark. Bei KRIZ beschäftigen sich die Frauen fast ein ganzes Jahr damit, um welche Inhalte es gehen soll und mit welchen Methoden gearbeitet wird; die Ausgangsidee beinhaltet keine so konkrete Orientierung, daß die Gruppe gleich loslegen könnte, aber auch nach der Gründung besteht viel Bedarf an grundsätzlicher Klärung der Zielvorstellungen.

In allen Gruppen mit einem regelmäßigen und eingespielten Programm (Phils, Yoga) muß nicht lange geplant und ausgewertet werden. Die Ziele und die jeweiligen Mittel, sie zu erreichen, bleiben die gleichen und müssen nicht verändert werden. Es gibt keine besonderen Störungen, die die Mitglieder dazu brächten, über eine Veränderung zu sprechen. Es kommen auch keine Neuen, gegenüber denen die "Alten" ihre Idee von der Gruppe darstellen müßten. In allen Gruppen *kann* zwar das jeweils konkrete Geschehen in bezug auf die Ziele reflektiert werden, dazu besteht aber in ganz unterschiedlichem Ausmaß Anlaß .

* Die Gruppe selbst ist kein Thema
Damit meine ich den Kontext, in dem die Aktivitäten der einzelnen aufeinander bezogen werden, in dem man zusammenarbeitet. Schließlich arbeiten nicht mehrere einzelne Leute an einer Sache, sondern man will zusammen etwas erreichen, was für einzelne nicht erreichbar ist. Das sind Fragen wie: Wie stehe ich zur Gruppe? Was ist gut, schlecht daran? Wie geht's mir in der Gruppe? Wie kann ich mitarbeiten? Was würde ich anders machen? Wie ist die Zusammenarbeit, wie könnte man sie verbessern? Diese Fragen gehören nicht zum thematischen Kern der Gruppen. Sie werden äußerst selten allgemein diskutiert, obwohl - zumindest die Befragten - das für notwenig hielten. Die Aufgabe, das Thema steht im Zentrum der Aufmerksamkeit, aber der Kontext der Zusammenarbeit, die Gruppe, entzieht sich weitgehend der gemeinsamen Thematisierung. So kommen z.B. Regelungen über die Zusammenarbeit, den Gesprächsablauf nur im Notfall auf die Tagesordnung. Zum einen ist das ein Tabu, weil beim Gespräch über die Zusammenarbeit in der Gruppe sehr schnell die verdeckten, automatischen Machtstrukturen aufgedeckt würden.

> Die Arbeitsstrukturen innerhalb der Initiative, das Verhältnis zwischen Haupt- und Ehrenamtlichen, die Beziehungen untereinander, sind als Thema zwar in den "Randgesprächen" latent vorhanden, werden im gesamten Kreis aber kaum angesprochen. Vor allem die Auseinandersetzung mit der Rolle und der Person des Initiators findet dort nicht statt. "Dabei würde Kritik helfen, vieles klarer zu strukturieren, und auch trotz Kritik würde er nicht gehen." Erst als sich der Konflikt zwischen zwei Mitarbeiterinnen so zuspitzt, daß eine gehen will, wurde ihre Zusammenarbeit anders geregelt. (IMA).

Es gibt meist keinen Anlaß, der einen "nichtkonflikthaltigen" Einstieg in eine Reflexion der Situation der Gruppe ermöglichen würde. Niemand stellt die Frage danach, also antwortet auch niemand. Während ich in dieser Untersuchung mein Augenmerk fast ausschließlich bei der Frage habe: Welche Gruppen entstehen, wenn sich Betroffene und Interessierte mit ihrem Vorhaben selbst organisieren?, interessieren sich die Mitglieder der Gruppen für diese Frage offensichtlich nicht. All die Fragen und Themen, die im ersten Teil der Auswertung über den "basalen" Prozeß der Gruppen angeschnitten wurden, könnte man sich in den Gruppen - ich hoffe mit Erfolg für ihr Selbststeuerungspotential - selbst stellen. Das gilt ebenso für die Normen der Gruppe, die Regelungen für die Aufnahme der Mitglieder usw. und was das alles für den Prozeß der Gruppe bedeutet, welche Möglchkeiten das eröffnet und welche potentiellen Entwicklungen dadurch behindert werden. Das Thema muß sich schon mit viel Energie (meist für Konflikte) an die thematische Oberfläche drängen, um beachtet zu werden (s. Dampfkesselprinzip). Neben der Vermeidung hat es den Anschein, daß die Gruppenmitglieder in den meisten Fällen keinen Anlaß im Sinne von Auslöser haben, ihre Beobachtungen über und ihre Beschreibungen von ihrer Gruppe auszutauschen.

> "So wie wir jetzt über die Gruppe reden, reden wir nie darüber. Schade, daß die anderen nicht da sind.., das müßten wir mal mit allen zusammen machen.."(IST)

Man nimmt sich die Zeit außerhalb, teilweise auch mit Außenstehenden, und im Informellen. In den Gruppen selber gibt es außer den manchmal angesetzten Gesprächen über gelaufene Aktivitäten keinen speziellen Zeitraum, wo Auswertung, Rückschau etc. auf der Tagesordnung stehen. Einzelne Konflikte liefern immer noch den besten Anlaß dafür, ausgiebig über das Selbstverständnis zu reden und sich dessen gemeinsam zu versichern. Viele andere, weniger emotional geladene Gelegenheiten, werden demgegenüber gar nicht wahrgenommen. Mit anderen Worten: Der Kontext der eigenen Aktivität, die Gruppe und die Beziehungen, wird kaum wahrgenommen, solange man nicht spürbar an dessen Grenzen stößt. Gelegenheiten, wo er spürbar würde, ohne daß allzu schmerzhafte Störungen eintreten müssen, schafft man sich nicht, oder man bemerkt sie gar nicht.

> Der Gründer der Gruppe, der eine unbestrittene Leitungsrolle in der Gruppe innehatte und seine Frau, ebenfalls in einer wichtigen Position, verlassen die Gruppe in absehbarer Zeit, weil sie umziehen. Die beiden überlegen schon längere Zeit, wer denn ihre Aufgabe in Zukunft übernehmen könnte. Bei einem Treffen unmittelbar vor dem Interview, bringen sie das Thema zur Sprache. Ein weiterer Engagierter aus dem inneren Kreis erklärt sich bereit, die Aufgaben, v.a. Kontakte, Einladungen und Vorbereitungen zu übernehmen. Innerhalb von 5 Minuten ist das Thema , v.a. zur Überraschung der beiden Ausscheidenden, erledigt. Man geht wieder zur Tagesordnung über. (SOLH)

Bei NUZ, IST, IMA, Stiefas werden zum Zweck der Außendarstellung ausführliche Jahresberichte erstellt. Man unterhält sich vielleicht darüber, wer was schreibt, aber über den Bericht selbst wird nicht mehr gesprochen. Die Gelegenheit zur Selbstthematisierung der Gruppe wird nicht aufgegriffen. Auf solche Ideen kommt man erst gar nicht. Längere Zeiträume werden nicht ausgewertet, überhaupt scheint man Reflexion eher für Zeitverschwendung zu halten, die einen am "Eigentlichen" hindert. Darüber hinaus sieht man die Gefahr, in dieser Zeit Probleme erst herbeizureden. Wenn einen etwas stört, kann er es ja ansprechen:

> "Von Leuten über 25 erwarte ich einfach, daß sie es sagen, wenn sie was haben. .. Ich mag solche Runden nicht, bei denen jeder dann was sagen muß..". " Drüber reden (Gruppe, Yogaübungen), obwohl eigentlich keiner so recht will, das bringt nichts.."

Demgegenüber steht die Erwartung, daß Situationen - hier eine Zeit nach den Yoga-übungen - geschaffen werden, in denen man über die Übungen und Gruppenangelegenheiten sprechen kann. Eine Interviewteilnehmerin würde sich dann leichter tun, z.B. Schwierigkeiten mit der Gruppe anzusprechen (Yoga). Eigentlich erwarten alle Mitglieder der befragten Gruppen voneinander, daß im Falle von Schwierigkeiten, im Fall "daß einen etwas stört, aufregt etc.", das direkt angesprochen und eingebracht wird. Sie nehmen auch an, daß das in ihrer Gruppe möglich ist. Sicherlich passiert es sehr oft am Rande des sonstigen Geschehens, ohne daß man es ausdrücklich zum gemeinsamen Thema machen müßte. Es scheint aber auch so, daß sehr viele das, was sie stört - z.B. das dauernde Zuspätkommen der anderen - für nicht so wichtig halten, als daß darüber geredet werden müßte. Schließlich ist das kein Sachthema und hat deshalb nicht viel mit der Gruppe zu tun. Als "Nichtmitglied" konnte ich die Gruppe als Gesamtes im Blick haben und befragen. Die Betroffenen selbst kommen nur selten zu einer solchen Perspektive, die ihnen dieses Herangehen ermöglicht. Bildlich gesprochen, fällt es schwer, vom eigenen Platz im Kreis aller aufzustehen und im Stehen oder von einer Position leicht außerhalb der Gruppe, einen Blick auf das Ganze zu werfen. In den meisten Fällen kann man auch ruhig sitzenbleiben, man sieht gar keinen Anlaß, den angestammten Platz, den man ja mit allen anderen teilt, zu verlassen. Nur manchmal wird man hochgeschreckt durch die eigenen oder die Gefühle der anderen. Die Angst, mit dem Platz zugleich die Gruppe zu verlassen, läßt einen länger sitzenbleiben als man das eigentlich will.

6.2.2 Beispiel: Gesprächsordnungen

Bei der Gegenüberstellung von Formalisierung und Personalisierung ging es um die Art und den Inhalt der "Gesprächsordnungen" in den Gruppen, hier geht es um ihr Zustandekommen: Wie gestaltet die Gruppe ihre Zusammenarbeit, bis zu welchem Grad reflektiert sie ihre Regeln? Als allgemeine Tendenz in den Gruppen kann gelten, daß nur dann, wenn es gar nicht mehr anders geht, in den Gruppen Überlegungen angestellt werden, die z.B. den Ablauf der Gespräche betreffen. Bis dahin wird die Unübersichtlichkeit und Unverbindlichkeit - die für die Beteiligten ja nicht so groß ist - sehr langmütig ertragen (s. 5.1.1). Nachdem es die ganzen Jahre mit "automatischer und informeller Leitung" abgelaufen ist, wird beim 3WL die Rolle der Gesprächs-leitung eingeführt. Der Betreffende macht die Tagesordnung, leitet das Gespräch und schaut vor allem auf die Zeit, damit die Sitzungen nicht endlos dauern; ebenso bei IST und NUZ. Damit lernte die Gruppe, es nicht jedem selbst zu überlassen, inwie-weit er steuernd in den Verlauf des Gesprächs eingreifen will, sondern sie organisiert die Form des gemeinsamen Gesprächs. Die Beteiligten lassen ihren Kontext

"Gruppe" nicht mehr automatisch ablaufen, sie fangen an, ihn zu gestalten. Solange das Problem des Gesprächsablaufs überhaupt nicht als solches von jemandem registriert wird, ist es keines. Vielleicht taucht es ja an anderer Stelle auf, z.B. als Ärger über einzelne Gesprächsteilnehmer, die nicht beim Thema bleiben können, überall mitreden müssen usw. Um den Kontext zu gestalten, muß dies als Problem der Gruppe und nicht des einzelnen interpretiert werden, sonst endet das Thema mit einem Aufruf zu mehr Disziplin.

Ein weiterer grundlegender Schritt für die Selbststeuerung ist, daß das Problem "Gesprächsverhalten" einmal die thematische Schwelle überwinden muß, und dazu muß es jemand einbringen. Diese Schwelle ist durch die Normen der Gleichheit und des Prinzips der Personalisierung im Fall der Gesprächsregeln ziemlich hoch. Nicht überall besteht die Notwendigkeit, den Gesprächsablauf zu regeln. Gerade in den kleineren Gruppen kommt niemand auf die Idee, das zu tun. Bei IMA erscheint es allerdings besonders dringend, dieses Thema zur Sprache zu bringen.

> ".. der Initiativentreff findet jetzt absolut regelmäßig statt, mit immer den gleichen Teilnehmern. Die Tagesordnung wird zu Beginn gemacht, jede(r) sagt, was er besprechen will, einer sammelt, fürs Protokoll wird einer breitgeschlagen. .. Es sind immer 20-25 Punkte, 5 werden ausführlich besprochen, die nächsten 10 zack-zack, der Rest fällt weg. .. Auf diese Weise wird vieles vergessen und vieles nicht mehr nachgefragt. ..Ein ganz gutes Prinzip in solchen Situationen, etwas zu vergessen, wenn man maßlos überlastet ist." .

Hier wäre ein Gespräch darüber, was in der gemeinsamen Zeit besprochen werden sollte und wie der Ablauf geregelt sein könnte, sicher keine verlorene Zeit. Trotzdem führt niemand diese Gesprächsebene ein. Der Grund dafür wird in dieser Gruppe von den Interviewteilnehmern darin vermutet, daß Regelungen die Entscheidungsfreiheit der einzelnen einschränken würden. Kommt die Unzufriedenheit mit dem bisherigen Ablauf nicht ins Gespräch, können dafür alle weiterhin das tun, was sie für wichtig halten.

6.2.3 Formelle - informelle Räume

Die Regel "Über Beziehungen spricht man nicht" gilt nur für das Gespräch in der offiziellen Gruppe. Außerhalb der Treffen, mit einzelnen Mitgliedern, die man besser kennt und von denen man ähnliche Einschätzungen erwartet, wird gerade dieses Thema abgehandelt. Es hat den Anschein, daß dort der eigentliche Ort für alle "unsachlichen" Meinungen und Wertungen ist und die Emotionen, die alle mit dem Gruppengeschehen verbindet, dort ihren Platz haben. Wenn man sich außerhalb trifft, dann passiert mit Leichtigkeit das, was innerhalb des offiziellen Rahmens so schwierig ist: Die Gruppe und ihre Mitglieder können von außen gesehen werden mit den Beziehungen zwischen den einzelnen und zur Gruppe insgesamt. Die besondere Übereinstimmung im kleineren Kreis erweitert den Gesprächsrahmen um die Themen und Meinungen, die man teilt und die einen vielleicht von den anderen Mitgiedern unterscheiden. Die informellen Gespräche haben das Ziel, sich der Einschätzung der anderen zu versichern über das, was im offiziellen Teil nicht zur Sprache kommen kann: Den Kontext des Geschehens: Die Gruppe. Eigentlich hätte ich in so wenig formalen Systemen wie den befragten Gruppen keine so deutliche Grenze zwischen formellen und informellen Bereichen erwartet. Wenn man das Schaubild (3.1.) nochmal ansieht, dann gehört alles, was mit den Beziehungen und den Gefühlen untereinander zu tun hat eindeutig in den Bereich außerhalb der Gruppe. Im allgemeinen haben Gefühle in den sachlichen und thematischen Gruppen nichts zu suchen, und schon gar nicht, wenn es ablehnende, ärgerliche und mißmutige sind. Das behält man lieber im kleinen Kreis für sich. Das informelle System schützt so das formelle Gruppenleben davor, mit den Emotionen der einzelnen "überschwemmt" zu werden. Man fürchtet oft im wahrsten Sinne des Wortes eine Überschwemmung, wenn man erst einmal anfangen würde, sich darüber zu unterhalten. Da bliebe von der Gruppe sehr schnell nichts mehr übrig. Differenzen und Konflikte werden so lange informell abgehandelt - ohne die Betroffenen - solange es nur irgendwie geht. Sie tauchen erst dann auf der Tagesordnung auf, wenn einzelne keine andere Möglichkeit mehr sehen und genug Rückhalt bei anderen Mitgliedern gefunden haben. Soweit man sich informell eine Meinung bildet und sich der gegenseitigen Unterstützung versichert für das, was man später in die Gruppe einbringen will, entsteht informell genau das, was ich als einen besonderen Reflexionsraum bezeichnen möchte. Andere Sichtweisen der Gruppe und den anderen gegenüber können eingenommen und besprochen werden. Was oft als Ratschen und süddeutsch als "Leutausrichten" abgewertet wird, bekommt eine ganz wichtige Funktion für die Steuerung der Gruppe.

> Bei der Yogagruppe brauchte es einige informelle Treffen, bis das Thema überhaupt als gemeinsames erkannt wurde. "Ich bin davon ausgegangen, weil niemand etwas gesagt hat, daß die anderen ganz zufrieden waren mit der M.. .. So ganz langsam ist dann rausgekommen, daß es den anderen großenteils auch so geht. .. In der Gruppe ist bei den Übungen die Ablehnung von M. schon spürbarer geworden .. bis wir dann gesagt haben, jetzt reden wir mal insgesamt drüber, das hat unwahrscheinlich lange gedauert, obwohl die Leute gradraus sind.., man will doch niemand auf den Schlips treten."
> (Yoga)

Während bei der Yogagruppe der informelle Rahmen notgedrungen genutzt wird, hat die Art der Drucker, Konflikte und Ärgernisse mit anderen vorzubesprechen, den Anschein einer speziellen Konfliktlösungsstrategie: Bevor mit dem Betreffenden, der einen ärgert, direkt gesprochen wird, redet man erst mal mit einem Unbeteiligten. Die

Kluft zwischen formell und informell wird geringer, das eine mit dem anderen in Beziehung gesetzt. Man läßt nicht mehr nur den Dampf bei den anderen ab, sondern man bereitet sich eigentlich auf das folgende Gespräch vor. Das informelle Wissen der einzelnen wird für die gesamte Gruppe nutzbar.In der Regel aber passiert das, was in hierarchischen Organisationen und Gruppen auch der Fall ist, daß Vieles und Entscheidendes von dem Wissen über Veränderungsmöglichkeiten und -notwendigkeiten der Gruppen und damit draußen in den Köpfen der einzelnen bleibt und nicht für die Gruppe verfügbar wird.

6.2.4 Spezielle Reflexionsräume und -zeiten

Manchmal entstehen - ohne daß sie ausdrücklich mit dem Ziel der Reflexion verbunden würden - spezielle Arten von Treffen, bei denen neben dem "was haben wir gemacht und was werden wir machen? auch das "wie hat sich das auf die Gruppe ausgewirkt?" thematisiert werden kann.

> Die FKM treffen sich mindestens einmal im Jahr zu einem Wochenende, das zeitlich nach den regelmäßig stattfindenden Aktionen liegt. Auf dem Programm steht zunächst nur die gemeinsame Freizeit, die Gelegenheit zum Ratschen, richtig getagt wird nur zu einem ganz geringen Teil der Zeit. Dort geht es um die Auswertung der Aktionen und die weiteren Planungen. Auch hier findet das Gespräch darüber, wie man die Gruppe und die Aktivitäten empfunden hat, im Informellen statt.(FKM)
> Der 3WL hat seit einem Jahr statt der früher regelmäßigen Freizeitwochenenden, Planungswochenenden eingeführt, auf denen Planung und Reflexion ausdrücklich auf dem Programm stehen. Das erste dieser Wochenenden markiert auch den Zeitpunkt zu dem - wie im Interview gesagt wurde - die Gruppe die Organisation als Mittel entdeckt, die eigene Arbeit zu effektivieren.(3WL)

Einen anderen Weg gehen IST und Stiefas. Sie sichern sich den reflexiven Raum durch das Engagement von Referenten von außen. Bei IST erwarten sie sich davon neben der methodischen Anleitung, daß in diesem Rahmen ein Besprechen der Gruppensituation möglich wird. Verstehen sowohl die Gruppenmitglieder als auch der Experte seine Rolle als Moderator des Problemlösungsprozesses der Gruppe und nicht im Sinne des Experten, der sagt, was wie gemacht werden muß, dann erhöht sich damit das Selbststeuerungspotential ganz entscheidend. Die Mitglieder der Gruppe müssen sich mit diesem Rollenverständnis nicht abhängig erleben, weil sie die Problemlösungen selbst entwickeln. Vieles von dem, was die Beteiligten über ihre Gruppe denken und meinen, kann in dem veränderten thematischen Rahmen angesprochen werden.

Bei IST fanden zwei Wochenenden unter dem Titel der Auswertung der Gruppensituation unter der Leitung eines außenstehenden Psychologen statt. Ausdrückliches Ziel dieser beiden Wochenenden war jeweils die Reflexion der Situation der Gruppe, also eine sehr umfassende Form der Auswertung. Die Referenten hatten dabei ausdrücklich die Aufgabe, auch die Situation in der Gruppe zu thematisieren, und bereits schwelende Konflikte sollten angesprochen und geklärt werden. Man wollte der Frage "Etwas stimmt nicht mehr so recht in der Gruppe, der Schwung läßt nach" ausführlich nachgehen.

Für Selbsterfahrungsanteile in den Gruppen bei den Stiefas und bei IST, bei denen es um die persönliche Verarbeitung der Situation sowie den Umgang mit den eigenen Problemen bei der Betreuung von Gefangenen geht, haben sich beide Gruppen auch jemanden von außen geholt. Das machen nur Gruppen mit Mitgliedern, die solche Erfahrungen bereits mitbringen. Aber ein besonderer Schutzraum scheint notwendig, um solch persönliche Dinge auszutauschen. Von den Leiterinnen und Leitern erwartet man sich neben dem methodischen Können v.a. den Schutz vor möglichen Verletzungen durch die anderen. In diesen Gruppen entstehen für diese Zeit ganz andere Intimitätsgrenzen, als ich es oben unter den thematischen Grenzen beschrieben habe. Das überträgt sich aber nicht ohne weiteres auf den Gruppenalltag.

6.2.5 Unterschiede zwischen den Gruppen und Zusammenfassung

Die einzelnen Mitglieder und in Zusammenhang damit ihre Gruppen sind unterschiedlich sensibel für die Probleme, die bei der Zusammenarbeit auftreten. Während die Frauengruppe (Kriz) sich relativ viel mit den Erwartungen der einzelnen an die Gruppe, ihre Inhalte und Ziele beschäftigt, ist das beim EBK kein Thema. Man trifft sich dort, redet über ein Thema, das sich ergibt, und geht wieder. Während im Interview verschiedene Enttäuschungen angesprochen werden, verliert man in der Gruppe selbst darüber kein Wort. Bei IMA läuft es mit drei Hauptamtlichen dahin wie in einer ehrenamtlichen Gruppe, es kommt an verschiedenen Stellen ganz deutlich zu Problemen, ohne daß man sich an eine ausführlichere Thematisierung des Zustandes der Gruppe machen würde. Im 3WL wird die "Sprachlosigkeit" überwunden, man entdeckt "die Organisation" als Mittel, effektiver zu arbeiten, veranstaltet Reflexionswochenenden und macht sich dort Gedanken über mögliche Verbesserungen der Zusammenarbeit. In den Gruppen wurden in unterschiedlichem Ausmaß Möglichkeiten entwickelt und gelernt, die eigene Arbeit und den Gruppenkontext der Arbeit zu planen und zu reflektieren. Wenn man das in Anlehnung an Th. Mills (s.Kap.II, 2.1.2) in eine Abfolge unterschiedlich weitreichender Reflexionsstufen einteilt, ergibt sich folgendes Bild:

1. Alle aufgabenbezogenen Aktionen, soweit sie sachlicher Art sind, werden ausgewertet, v.a. dann, wenn dabei Probleme aufgetreten sind. Dieser Bereich kommt in allen Gruppen in unterschiedlichem Ausmaß zur Sprache.

2. In einzelnen Gruppen werden Regelungen für die Zusammenarbeit (z.B. Gesprächsführung) angesprochen und eingeführt, wenn die Situation als wirklich belastend erlebt wird. Hier sehen die Gesprächsteilnehmerinnen und -teilnehmer die größte Notwendigkeit, diese Regelungen besprechen zu können. Diese Stufe trifft nur auf einen Teil der Gruppen zu.

3. Die Beziehungen untereinander, soweit sie für die Zusammenarbeit als bedeutsam und problematisch erlebt werden, kommen nur in "Sondersituationen" mit externer Anleitung oder in besonderen Konfliktfällen zur Sprache.

Die Gruppe als sozialer Kontext für die gemeinsamen Ziele und Aufgaben bleibt in der Regel unbesprochen, das heißt aber nicht, daß ihn die Mitglieder nicht bemerken würden. Wie in formellen, hierarchischen Gruppen und Organisationen findet der Austausch darüber im informellen Leben, im Gespräch in Untergruppen, Freundeskreisen etc. außerhalb statt. Das für die Gestaltung des Kontextes wichtige Wissen und Empfinden wird nicht zurück in die Gruppe gebracht, dafür gibt es keine passenden Anlässe und Arrangements. Im Vergleich mit den von Th. Mills untersuchten Gruppen, in denen mit Hilfe spezieller Rollen und Arbeitsformen ein Bewußtsein vom Gruppenkontext entsteht, sind die selbstorganisierten Gruppen dazu v. a. dann in der Lage, wenn die Grenzen des Kontextes unübersehbar deutlich werden. In diesen Konfliktfällen wird die Gruppe zum Thema. Einige Gruppen organisieren deshalb externe "Dritte", die ihre Beobachtungen einbringen bzw. die Beobachtungen der Mitglieder besprechbar machen sollen. Das bedeutet, daß reflexive Arbeitsweisen zwar zur Gestaltung der konkreten Arbeit, aber nicht zur Gestaltung und Steuerung des Kontextes der eigenen Arbeit genutzt werden.

6.3 Gruppeneigene Modelle

Im letzten Abschnitt der Auswertung werden die gruppeneigenen Modelle von einer (erfolgreichen) Gruppe beschrieben. Die Gesprächsprotokolle werden auf folgende Fragen hin ausgewertet: Welche Vorstellungen haben die Gruppenvertreterinnen und -vertreter davon, was ihre Gruppe zu einer funktionierenden, erfolgreichen Gruppe macht? Wie erklären sie selbst die Gruppe mit ihren jeweiligen starken und schwachen Seiten und nach welchen (Leit-)Ideen gestalten sie ihre Gruppe? Vieles ist dazu schon in der bisherigen Auswertung ausgesagt, alle Ergebnisse geben schließlich die Sichtweisen und Bewertungen der Befragten über ihre Gruppe wieder. Leider konnte ich in meinem Interview der Frage nach den Metaphern und Bildern für die eigene

Gruppe nicht viel Raum einräumen. Die Zeit reichte dafür nicht aus und ein zweites Gespräch hätte wohl die Geduld vieler Befragter überstrapaziert. M.E. ist mir die Bedeutung dieses Alltagsverständnisses von Gruppe bei den Beteiligten erst im Laufe der Untersuchung selbst klargeworden. Bei den späteren Gesprächen habe ich sie mehr und mehr aufgegriffen.

Die auf das Typische zugespitzte Darstellung soll die Wahrnehmungs- und Beurteilungsmuster plastisch machen. In die idealtypischen "Brillen", durch die die Gruppen gesehen werden, geht wiederum mein Beobachterschema davon ein, was zu so einer Brille gehört und was nicht. Brillen schärfen den Blick für bestimmte Einzelheiten, heben diese hervor, stellen sie scharf und lassen anderes im Hintergrund verschwimmen. Sie helfen bei der Orientierung im Prozeß der Gruppe und bei der Bewertung des Geschehens. Meistens sind sich die Trägerinnen und Träger ihrer Wirkung nicht bewußt. Keine der Brillen ist die richtige oder die falsche, sie sind jeweils mehr oder weniger passend.[17]

* *Die Gruppe als Ansammlung von Einzelpersönlichkeiten: Die individualistische Brille*

"Unsere Gruppe funktioniert immer dann gut, wenn es einzelne Leute gibt, die sich besonders reinhängen, eigene Ideen haben, Verantwortung übernehmen, sich ganz einfach besonders engagieren." (SOLH) Der Erfolg der Gruppe hängt von der Leistung einzelner ab. Je besser und je intensiver sich die einzelnen engagieren, desto erfolgreicher die Gruppe. Die Gruppe selbst, ihre Organisation, das Zusammenspiel etc., spielen als eigene "Erfolgsfaktoren" keine Rolle."Erstaunlicherweise klappen die Sachen dann doch immer ganz gut, aber nur weil sich einige dafür stark machen bis zum Geht-nicht-mehr... die Aktionen werden von einzelnen rausgerissen."(IMA) Die Zukunft der Gruppe hängt davon ab, besonders fähige Mitglieder zu finden. Damit diese sich entsprechend entfalten können, darf es keine gegenseitigen Einschränkungen geben, seien es Ansprüche und spezielle Qualitätsforderungen an die Arbeit des einzelnen, seien es Entscheidungen in der Gruppe über den Rahmen und die Grenzen der Aktivitäten der einzelnen."Der einzelne baut etwas auf, und wenn er weggeht, dann fällt es halt wieder zusammen" (3WL) Es besteht die Gefahr, daß sich die Gruppe einfach so verläppert, weil die Leute kommen und gehen, wann sie wollen, weil es auch keine formulierten Anforderungen und wechselseitigen Erwartungen gibt und geben darf. Es könnte sein, daß alle langsam wegbleiben, einfach so, ohne daß man den Grund dafür erfahren würde. Das wäre ein sehr unbefriedigender Abschluß der Gruppe, er wird aber für möglich gehalten.

Die Unverbindlichkeit macht es manchmal sehr schwer, kontinuierlich zu arbeiten. Das ist schwierig, aber immer noch besser als jeder Zwang. Was die einzelnen hier machen, ist absolut freiwillig und es muß jeder und jedem selbst überlassen bleiben, was sie tun und wie sie es tun. Die Spontanität ist dadurch "voll da", man kann in der Gruppe machen, was man will, nicht so wie in anderen Vereinen, wo lange vorausgeplant wird und dann schon alles festgelegt ist. Wenn es Konflikte und Streit in der

---

17 In der Darstellung sind Äußerungen aus verschiedenen Interviews miteinander verbunden. Sinngemäße Zusammenfassungen sind aus der Sicht der Brillenträger formuliert.

Gruppe geben sollte, dann ist das die Angelegenheit der Leute, die unmittelbar daran beteiligt sind. Am besten, die anderen halten sich raus und lassen die Beteiligten das klären. Wenn es nicht klappt, dann muß einer gehen. Ursachen dafür sind in verschiedenen Ansichten, im Streben nach Einfluß in der Gruppe zu suchen, oder aber die Charaktere passen nicht zusammen. Hier treffen sich lauter erwachsene Menschen, von denen man verlangen kann, daß sie für sich selber sorgen."Wir sind deshalb so erfolgreich, weil sich da interessante Einzelpersönlichkeiten zusammengefunden haben, die Schwächeren sind eher rausgefallen" (FKM). Sie werden es sagen, wenn ihnen was nicht paßt oder wenn sie was ändern wollen. (Beispiele v.a. EBK, 3WL Anfangsstadium, IMA)

* Die Gruppe als Werkzeug: Die Sachbrille

Wir sind solange erfolgreich, solange wir erfolgreich arbeiten und unsere Ziele erreichen. Wenn hohe Anforderungen von außen gestellt werden, dann arbeiten wir auch viel, dann stehen wir zusammen wie ein Mann/eine Frau. Wenn nicht so viel los ist, dann schläft das ganze eher ein, und wir sind eine "Gruppe in Reserve." Es ist nicht so wichtig, wie es in der Gruppe zugeht, da soll niemand allzu empfindlich sein. Wichtig ist schließlich, was dabei rauskommt, und ob wirklich effektiv gearbeitet wird. Es lohnt sich nicht, sich über den gemeinsamen Umgang besondere Gedanken zu machen. Die dafür notwendige Zeit und Energie fehlt für die eigentliche Arbeit. Letztlich zählt das Ergebnis und nicht, wie die Atmosphäre in der Gruppe ist.

Eine Gruppe funktioniert, wenn man etwas zusammen macht und nicht nur darüber redet. Die Sache muß anziehend und vielversprechend und v.a. konkret sein. Ist die Aufgabe nicht mehr attraktiv oder fällt das jeweilige Gegenüber (die Partnergruppe etc.) weg, dann gibt's die Gruppe nicht mehr. Mit der Erreichung des Ziels löst sie sich wahrscheinlich auf. Das ist schade, aber es gehört sich auch so.

Diese dauernde Nabelschau lenkt v.a. vom Eigentlichen ab und Psycho-Sachen gehören nicht hierher. Das ist keine Selbsterfahrungsgruppe, das kann man sich auch woanders holen. Wichtig sind bestimmte Arbeitsabsprachen und Vereinbarungen, wer für was zuständig ist und für die nächste Aktion/Treffen etwas Besonderes vorbereitet. Organisatorisches ist sehr wichtig, sollte aber nicht so viel Raum einnehmen. Oft wird nur herumgeredet und dann kommt doch nichts raus. Wir sollten uns viel ausführlicher mit den Inhalten unserer Arbeit beschäftigen, uns weiterbilden, schauen, wie man das, was wir tun, noch verbessern kann. Natürlich entstehen auch persönliche Beziehungen zu den anderen, aber das hat nichts mit der Aufgabe zu tun. Überall ist das so, daß man den einen mehr, den anderen weniger mag, das tangiert aber doch die Gruppe nicht. Alle arbeiten schließlich deswegen mit, weil sie die Sache interessiert. Wie die einzelnen davon betroffen sind, was sie an der Sache interessiert, was sie sich persönlich davon erwarten, das sind private Fragen, über die man nebenbei ratschen kann, die aber nicht zur Gruppe gehören. (Beispiele sind v.a. die Drucker, die Phils und IMA)

* Die Gruppe als Heimat und Rückhalt: Die Gemeinschaftsbrille

Die Gruppe lebt von den Gemeinsamkeiten ihrer Mitglieder. Je besser man sich versteht, desto besser funktioniert das Ganze, desto mehr haben die einzelnen davon. Verständnis kann man vor allem für die Situationen entwickeln, die man selbst erlebt hat. Diese gemeinsame Betroffenheit macht eigentlich die Gruppe aus. Hier treffen sich Leute, die bestimmte Ansichten, Probleme und Anliegen miteinander teilen, die sich dadurch gemeinsam von ihrer Umgebung unterscheiden. Es ist wichtig, daß man viel voneinander weiß und nicht nur die Dinge, die die Gruppe angehen, miteinander bespricht. Die Gemeinsamkeiten wachsen, es kommt zu richtigen Freundschaften. Je mehr, desto besser für die Gruppe. Es ist etwas Besonderes, dabei zu sein. Das bedeutet, von den anderen, vom Alltäglichen abzuweichen und sich hier mit etwas Besonderem zu beschäftigen. Das bewahrt einen davor, einfach so mitzuschwimmen und in der Allgemeinheit unterzugehen. Die Gruppe wird zum Rückhalt dafür, sich allen Einschränkungen und Zwängen zum Trotz eigene Gedanken und Aktivitäten zu bewahren und weiterzuentwickeln. Dafür nimmt man auch mal in Kauf, daß die Treffen nicht (mehr) ganz den eigenen Vorstellungen entsprechen.

Es ist wichtig, das Informelle miteinander zu pflegen, sich außerhalb zu treffen und ganz andere Sachen miteinander zu machen. Da sollen auch die jeweiligen Partner nicht ausgeschlossen werden. Die sind als neue Mitglieder willkommen, wenn sie sich dafür interessieren. Die Vorausetzung für eine gute Zusammenarbeit liegt in dem Vertrauen, das man sich entgegenbringt. Das Vertrauen wiederum baut darauf auf, wie gut man sich kennt. Im allgemeinen Gruppenalltag taucht das vielleicht gar nicht so auf, aber in der Gruppe treffen sich Leute, die außerhalb - zumindest teilweise - ganz viel miteinander machen. Je mehr solche Kontakte man hat, desto zugehöriger kann man sich fühlen. Eine gewisse Offenheit den anderen gegenüber ist dafür sehr wichtig. Es gibt eigentlich keine Konflikte in einer solchen Gruppe, warum sollte man sich streiten, wenn man so viel miteinander teilt. Gut, manchmal wäre etwas mehr Pep und Aufregung schon nicht schlecht. Aber lieber nicht den Zusammenhalt dadurch gefährden (Beispiele v.a. Stiefas, FKM, CaSa, Yoga).

Die individualistische Sicht läßt alles von den Fähigkeiten und Ressourcen des einzelnen abhängen, die jeder mitbringt oder nicht. Die Gruppe gibt es daneben eigentlich gar nicht als eigenständigen und u.U. auch determinierenden Faktor und wenn es sie gibt, so darf sie keinen Einfluß gewinnen, weil die Unabhängigkeit des/der einzelnen der Leitwert dieser Sichtweise ist. Bei der Werkzeugsicht wird die Gruppe zumindest für eine bestimmte Aufgabe benutzbar und daraufhin gestaltet. So etwas wie ein Eigenleben als Ort sozialer Beziehungen ist nicht vorgesehen. Die Gruppe muß zur Aufgabe passen, tut sie das nicht oder treten Schwierigkeiten bei ihrer Ausführung auf, so sieht man das als organisatorisches Problem oder aber als etwas "Beziehungsmäßiges", das nicht dazugehört. Die Gemeinschaftssicht setzt die Gruppe als Gegenpol zur gemeinsamen Umwelt, von der man sich differenzieren will. Sie läßt v.a. gefühlsmäßige Aspekte der Verbundenheit zu, die es aufrechtzuerhalten gilt, weil davon die Gruppe - unabhängig von ihrer konkreten Aufgabe - eigentlich lebt. Innere Differenzierungen werden als bedrohlich und als zerstörend erlebt.

Die drei Brillen zusammengenommen, haben in gewisser Weise einen klassischen Schliff: Sie entsprechen in etwa den grundlegend unterscheidbaren Polen eines jeden Gruppenprozesses, die in Balance gehalten werden müssen.[18] Von diesen Balancemodellen unterscheiden sich die hier voneinander abgegrenzten Gruppenmodelle da-

18 Dazu R. Cohn (1975) und K. Hahn u.a. (1988) für die themenzentrierte Interaktion (TZI): Die Pole Ich - Wir - Thema müssen im Verlauf der Zusammenarbeit im Ausgleich gehalten werden. Oder in dieser Arbeit. Gruppen als "hybride Sozialsysteme" (Kap. II 1.), dabei tritt die Gruppe nicht als eigener Pol, sondern als das die Pole "Individuen" und "Sache" regelnde System auf.

durch, daß sie die jeweiligen anderen Pole nicht in Betracht ziehen. Sie sehen und bewerten die Gruppe von einem Pol aus, ohne daß die Widersprüche zu den anderen Polen als zu bewältigende Gegensätze in Betracht kommen. Überspitzt formuliert: Es gibt absolute Werte, nach denen man entscheiden kann, was eine gute und was eine schlechte Gruppe ist. Würde sich eine der untersuchten Gruppen strikt an eines der Modelle halten und den eigenen Prozeß ganz danach ausrichten, käme es zu folgenreichen Einschränkungen der Gestaltungsmöglichkeiten. Die untersuchten Gruppen lassen sich schwerpunktmäßig aber nicht absolut und dauerhaft einer oder zwei Brillen zuordnen. Die Sichtweisen werden anscheinend öfters gewechselt, als das den Beteiligten bewußt ist. Einzelne Mitglieder werden gegensätzliche Pole in der Gruppe repräsentieren und so einen Ausgleich schaffen. Eine scharfe Trennung der Gruppen nach den Modellen ist somit nicht möglich.

Für die Selbststeuerung - wenn der "automatische", selbstreferentielle Gruppenprozeß die verschiedenen Strömungen nicht ausgleicht, sondern wenn die Steuerung organisiert wird - sind normative Orientierungen sehr hinderlich. An allen Brillen ist etwas Wahres und Wichtiges dran, aber als Norm für sich gesehen, die nicht in Beziehung zur aktuellen Situation der Gruppe gesetzt und somit relativiert wird, führen sie zur Starrheit. Mehr Flexibilität ensteht dann, wenn die Normen in Beziehung zu dem Problem gesehen werden, das sie regeln sollen, hier in bezug zum jeweiligen Zustand der Gruppe. Absolute Normen, nicht auswechselbare Brillen, bedeuten eine Regelung von außen im Sinne einer fremdreferentiellen Steuerung. Für die Selbststeuerung der Gruppen muß die Brille eine andere Art von Schliff bekommen: Die Mitglieder müssen sich und ihren Gruppenprozeß - innerhalb der jeweiligen Rahmenbedingungen - als Erzeuger der Normen sehen, die die Gruppe prägen. Die Gruppe muß als etwas Gestaltendes und etwas Gestaltbares gesehen werden. Dieses Modell - abgeleitet von meinem Untersuchungsmodell - findet sich in den Gesprächsprotokollen an vielen Stellen. Sie sollen das Selbststeuerungsmodell verdeutlichen.

Gruppe als etwas Gestaltendes und Gestaltbares. Die Brille der Selbststeuerung [19]

"Wir haben auch als Gruppe dazugelernt. Am Anfang war das alles wahnsinnig chaotisch, alle haben durcheinandergeredet, niemand hat den anderen zugehört. So eine Gruppe funktioniert nicht von heute auf morgen."

"Manche haben am Anfang ja sowieso den Mund nicht aufgebracht. Aber wenn ich uns jetzt mit anderen Gruppen vergleiche, geht's sehr geordnet bei uns zu.... Man müßte sich öfter mal Gedanken machen darüber, was los war und wie's weitergehen soll, auch innerhalb der Gruppe. Dafür laden wir uns manchmal auch jemanden von außen ein.

---

[19] Eigentlich wollte ich diese Brille mit dem Namen "Gruppe als soziales Kunstwerk" bezeichnen, aber es klingt zu sehr nach dem Schönen, Wahren und Guten, und das ist eben nicht gemeint. Ich erwähne den Titel trotzdem, weil er am besten ausdrückt, daß es sich um etwas künstlich Geschaffenes sozialer Art handelt, das gestaltbar bleibt.

Ganz wichtig war, daß wir draufgekommen sind, nicht gleich alles für bare Münze und ganz persönlich zu nehmen, sondern erst einmal ganz genau nachzufragen, wie das denn gemeint ist. Früher gab's da deswegen viele Mißverständnisse. Gerade der große Konflikt, der ist dadurch ausgelöst worden." (NUZ)

"Mit der Zeit hat sich gezeigt, daß man manches viel effektiver gestalten kann, daß wir es uns mit den geringen personellen und finanziellen Möglichkeiten gar nicht leisten können, einfach so vor uns hinzuarbeiten und jeder macht, was er gerade will. Damit kommt die Gruppe auch aus den dauernden Krisen raus... Die dauernde maßlose Überforderung wird abgebaut."

"Es ist wichtig, sich auch Gedanken darüber zu machen, wie etwas passiert und nicht nur was. Schließlich können die einzelnen nur dann mitarbeiten, wenn der Laden einigermaßen transparent ist. Man muß die Gruppe selbst als Projekt sehen, mit dem man sich beschäftigen muß. Ab und zu mal ein Auswertungswochenende, das ist dafür sehr gut." (3WL)

"Bei wichtigen Entscheidungen geht es nicht nur darum, daß sie getroffen werden, sondern auch darum, wie sie getroffen werden und wie lange man sich dafür Zeit nimmt. Wir sollten auch mal darüber reden, wie die einzelnen das mit den Rückmeldungen haben wollen. Ob sie von den anderen das kriegen wollen oder nicht. Das wäre ziemlich wichtig, ist aber vielleicht nur mit jemand von außen möglich. Sonst kommen einzelne nie drauf, was sie dauernd (musikalisch) falsch machen."(CaSa)

"Regeln, die den Ablauf der Treffen strukturieren, sind wichtig, aber sie müssen dann auch wieder ohne - endlose - Diskussionen verändert werden können. Oft ist es so, daß man das lieber nicht anspricht, um nicht so eine Diskussion auszulösen. Aber die Spannungen z.B. zwischen Theoriearbeit und Selbsterfahrung, die sollten wir halten und nicht immer gegeneinander ausspielen. Das ist auch nicht nur ein persönlicher Konflikt, sondern hat etwas mit dem speziellen Ziel der Gruppe zu tun. Gerade diese Spannung macht das ganze so spannend. (KRIZ)

Dieses Verständnis findet sich an einzelnen Stellen in allen untersuchten Gruppen, besonders aber dort, wo die Gestaltung der Gruppe, die Treffen, die Entscheidungsformen, die Mitgliedschaft, die Regeln, Traditionen etc. in ihrer Bedeutung für die Gruppe reflektiert und gestaltet werden. Die Gruppe wird hier, was Regelungen, Transparenz, den Umgangsstil etc. betrifft, als etwas angesehen, das sich entwickelt und auf das man Einfluß nehmen kann. Die Veränderung über die Zeit wird mitberücksichtigt und damit ein prozeßhaftes Selbstverständnis eingeführt. Die Gruppe muß sich nicht an den verschiedenen Stellen und Stufen ihrer Entwicklung über den gleichen normativen Leisten schlagen (lassen). Einzelne Normen und Erwartungen werden in bezug zu anderen gesetzt, es werden z.B. nicht einfach Entscheidungen getroffen, sondern man macht sich Gedanken, wie das auf eine Weise geschehen kann, die die Gruppe integriert und nicht einfach die Mehrheit siegen läßt. Es muß nicht auf *eine* bestimmte Weise ablaufen, es gibt Alternativen, Regelungen werden als revidierbar und nicht als endgültig angesehen. Das bedeutet nicht, daß sich alle Widersprüche zwischen den Polen, den Erwartungen und Bedürfnissen der einzelnen und den sachlichen Anforderungen in Luft auflösen und alles ganz harmonisch geregelt wird. Sie werden (vielleicht) in ihrem Zusammenhang und nicht in ihrer Aus-schließlichkeit betrachtet und flexibler gehandhabt. Da die Gruppen ihr eigenes "Gruppe-Sein" neben ihrer Sachaufgabe nicht als Gegenstand ihrer Aktionen und Reflexionen betrachten, sind sie auf Lernmöglichkeiten angewiesen, die durch äußere Anlässe angestoßen werden, d.h. Anlässe an denen die Grenzen des Kontextes er-fahrbar werden. So entwickelt man in den Gruppen, deren Rahmen schnell "zu klein" wird, und die v.a. komplexe organisatorische Aufgabenbewältigen müssen, schneller einen Blick für die Gestaltbarkeit des Kontextes, die anderen können ihre Brille bei-behalten. Lernanstöße zur Selbststeuerung sollten ein solches Gruppenverständnis fördern. Dazu einige Gedanken im letzten Kapitel.

V. Schritte zur Erweiterung des Selbststeuerungspotentials

Das letzte Kapitel behandelt die Frage, welche Lernschritte den Gruppen zu einer Erweiterung ihres Selbststeuerungspotentials helfen, wie sie ihr Selbstverständnis in Richtung einer "Brille der Selbststeuerung" erweitern könnten. Nach einer kurzen Zusammenfassung der typischen "blinden Flecke" der selbstorganisierten Gruppen und sich daraus ergebender Erweiterungsperspektiven diskutiere ich einige inhaltliche und methodische Anstöße zur Entwicklung des Selbstverständnisses auf der Gruppenebene und der Ebene der Individuen.

1. "Blinde Flecken" selbstorganisierter Gruppen

Das Konzept der "blinden Flecken" kommt aus dem Bereich der angewandten Gruppendynamik, es wird in der Regel dazu verwendet, die wahrnehmungserweiternden und - verändernden Wirkungen von Feedback anschaulich zu machen. In sozialen Interaktionen nehmen unsere Gegenüber Verhaltensweisen und Gefühle an uns wahr, die uns selbst nicht bewußt sind. Über ihre Rückmeldungen können Bereiche unseres blinden Flecks für uns selbst transparent werden.[1] So wie die einzelnen aufgrund ihrer Lerngeschichte, ihrem Verständnis, der Situation, in der sie sich befinden, etc., bestimmte blinde Flecke haben und zudem eigene Gefühle, Gedanken und Verhaltensweisen vor den anderen "geheimhalten", so erzeugt jedes soziale Sy-

---

1   Dazu als Veranschaulichung das Johari-Fenster, ein graphisches Schema der Wahrnehmung der interpersonalen Beziehung (z.B. J.Luft 1986, S. 24).

stem einen für seine Grenzziehungen und Normen typischen "blinden Fleck": Bestimmte Gefühle, Inhalte und Verhaltensweisen werden in das Gruppengeschehen eingeschlossen und sind erwünscht, andere werden ausgeschlossen. Für soziale Systeme lautet dabei die Unterscheidung nicht bewußt-vorbewußt/unbewußt oder offen-verborgen, sondern kommunizierbar-nichtkommuniziert/tabuisiert oder formell-informell (s. II, 2.2). Der ausgeschlossene Bereich, der hier interessant ist, betrifft die Inhalte, Wahrnehmungen, Empfindungen , die den einzelnen Mitgliedern zwar bewußt sind und die im informellen System der Gruppe ausgetauscht werden können, die aber nicht ins formelle System übernommen werden , weil sie im Gegensatz zum Selbstverständnis der Gruppe stehen und damit ihren Bestand gefährden oder zu gefährden scheinen. Das Entwicklungs- und Veränderungspotential der Gruppen, über das die einzelnen in ihren "inoffizellen" Überlegungen und Empfindungen schon verfügen, das nicht neu erfunden und z.B. von Fachleuten von außen eingeführt werden muß, wird dann wirksam, wenn Teile davon zur Sprache kommen und in das Selbstverständnis integriert werden können.

Dieser Gedankengang, der im Untersuchungsmodell angelegt wurde, kann jetzt nach Abschluß der Untersuchung inhaltlich fortgesetzt werden. Einzelne, für die selbstorganisierten Gruppen typische blinde Flecken und somit die "kritischen" Punkte für chancen- *und* risikoreiche Entwicklungen und Veränderungen können zusammengefaßt werden.[2]

1. Weil alle Bewertungen der Tätigkeit der anderen in der Gruppe tabu sind (Bewertungstabu, s. IV, 3.1), unterbleibt auch jede Art von Rückmeldungen, die zur der einzelnen Orientierung und zur Verbesserung ihrer Mitarbeit führen könnte. Wichtige Beobachtungen können nicht mitgeteilt werden, man muß sich in der Regel an Andeutungen orientieren, wechselseitige Erwartungen werden nicht besprochen. Nach der Einschätzung der Gruppenmitglieder liegt hier ein besonderes Defizit, weil die Maßstäbe, die jeder an sich und die anderen richtet, nicht ins Gespräch kommen und auch nicht relativiert, verändert, weiterentwickelt werden können. Neue richten sich stillschweigend nach dem, was sie vorfinden. Die Angst, zu beurteilen und Normen zu setzen, ist dabei größer einzuschätzen, als die Angst, selbst beurteilt zu werden.

Während alle sach- und aufgabenbezogenen Fragen (s. Polaritäten zur inhaltlichen Schwerpunktsetzung) - in Einzelfällen sicher auch konfliktreich - in den Gruppen entscheidbar sind, bleiben die *kritischen* Spannungen, die die Form der Zusammenarbeit betreffen, in der Regel im Informellen stecken. (s. IV, 5.)

2. Alle Fragen, die die Machtverteilung innerhalb der Gruppe betreffen, sind - weil jeder Unterschied das Gleichheitsgesetz in Frage stellt - tabuisiert. Eine Auseinander-

---

2 Für die einzelnen Gruppen läßt sich anhand der thematischen Grenzen (s. Abbildung S. 124/125 und den für sie bewegenden/bedrohlichen Spannungen (IV, 4.3.) spezifische Hypothesen für ihre kritischen Themen erarbeiten, aufgrund derer man konkret einzelne Lernschritte planen könnte.

setzung mit den Unterschieden an Einfluß auf das Gruppengeschehen und mit der Regelung von Leitungsfunktionen, die über das Prinzip der "informellen Führung" mit seinen genannten Konsequenzen hinausgeht, muß außer Betracht bleiben. Während in formellen hierarchischen Organisationen in der Regel die Macht der "Hierarchen" nicht zur Diskussion steht, kommt in selbstorganisierten Gruppen die Macht der "Gleichen" ebensowenig ins Gespräch. Mit der reinen Tabuisierung kann aber kein neues Leitungsverständnis geschaffen werden, und die herrschenden Verhältnisse werden fortgesetzt.

3. Ebensowenig kann die Verbindlichkeit oder Unverbindlichkeit der Teilnahme, also z.B. unterschiedliche Erwartungen an neue und alte Mitglieder oder Kriterien für dauerhafte und punktuelle Mitarbeit, reflektiert werden, eine wichtige Voraussetzung für die gruppeneigene Bestimmung des Mitgliederbegriffs. Alle Klärungen dieser Art werden als Einschränkung der Entscheidungsfreiheit der einzelnen bewertet und als unzulässige Normierung verstanden.

4. In manchen Gruppe ist der Ablauf mehr geregelt, in anderen weniger, die allgemeine Tendenz geht allerdings in Richtung Spontaneität. Die Frage, wieviele und welche Regeln eingeführt werden, damit jeder sinnvoll mitarbeiten kann, steht nicht zur Diskussion. So kommt auch das notwendige Wechselspiel zwischen Regelungen und Offenheit, zwischen dem unterschiedlichen individuellen Bedarf an Sicherheit und an Freiheit als Steuerungsproblem nicht in Betracht. Der Konflikt wird zwischen einzelnen Protagonisten ausagiert, aber nicht in seiner Bedeutung für die Gruppe reflektiert.

Zu allen Themen verfügt jede Gruppe über viele informelle Einschätzungen. Alle Beteiligen können darüber Auskunft geben, was und wer ihnen die Mitarbeit erleichtert oder was und wer sie ihnen erschwert. Diese Informationen werden aber höchstens dann in der formellen Gruppe wirksam, "wenn der Dampfkessel schon pfeift". Die Themen sind nicht unabhängig voneinander zu sehen und und sie bieten auch nicht gleich viel Zündstoff. Die ersten beiden "blinden Flecken" werden bei bei einer Bearbeitung im formellen Bereich der Gruppe am meisten in Bewegung setzen. Alle hängen sie damit zusammen, daß in den Gruppen das vermiedene hierarchische Prinzip im Sinne von Über- und Unterordnung durch Homogenität und Konformität als Steuerungsmittel ersetzt und nicht viel innere Differenzierung zugelassen wird. Wie aber in einem Betrieb, einer Verwaltung mit hierarchischer Struktur jeder (mehr und mehr) begreift, daß die Steuerung - obwohl formal so geregelt - nicht nur von den Vorgesetzten ausgeht[3], ohne daß das (mit Ausnahmen) in die formalen Reflexionen einbezogen würde, so wissen auch in den selbstorganisierten Gruppen alle,

---

3 Selbst im Bereich der öffentlichen Verwaltung, der als besonders hierarchisch und starr angesehen werden kann, wird dieses Steuerungsprinzip zunehmend formell hinterfragt, im informellen wissen sowieso alle, daß auf dem Dienstweg nur sehr wenig gesteuert wird, und die verhalten sich danach(vgl. z.B. R.Wimmer 1988).

daß, obwohl alle gleich sind, der Einfluß ganz unterschiedlich verteilt ist. Wer dem Problem "Macht, Autorität, Einfluß" in einer Gruppe von Gleichen auskommen wollte, den holt es auf diese Weise wieder ein.

5. Ein weiterer blinder Fleck bezieht sich nicht auf Inhalte, wie ich sie eben zusammengefaßt habe, sondern auf die Form und die Gelegenheiten, wie diese Themen angesprochen werden können. Während die Möglichkeiten zur Selbstthematisierung in bezug auf das *"Was"* in der Regel genutzt werden, so bleiben viele Gelegenheiten, bei denen der *Kontext der Gruppe* angesprochen werden könnte, ungenutzt. Wenn in den Gruppen mehr Selbststeuerungskompetenz entwickelt werden soll, dann müssen Möglichkeiten geschaffen werden, bei denen Fragen zu den genannten Themen gestellt werden, *bevor* die entsprechenden Konflikte eine Bearbeitung erschweren. Die Untersuchung zeigt, daß die Gruppen (mit Ausnahmen) auf Reflexionsanlässe angewiesen bleiben, die sehr viel persönliches Unbehagen voraussetzen.

Damit sind die Themen und die Steuerungsformen umrissen, die bei der Entwicklung eines größeren Selbststeuerungspotentials aus dem informellen System in die gruppeninterne Auseinandersetzung eingebracht werden müssen. Damit muß experimentiert und müssen neue Erfahrungen gemacht werden, wenn der bisherige Rahmen der Zusammenarbeit erweitert werden soll.

2. Wer will etwas verändern: Die "engagierten" Betroffenen - die "distanzierten" Experten ?

Bevor ich mögliche Interventionen und Lernanstöße beschreibe, muß bedacht werden, *wer* überhaupt etwas ändern will. Sind die in den Gruppen Engagierten nicht ganz zufrieden mit dem, was sie und wie sie es tun, und nur ein "distanzierter" Experte glaubt, Lernschritte einleiten zu müssen? Nach den Darstellungen in der Untersuchung haben die Gruppen eine erfolgreiche Geschichte hinter sich. Die Beteiligten haben es geschafft, eine Gruppe aufzubauen, die nach ihrer Einschätzung den jeweiligen Zielen und Aufgaben und den Erwartungen der Beteiligten gerecht wird. Das heißt: *Mit dem entsprechenden Freiraum und günstigen Rahmenbedingungen können selbstorganisierte Gruppen ohne formale Lenkung von außen sehr erfolgreich und intensiv arbeiten und es zu sehr komplexen organisatorischen Leistungen bringen.* Sicher wußten die einzelnen immer von Schwierigkeiten und Veränderungswürdigem zu berichten, aber im allgemeinen waren sie mit dem Stand der Gruppe zufrieden. Für sie entsprach das Steuerungspotential den Erfordernissen der Aufgabe und ihren Erwartungen. Untersucht wurden allerdings nur - zumindest was ihren Bestand anbetrifft - "erfolgreiche" Gruppen.

Das ist zu bedenken, wenn einem als Beobachter schon auf den ersten Blick viele Probleme auffallen. Mit ganz einfachen Mitteln ließe sich vieles rationeller und transparenter gestalten. Man fragt sich immer wieder, warum sich die Beteiligten an manchen Stellen das Leben und die Zusammenarbeit so schwer machen, obwohl sie sich nicht nach äußeren Vorgaben richten müssen. Schon bei den Interviews war ich immer wieder versucht, Verbesserungsvorschläge zu machen: Eindeutig geregelte Zuständigkeiten für einzelne Aufgaben, eine Tagesordnung, eine Gesprächsleitung, jemand der Protokoll führt, eine Einführungsprozedur für neue Mitglieder.., so viele naheliegende, praktische Verbesserungsvorschläge lagen mir - und vielleicht auch manchem Leser und mancher Leserin - auf der Zunge. Warum drängten sich mir diese Verbesserungsmöglichkeiten auf und warum den Betroffenen nicht? Darauf gibt es verschiedene Antworten:

1. *Tabuisierung*: Die grundlegenden Normen der Gruppen (Konformität/Gleichberechtigung/individuelle Entscheidungsfreiheit) lassen keine Lösungen zu, die zwischen einzelnen Mitgliedern differenzieren; dadurch würde zuviel Ungleichheit geschaffen und die einzelnen würden durch formalistische Regeln eingeschränkt werden. Solche Regelungen stellen zentrale Elemente des Gruppenselbstverständnisses in Frage und werden zur Verbesserung der Zusammenarbeit erst gar nicht in Betracht gezogen. Wer aus der Distanz heraus die Normen in Hinsicht auf ihre einschränkenden Konsequenzen relativieren kann, der unterliegt auch nicht den daraus folgenden Tabuisierungen. Ein Außenstehender läuft auch keine Gefahr, die eigene Beteiligung an Macht- oder Ohnmachtsverhältnissen offenlegen und u.U. verändern zu müssen. Das Störungspotential, das in der (selbstverständlichen) Diskrepanz zwischen dem Selbstverständnis und der Praxis der Zusammenarbeit liegt, wird mit den Tabus vermieden.

2. *Zuviel Engagement, zuwenig Distanzierung*: Je engagierter die einzelnen Miglieder in der Gruppe sind, je größer die emotionale Bedeutung des Geschehens dort für sie ist, desto weniger Möglichkeiten zur distanzierten Wahrnehmung ihrer Situation in der Gruppe und des Gruppenkontextes haben sie. Die persönlichen Folgen werden zwar in Form von Ärger, Resignation, Hilflosigkeit etc. empfunden, aber ihre Verknüpfung mit dem Kontext, in den man eingebunden ist und den jeder selbst mitgestaltet, wird nicht wahrgenommen und verstanden. Die Untersuchung ergibt, daß in den Gruppen nur wenig *Entfernung* vom Gruppenkonsens, von der gemeinsamen Sicht der Dinge, zugelassen wird. Wer den Prozeß der Gruppen nicht "erleidet", kann distanzierter und ungebundener über mögliche Konsequenzen nachdenken.[4]

3. *Mangel an Gestaltungsideen*: Wer etwas ändern will, muß wissen, in welche Richtung die Gruppe sich entwickeln soll. Da die individuellen Kompetenzen der Mitglieder in dieser Untersuchung nicht gefragt waren, kann darüber keine Aussage

---

4   Vergl. N. Elias: Die Theorie des Doppelbinders in sozialen Prozessen (1987, S. 73 ff.)

gemacht werden. Die Vertreterinnen und Vertreter der Gruppen machten jedoch den Eindruck, daß sie in anderen (beruflichen) Zusammenhängen über einiges Knowhow verfügten, was die Führung und Gestaltung von Arbeitsgruppen etc. anbetrifft. Es scheint eher so, daß sie diese Kompetenzen in ihrer Rolle als Mitglied nicht (problemlos) einsetzen können. Dies Gestaltungskompetenz ist stark an leitende und steuernde Funktionen in anderen Kontexten gebunden.

Bei der ersten Antwort werden die Folgen als "Kosten der Gleichheit" (stillschweigend) in Kauf genommen, dafür spricht die relative Zufriedenheit in den Gruppen. Die zweite Antwort benennt kein *individuelles* Defizit, sondern eine "Blindheit" die allen Gruppenmitgliedern entsprechend ihrem Engagement und ihrer Nähe zum Kern der Gruppe eigen ist: Es fehlt ihnen an Distanzierungsmöglichkeiten. In den Interviews äußerten fast alle Verteter der Gruppen ein großes Interesse an meinen Rückmeldungen und am Vergleich mit anderen Gruppen. Hier zeigt sich ein besonderer Bedarf an Anregungen und Einschätzungen von außen, die Beteiligten selbst scheinen sich ihrer fehlenden Vergleichs- und Reflexionsmöglichkeiten bewußt zu sein. Die Tabus treten hier hinter der Neugier auf ein distanzierteres Verständnis des eigenen Tuns in den Hintergrund. In vielen Gruppen werden sie an verschiedenen Stellen gebrochen, indem mit verschiedenen Mitteln (s. IV, 5.2.4) die Distanzierungsmöglichkeiten erweitert werden. In den Schritten zur Erweiterung des Selbststeuerungspotentials müssen *inhaltlich* die Tabus als die kritischen Punkte der sozialen Systeme in Frage gestellt sowie *methodisch* Reflexions- und Distanzierungsmöglichkeiten zur Verfügung gestellt werden. Dadurch dürften sich die gruppeneigenen Modelle in Richtung einer "Brille der Selbststeuerung" verändern.

3. Beispiele für Interventionen in sozialen Systemen: Familientherapie und Management

Für das Verständnis von Interventionen in sozialen Systemen ist die im Kontext der Behandlung psychisch kranker Jugendlicher entstandene Familientherapie ein interessantes und anregendes Beispiel. Im Austausch und in Auseinandersetzung mit den sich entwickelnden Systemtheorien wurden neue Sichtweisen und Methoden der Veränderung symptomatischen Verhaltens in sozialen Systemen entwickelt.[5] Es ist

---

5 Familien- und systemtherapeutische Schulen gibt es mittlerweile in der Bundesrepublik in großer Vielzahl (W. Körner, H.Zygowski 1988). Die Situation wird umso unübersichtlicher, weil Systemverständnisse und Methoden ganz unterschiedlicher Entwicklungsstufen nebeneinander praktiziert und publiziert werden (K. Ludewig 1987, 1988), so daß oft unklar bleibt, auf welche Stufe der Entwicklung sich die jeweilige Kritik und Diskussion bezieht. Zum aktuellen Stand s. u.a. L.Hoffmann (1988), M.Selvini-Palazzoli u.a.(1981), G. Guntern (1985), U. Telfener 1987, Van Tommel (1987), P. Dell (1986). Was mit der Behandlung und der Theorie zu jugendlicher Schizophrenie im Kontext der Familie begonnen hatte (z.B. G.Bateson u.a. (Hg.) 1984), entwik-

nicht möglich, hier einen Überblick über die rasanten Entwicklungen in diesem theoretischen und praktischen Bereich zu liefern. Zwei Tendenzen scheinen mir erwähnenswert, weil sie ein Muster für Interventionen in selbstorganisierten Gruppen abgeben können.

1. In der Phase der paradoxen Interventionen verstanden sich (z.B. M.Selvini-Palazzoli u.a., 1977) die Therapeuten als Spezialisten, die nach ihren systemischen Hypothesen sehr direktiv intervenierten und denen es m.E. nicht darauf ankam, wie die Betroffenen ihre Situation verstanden. Die Interventionen hatten zum Ziel, die (Verhaltens-)Regeln, die das System bisher aufrechterhielten, so zu verändern, daß das Gleichgewicht, das sich die Familie mit den Symptomen eines oder mehrerer Mitglieder erkaufte, nicht mehr aufrechterhalten werden konnte.

Mittlerweile wurden mit dem weiterentwickelten Systemverständnis autonomer und autopoietischer Systeme, das in der systemischen Therapie sehr ausführlich zur Kenntnis genommen wurden, andere, wie mir scheint, sanftere und weniger strategische Interventionen erfunden. Im Zentrum der therapeutischen Bemühungen steht jetzt die Einführung neuer Informationen und Sichtweisen in das System, um die bisherigen verengten Perspektiven zu überwinden. Aufgabe der Therapeuten ist es nicht (mehr), Regeln und System zu verändern, sondern die Beteiligten zum Austausch über ihre Sichtweisen voneinander und über das System als Ganzes anzuregen. Dazu werden "zirkuläre Fragen" gestellt, bei denen z.B. Ereignisse aus der Sicht anderer im System dargestellt werden sollen ("Was würde ... dazu sagen?"). Oder das Team der Therapeuten lädt die Familie oder Gruppe zum Zuhören bei ihren Reflexionen über die Familie ein, bildet ein "reflektierendes Team" (T.Andersen 1990). Ziel dieser und ähnlicher Methoden ist die Schaffung neuer Unterscheidungen, die zu neuen Informationen und einem erweiterten Verständnis der Situation und der eigenen Verwobenheit führen.

2. Die Position des Intervenierenden gegenüber dem System verändert sich. Wer interveniert, steht nicht mehr außerhalb und in einer hierarchisch höheren Position, sondern wird Teil des therapeutischen Systems und ist damit selbst an der Veränderung beteiligt und ihr ausgesetzt. Das therapeutische System (K. Ludewig 1986, 1987) bildet den Kontext für die Veränderungen. Es gilt, diesen Kontext für die Veränderungen in der Therapie zu gestalten, aber nicht die einzelnen Veränderungen direktiv zu bestimmen. Ziel ist eine Haltung der Therapeuten, die nicht wertet und in einem positiven Sinne neutral bleibt und die Zusammenarbeit anstelle von Über- und Unterordnung ermöglicht. Dem entspricht ein weniger allmächtigeres und bescheideneres Auftreten im Bewußtsein der eigenen Möglichkeiten und Grenzen

---

kelte und entwickelt sich noch zu einem allgemeinen Verständnis von (Psycho-)Therapie als Systemtherapie (G.Guntern, 1985, K.Grawe (1988), G.Weber, F.B. Simon (1987), H.Willke (1987, 1988a, 1988b).

(zusammenfassend L.Hofmann 1987, K.Ludewig 1987).[6] Der "Expertenstatus der Therapeuten" wird nicht an eine hierarchische, einseitig abhängige Beziehung geknüpft, sondern wechselseitige Beziehungen entstehen bei der Bildung eines therapeutischen oder Beratungssystems.

Sowohl vom methodischen wie auch vom Rollenverständnis der Intervenierenden her kann bei der Beratung selbstorganisierter Gruppen der Blick auf die systemtherapeutische Praxis anregend sein, ohne daß allerdings ein Familienmodell auf die Gruppen übertragen werden sollte. Schon der inneren Differenzierung nach ähneln sie viel mehr Peer-Gruppen als Familien mit Eltern- und Kind-Rollen.[7] Die Zielsetzung, die nicht die Veränderung (symptomatischen) Verhaltens sondern die Erweiterung des Verständnisses vom Geschehen im System anstrebt, ist ähnlich.

In formalen (Wirtschafts-) Organisationen wird Leitung und Intervention zunehmend in diesem Sinne verstanden, weil die Illusion, daß Führung und Lenkung von oben, - wenn sie über die richtigen personellen und materiellen Ressourcen verfügt - alles regeln und lösen könnte, als zu begrenzt erkannt wird. Damit wird höchstens das Selbststeuerungspotential eines Systems empfindlich gestört, und das System erstarrt. Im Gegenteil geht es darum, für geeignete Rahmenbedingungen zur Erhöhung der Flexibilität und die Verringerung der Rigidität eines Systems zu sorgen (G.Probst 1987, S.121). Die abgeleiteten Funktionen und Haltungen für Führungskräfte in Organisationen können als Anhaltspunkt dafür dienen, welche Funktionen in Gruppen ohne formale Leitung ausgefüllt werden müssen, um ein System nicht nur überlebensfähig sondern auch entwicklungsfähig zu gestalten.[8] Mehr und mehr können sich hier die Sicht- und Handlungsweisen in formalen, hierarchisch organisierten Organisationen und selbstorganisierten Gruppen und Systemen gegenseitig

---

6 Machtverhältnisse und Abhängigkeiten werden u.U. einfach wegdefiniert. Wenn das Verständnis autopoietischer Systeme keine "instruktiven Interaktionen" zuläßt, weil sie zur Zerstörung des Systems führen, so kann das nicht heißen, daß es keine Abhängigkeiten gibt, die zerstörend wirken können. Ein neues Interventionsverständnis darf Macht nicht erneut tabuisieren, sondern sollte die Wahrnehmung für die Zerstörung und Beeinträchtigung kommunikativer und sozialer Systeme durch die Ausübung von Macht eigentlich schärfen (vgl.T.Levold 1986).

7 Zur Übertragung familientherapeutischer Interventionen auf Organisationen s. z.B. M. Selvini-Palazzoli u.a. (1978,1981).

8 G.Probst kommt zu Empfehlungen für gestaltende Interventionen in sozialen Systemen wie: Das System mit Respekt zu behandeln, es nicht unnötig zu trivialisieren; zu lernen, mit Unsicherheit und Mehrdeutigkeit umzugehen; Möglichkeiten zu erhalten und zu schaffen; Autonomie und Integration zu fördern; die Prozesse in Gang zu halten, weil es keine endgültigen Lösungen gibt etc. (1987, S.113 - 116) und ausführlich als Handbuch für Manager (G.Probst 1990). In ähnlicher Weise kommt O. Neuberger zum Schluß, daß "organisierte Anarchie" (1989b, S.35) Voraussetzung für das Überleben von sozialen Systemen ist und Führungskräfte entsprechend viel für die Vieldeutigkeit und die Um- bzw. Neudeutung bisher festgefügter, eindeutiger Symbole tun müßten.

anregen. Das Gelingen der Zusammenarbeit in den untersuchten Gruppen ist sicher auch darauf zurückzuführen, daß hier mit einem hohen Maß an Ungewißheit umgegangen werden kann.

4. Zwei Typen von Problemlösungen: Normativ und selbstbezüglich

Die Beteiligten an den Gruppen können mit und/oder ohne Hilfe externer Berater und Experten idealtypischerweise zwei Lösungswege für die Gestaltung und die Verbesserung ihrer Zusammenarbeit einschlagen, vorausgesetzt, daß sie dies überhaupt für notwendig erachten. Die Unterscheidung macht deutlich, wie mit den in der Untersuchung erhobenen blinden Flecken umgegangen werden kann und welche Folgeprobleme daraus entstehen.

Der erste Weg besteht darin, zu versuchen, die in der jeweiligen Gruppe herrschenden Normen in andere, scheinbar bessere Normen umzuwandeln; eine Brille, durch die man erkennen kann, was richtige und falsche, passende und unpassende, erwünschte und abweichende Wahrnehmungen, Gefühle und Verhaltensweisen sind, durch eine andere zu ersetzen, die die *gleichen* Unterscheidungen nach einem *anderen* Kriterium trifft. War es bei einem Blick durch die individualistische Brille richtig, daß in der Gruppe niemand die Entscheidungsfreiheit des anderen einschränkt und alle Versuche dieser Art als unpassend und abweichend gesehen werden, so kommt ein Blick durch die Gemeinschaftsbrille zu dem Ergebnis, daß es das Gemeinsame ist , das zählt, und daß alle Fragen, die nicht von allen geteilt werden, in der Gruppe nichts verloren haben. Jede Brille oder Position beansprucht für sich, die richtige Antwort auf Fragen der Zusammenarbeit in den Gruppen zu haben, sie liefert eine Vorstellung davon, *wie man es richtig und wie man es falsch macht.* Das Problem liegt weniger im Inhalt einer einzelnen Aussage , als in der Absolutheit, mit der solche normativen Vorstellungen für alle Personen, Aufgaben, Entwicklungsstadien und Gruppierungen gelten sollen. Die Gruppen werden so zu fremdgesteuerten Systemen, die interne Produktion und die Veränderbarkeit der Selbstverständnisse wird gar nicht erst erfahrbar.

Wer nun hergeht und die Normen, die nach den Untersuchungsergebnissen die Entwicklung und die Lernfähigkeit der Gruppen beeinträchtigen, durch andere ersetzen will, der schafft unter Umständen neue Starrheiten anderer Art und andere Folgeprobleme. So kann man versuchen, die Norm "Konflikte (zer-) stören die Zusammenarbeit in der Gruppe und müssen vermieden werden" durch die Norm "Konflikte beleben die Gruppe und müssen ausgetragen werden" zu ersetzen, und die beabsichtigte Verbesserung wird nur sehr begrenzt sein. Nicht alle Konflikte in allen Situationen mit den jeweiligen Beteiligten sind belebend, und u.U. werden damit Probleme gelöst, die die Beteiligten gar nicht haben. Immer wenn Formulierungen gewählt werden, die mit *man könnte, müßte, sollte, dürfte* oder mit *wir könnten, müßten, sollten, dürften* beginnen, liegt der Verdacht nahe, daß hier einzelne ihren normativen Sichtweisen allgemeine Gültigkeit verschaffen wollen. Aus einer individuellen Sichtweise werden allgemeingültige Grundsätze, die andere Sichtweisen ausschließen. Diese Vorgehensweise lädt nicht dazu ein, sondern sie muß geradezu verhindern, daß möglichst viele unterschiedliche Sichtweisen vom gemeinsamen Prozeß erzeugt und in die Gruppe eingebracht werden, weil es nur eine gültige und richtige gibt.

Hier setzen die selbstbezüglichen Lösungswege an; sie versuchen - eine Stufe komplexer - nicht Regeln zu verändern, sondern das Regeln zu regeln. Ziel ist es zunächst, möglichst viel von den individuellen Sichtweisen, Einschätzungen und Bewertungen vom Geschehen in der Gruppe ins Gespräch zu bringen. Dabei wird aufgedeckt, an welchen Regeln, welchen Personen, welchen Zielen und Bedürfnissen sich die einzelnen orientieren. Die passenden Formulierungen hierbei sind *ich erlebe, nehme wahr, empfinde, will . Wie erlebt ihr, wie empfindet ihr, wie nehmt ihr mich und die Gruppe wahr , was wollt ihr von mir und der Gruppe?* Alle Sichtweisen werden eingeschlossen, weil sie alle einen wichtigen Teil zum Verständnis des gemeinsamen Prozesses beitragen. Wer selbstbezügliche Lösungen anregen will, den beschäftigen nicht die richtigen Lösungen der einzelnen Gruppenprobleme, die er diagnostiziert hat, sondern der sucht nach geeigneten Fragen, die in den Gruppen eine (exemplarische) Reflexion über den Prozeß einleiten, und er versucht, geeignete Bedingungen dafür zu schaffen, so daß möglichst viel von der vorhandenen Unterschiedlichkeit der Sichtweisen veröffentlicht werden kann. Individuelle und systembezogene Lernprozesse bestehen nach diesem Verständnis nicht darin, sich einem vorgegebenen Ideal oder einer Norm möglichst weitgehend zu nähern, sondern darin, über die Mitteilungen und Rückmeldungen der anderen die individuellen und die gruppentypischen blinden Flecken kennenzulernen und zu erkunden.

Zwischen den beiden Wegen besteht nur eine scheinbare Wahlmöglichkeit. Jede Äußerung (einer noch so individuellen Sichtweise) in einer Gruppe hat immer auch normierenden Charakter, sie orientiert die anderen und schränkt die anderen, abhängig vom Status der äußernden Person, mehr oder weniger in ihren Äußerungen Wahrnehmungen etc. ein. Auch gibt es - wie schon erwähnt - keine so offenen Fragen, hinter denen keine theoretischen und normierenden Annahmen stehen. Die Rede von der absolut neutralen Haltung von internen und externen Beraterinnen und Beratern oder ihrem notwendigen "absichtslosen Engagement"[9] verdeckt mehr die Auseinandersetzung mit deren Interessen, als daß sie das Setzen von Normen verhindern

---

9 Die Haltung des "absichtslosen Engagements" soll normierende und bewertende Interventionen in Systemen verhindern (vgl. z.B. R. Königswieser, J. Pelikan 1990, S. 87).

würde. Mit der selbstbezüglichen Vorgehensweise gewinnt die Gruppe die Möglichkeit, die Herkunft einer notgedrungen persönlichen Sichtweise mitzureflektieren und
Absolutsetzungen leichter zu entdecken.

5. Methodische Elemente zur Erweiterung von Selbststeuerungspotentialen in Gruppen

Beispiel einer Intervention:

Die Gruppe IST (s. IV, 1.2.4) hat mich im Anschluß an das Interview als Berater zu
einem gemeinsamen Arbeitswochenende eingeladen mit dem Ziel, den augenblicklichen Stand der Initiative zu reflektieren. Ausgangspunkt war die gemeinsame Feststellung der Gesprächsteilnehmerinnen und -teilnehmer, daß in der letzten Zeit - bei unverändert vielen Aktivitäten - "irgendetwas am Gruppenklima nicht mehr stimme".
Diesen Unstimmigkeiten sollte an dem Wochenende nachgegangen werden und eine
gemeinsame Klärung versucht werden. In den Vorbereitungsgesprächen mit der hauptamtlichen Mitarbeiterin gab es einige Hinweise auf Konflikte zwischen Mitliedern,
insgesamt war aber kein eindeutiges Thema oder Problem auszumachen, das im Zentrum der Arbeit stehen sollte. Im ersten Arbeitsschritt bitte ich die 15 Teilnehmerinnen
und Teilnehmer ein Zeitung unter dem Thema *IST - in der Krise!?* zu erstellen. Unter
verschiedenen Überschriften und aktuellen Spalten etc. werden Einschätzungen gesammelt, vervielfältigt und zur Diskussion gestellt. Als vordringstlichstes Problem , das
die Arbeit der Initiative behindert, wird in der Besprechung der Ergebnisse ein Konflikt
zwischen der hauptamtlichen Mitarbeiterin und einer Sozialarbeiterin der Justizvollzugsanstalt benannt. Die Hauptamtliche würde durch ihre kritische Sichtweise des
Strafvollzugs die Zusammenarbeit mit den Vollzugsbeamten und den Sozialarbeitern
gefährden. Die Sozialarbeiterin vertritt die Position, daß den Beamten im Srafvollzug
viel mehr Verständnis entgegengebracht werden müßte, dann würden diese die Arbeit
der Initiative bei der Betreuung von Strafgefangenen viel bereitwilliger unterstützen.
    In der Gruppe überwiegt zunächst eine *individualistische Sicht* des Problems:
Wenn die beiden bereit sind, ihre persönlichen Schwierigkeiten im Umgang miteinander zu klären, und sie sich weniger mißtrauisch gegenüberstehen und die eigene Sichtweise nicht absolut setzen würden, dann können alle wieder besser mitarbeiten. Ein
erster Klärungsversuch der beiden vor der Gruppe, bei dem sie sich anhand von Fragen
wie "Was wünscht ihr euch von der anderen für die Zusammenarbeit, was regt euch
aneinander auf etc." sehr um gegenseitiges Verständnis bemühen, bleibt unverbindlich
und führt nicht zu der erwarteten Entspannung. Die anderen Teilnehmer verstehen sich
als unbeteiligte Beobachter, die "von außen" etwas zur Klärung des Konflikts beitragen
wollen. Lähmung und Resignation machen sich breit, weil alle Bemühungen nichts zu
bewirken scheinen. Als ich danach frage, auf wessen Seite die anderen eigentlich
stehen, antworten die meisten, daß sie neutral sind oder bleiben wollen, um die Gruppe
nicht zu spalten und um den Konflikt nicht weiter zu eskalieren. Bei einer Zwischenauswertung frage ich nach Gründen für die Lähmung der Gruppe, nachdem es so
lebendig mit dem Erstellen der Zeitung begonnen hatte. Den anderen "Unbeteiligen"
wird klar, daß ihre Sichtweise, daß es sich hier um ein persönliches Problem der beiden

handelt, sie zwar entlastet, sie aber auch zur Nichteinmischung verpflichtet und deshalb lähmt.

In der weiteren Arbeit versuchte ich einerseits die Ängste vor einer Spaltung oder Auflösung zu thematisieren, andererseits das spezielle *individualistische* Selbstverständnis der Gruppe als Teil des Problems darzustellen. Solange die anderen nicht Position beziehen und den Konflikt (Anpassung an und verständnisvoller Umgang mit der JVA gegenüber Kritik am Strafvollzug und Veröffentlichung von Mißständen) nicht als Teil ihrer Zusammenarbeit verstehen (lernen), wird die Zusammenarbeit gelähmt bleiben, so meine Ausgangsthese. Die beiden Frauen sind nach diesem Verständnis Protagonistinnen zweier Pole einer Grundspannung, die die Initiative gestalten muß. Schließlich beziehen immer mehr Teilnehmerinnen und Teilnehmer mit ihrer persönlichen Einstellung auf dem - wie sich mit der Zeit herausstellt - gar nicht so breiten Spektrum zwischen den Polen Stellung. Es ensteht ein Selbstverständnis in der Gruppe, nach dem beide Positionen für eine erfolgreiche Arbeit der Gruppe notwendig sind, wenn man die Ziele Betreuung *und* Öffentlichkeitsarbeit verfolgen will. Die Dosierung der Konfrontation und der Anpassung wird jetzt als gemeinsame Aufgabe verstanden und nicht mehr als Konflikt an die beiden Frauen delegiert. An dieser Stelle müssen sich auch die beiden nicht mehr starr an ihre Position klammern, die Auseinandersetzung wird entspannter. Im Anschluß konnte an Fragen der inneren Aufgaben- und Kompetenzverteilung (Hauptamliche, Sprecher, Mitglieder), die auch als klärungsbedürftig angesehen wurden, gearbeitet werden.

Die Intervention begann mit dem Interview der Untersuchung. In der "Forschergruppe" konnte die gemeinsame Einschätzung "Der große Schwung ist vorbei, wir stecken in einer Krise" gemeinsam erarbeitet und dann wieder mit dem Plan des gemeinsamen Arbeitswochendendes in die Gruppe gebracht werden. Da Fortbildungswochenenden mit externen Referenten in dieser Gruppe eine Tradition haben, wurde der Vorschlag schnell akzeptiert. Das Potential zur "institutionellen Reflexion" war in dieser Gruppe relativ weit fortgeschritten, die Gruppe selbst wurde allerdings überwiegend informell auf diesen gemeinsamen Wochenenden angesprochen. Die Reflexionsfähigkeit der Gruppe wurde durch meine Interpretationen in zwei Richtungen systematisch erweitert:

*   Die Lähmung der einzelnen Mitglieder wurde nicht (nur) auf individueller Ebene interpretiert, sondern auf das (bisher nicht offen ausgesprochene) Selbstverständnis der Gruppe bezogen. Die Norm lautete: Niemand darf sich offen in Konflikte anderer einmischen und Stellung beziehen. Das gefährdet den Zusammenhalt und die Gemeinsamkeit. Die Norm konnte als gruppeneigen und gruppentypisch mit ihren Risiken und Chancen reflektiert werden.

*   Der Konflikt wurde darüber hinaus als dauerndes und immer wieder zu regelndes Problem der Gruppe identifiziert, das zwar zwischen einzelnen Personen, die sich persönlich dafür anbieten, ausgetragen wird, das aber in der Spannung zwischen den Zielen der Initiative und der Institution (JVA) angelegt ist. Somit

wird der zugrundeliegende Konflikt von der Gruppe selbst (mit-)gestaltbar und man ist ihm nicht nur ausgeliefert.

Nach dem hier entwickelten Modell von Selbststeuerung müssen die Reflexionsthemen über die aufgabenbezogenen Fragen hinaus auf die gruppenbezogenen Dimensionen erweitert werden. Voraussetzung für die Wirksamkeit der erweiterten Perspektive ist die soziale Fähigkeit der einzelnen Teilnehmer, sich selbst als Teil des gemeinsamen sozialen Prozesses sehen zu können. Sie müssen zu wichtigen Fragen der Gruppe persönlich Stellung beziehen können - d.h. in gewissem Maße *unabhängig* sein - und zugleich sich als von den anderen und der Gruppe beeinflußt erleben können - d.h. in gewissem Sinne *abhängig* sein. Diese soziale Kompetenz der Individuen (s. nächsten Abschnitt) ist Gegenstand der individuellen Lernprozesse. Der Lernprozeß der Gruppe liegt darin, daß solche - bisher nicht geäußerte Perspektiven - im Gruppendiskurs einen Platz finden. Aufgrund der beschriebenen geringen Distanzierungsmöglichkeiten der Beteiligten von ihrem Prozeß werden die Gruppen ihren Lernprozeß v.a. über die *fremden* Blickwinkel - nicht unbedingt professioneller - Außenstehender gestalten müssen. Auch der Vergleich mit anderen Gruppen, der Blick auf deren Prozeß kann viele neue, in der eigenen Gruppe unsichtbare Aspekte sichtbar und spürbar werden lassen. Individueller und gemeinsamer Lernprozeß koevolvieren, der eine kann aber nicht durch den anderen ersetzt werden (s. II 3.3).

Von den Methoden her gibt es viele verschiedene Möglichkeiten, wie eine Gruppe ihren Selbststeuerungsprozeß gestalten und ihr Selbststeuerungspotential erweitern kann.[10] Hier möchte ich nur auf zwei zentrale Elemente hinweisen, die einerseits mit der Methode der Untersuchung in Verbindung stehen, andererseits in den Gesprächen inhaltlich genannt wurden.

* *Den Perspektivewechsel ermöglichen: Von der Betroffenen- in die Forscherperspektive und zurück*

Daß bei den Interviews mit Gruppenvertreterinnen und -vertretern nach den Angaben der meisten Beteiligten sehr offen und ausführlich über die Gruppe gesprochen wurde, liegt u.U. am Wechsel des Kontextes vom normalen Gruppentreffen, bei dem *in der Gruppe*, zum Kontext, in dem *über die Gruppe* gesprochen wird. Man blickt von "außen" auf die Gruppe und distanziert sich von der eigenen Betroffenheit. Die räumliche, personelle und zeitliche Unterbrechung des Alltagsgeschehens machte andere thematische Grenzen möglich. Im Gruppenalltag findet eine ähnliche Distanzierung beim Übergang in den informellen Bereich statt. Mit mehr Abstand wird dort reflektiert und geplant. Je ähnlicher die Situation zum normalen Gruppentreffen ist, desto weniger ergiebig wird das Forschen über die Gruppe ausfallen.

---

10 Kapitel II, v.a. 2.1.2., 3.2.4. und die angegebene Literatur.

Wichtig erscheint mir darüber hinaus, daß die Einschätzungen zuerst individuell überlegt und dann erst in der Gruppe diskutiert werden. Dadurch werden mehr Unterschiede ins Gespräch gebracht.

* *Offene, prozeßorientierte Fragen*

Von den Fragen des Leitfadens der Untersuchung haben die offenen Fragen , die auf Veränderungen und Entwicklungen der Gruppe ausgerichtet sind, sehr viel wichtige Informationen erbracht, die zum Verständnis der Gesprächsteilnehmerinnen und -teilnehmer für ihre Gruppe beigetragen haben. Einerseits wird die Veränderbarkeit und Prozeßhaftigkeit der Gruppe dadurch erfahrbar, andererseits vermeiden offene Fragen neue Normierungen. Bewährt haben sich in meinen Augen vor allem folgende Fragen und Aufgaben:

> * Die Frage nach der Lebenslinie der Gruppe mit den entscheidenden und richtungsändernden Ereignissen. Es werden viele Hintergründe ausgetauscht, und es wird klar, daß jede Gruppe eine Geschichte hat und sich verändert. Ähnlich die Frage "Was haben wir in dieser Zeit gelernt und was müssen wir noch lernen?"
>
> * Die Frage nach den thematischen Grenzen der Gruppe, was dazu gehört, was nicht und wo der Unsicherheitsbereich liegt, war sehr spannend und brachte deutlich die Punkte ins Gespräch, an denen einzelne etwas ändern wollten.
>
> * Die Frage nach dem eigenen Modell einer erfolgreichen Gruppe hätte sicher noch mehr Anlaß zur Verdeutlichung gemeinsamer und unterschiedlicher Vorstellungen über die Gruppe gegeben, wenn sie nicht am Ende gestanden hätte.

Da sich alle Fragen auf die Gruppe und nicht die einzelnen in der Gruppe bezogen, war die Tendenz nicht so groß, nur ein Aggregat von einzelnen anstelle eines Systems zu sehen. Diese Fragen regen an, die Gruppe durch die Brille der Selbststeuerung als etwas Gestaltbares und von den Beteiligten Gestaltetes wahrzunehmen. Für "neutrale" Fragen haben sich die Gruppen öfters "neutrale Dritte" von außen geholt. Damit haben sie sich neue Perspektiven, aber auch ein Mehr an Distanz verschafft. Die Erfahrungen, die in einzelnen Gruppen mit Beraterinnen und Beratern zur Reflexion der Gruppensituation von außen gemacht wurden, waren durchwegs gut. Mit ihrer Hilfe können die Beteiligten ihre eigenen parteiischen und für ihre Interessen engagierten Positionen klarer einbringen, ohne gleich mit einem Auseinanderfallen der ganzen Gruppe rechnen zu müssen.

6. Individuelle Kompetenzen und Lernschritte

Die Mitgliedschaft in einer Gruppe, die den Anspruch hat, sich selbst zu steuern, stellt hohe Anforderungen an die einzelnen Beteiligten. Während bisher von den Lern-, Reflexions- und Selbststeuerungspotentialen der Gruppen die Rede war, möchte ich zum Schluß noch etwas zu möglichen Lernfeldern für den Umgang mit selbststeuernden Gruppen sagen. Die Untersuchung zeigt, daß in einigen Gruppen über die Teilnahme an der Gruppe und die Beschäftigung mit dem Erlebten viel gelernt wird. Das Hauptlernfeld für die einzelnen Mitglieder sind die Gruppen selbst. Lernangebote orientieren sich sinnvollerweise an der Reflexion der Erfahrungen in den bestehenden Gruppen mit ihren jeweiligen Vernetzungen mit den Umwelten.[11] Hier werden eindrucksvolle Fähigkeiten erworben und die Beteiligten berichten fast immer von sich, durch die Mitarbeit in der Gruppe viele, für sie neue, Fähigkeiten erworben zu haben. Die Frauen im Vorstand von NUZ erzählen z.B. von sich, daß zum Zeitpunkt ihres Eintritts in die Gruppe, ein ähnlich bestimmtes Auftreten innerhalb der Gruppe und gegenüber offiziellen Institutionen für sie undenkbar gewesen wäre.

Neben den speziellen Fachkenntnissen, die die Mitarbeit in den einzelnen Gruppen erfordert bzw. die dafür erworben werden müssen, erfordert die Steuerung der Gruppen soziale Kompetenzen. In bezug auf die einzelnen Mitglieder spricht man in der Regel von sozialen Kompetenzen, die sie befähigen, an sozialen Prozessen nicht nur teilzunehmen, sondern auch darauf Einfluß zu nehmen. Die konkreten Definitionen dafür sind unterschiedlich, je nach dem theoretischem Hintergrund und je nach dem Ziel des jeweiligen Lernangebots, mit dem sie erworben werden sollen.[12] Die klassischen gruppendynamischen Trainings verfolgen emanzipatorische Ziele der Verhaltensänderung. Die Teilnehmerinnen und Teilnehmer sollen lernen, sich authentischer, offener und autonomer - insbesondere gegenüber Autoritäten - zu

---

11 Der Trend zur Arbeit an der Entwicklung und Veränderung realer Gruppen, Teams und Organisationen, sowie die Einführung selbstreflexiver Elemente in die Praxis vollzieht sich auch in der sog. angewandten Gruppendynamik (vgl Däumling et al. 1976). Man beschränkt sich immer weniger auf die klassische Laborsituation der T-Gruppe, sondern versucht in den Organisationen, selbst zu intervenieren. (Zu dieser Entwicklung z.b. E. Nau (1983), J. Fengler (1981); K. Doppler, B.Voigt (1981)

12 z.B. J. Schmidt (1989 c, S.308), definiert soziale Kompetenz folgendermaßen:
  * eigene Bedürfnisse, Gefühle, Wahrnehmungen zulassen und ausdrücken können,
  * eigene Interessen auch in Konfliktsituationen vertreten können,
  * die Dynamik einer Situation erfassen und entsprechend handeln können und
  * Wahrnehmungen/Gefühle/Bedürfnisse und Interessen anderer berücksichtigen können.
  (Differenzierter für selbstanalytische Gruppen s. z.B. D.Sandner 1978, S.158ff.).
  Ob und inwieweit die soziale Kompetenz in sozialen Lernformen wie der Gruppendynamik gelernt werden können, wird hier nicht diskutiert. Die Hauptkritik setzt nach wie vor bei der künstlichen Laborsituation mit ihrer spezifischen Psycho- und Therapiekultur an (s. z.B. C.B. Bachmann 1981, H.v.Hentig 1980).

verhalten sowie ihre eigene und die Situation der anderen umfassender und sensibler wahrzunehmen. Meine Überlegungen zur Selbststeuerung erweitern den Lernzielkanon der sozialen Kompetenz um eine abstraktere Fähigkeit: die Fähigkeit zu Engagement und Distanzierung in sozialen Prozessen.

Wie schon erwähnt, handelt es sich bei der T-Gruppe und den daraus entwickelten gruppendynamischen Settings um eine Form der selbstreflexiven und selbststeuernden Gruppe (vgl. II 2.1.2). Im Idealfall können sich die einzelnen in der Gruppe erleben (Engagement) und ihre Wirkungen auf die anderen sowie deren Rückwirkungen beobachten und analysieren (Distanzierung). Zugleich wird die Relativität der eigenen Konstruktionen vom sozialen Geschehen in der Gruppe transparent. Verschiedene Wahrnehmungen und Einschätzungen der gemeinsam erlebten Situationen sind unmittelbar verfügbar. Der soziale Kontext in seiner Wirkung auf die einzelnen Beteiligten wird erfahrbar und reflektierbar. Die Wahrnehmungsmuster werden von den sachbezogenen Aktivitäten, die in allen untersuchten Gruppen in der Regel reflektiert werden, auf den sozialen Kontext der Gruppe ausgedehnt, und die dort gültigen Normen, Regelungen, Strukturen werden zugänglich. Das gruppendynamische Training kann somit als Modell für Reflexions- und Steuerungsprozesse verstanden werden. Es geht nicht darum, neue Verhaltensweisen zu erlernen, sondern die eigenen Wahrnehmungsmuster sozialer Prozesse in Gruppen kennenzulernen und zu erweitern.

Die Haltung, einerseits betroffen und mit eigenen Interessen an der Gruppe beteiligt zu sein und andererseits sich in der Gruppe mit den anderen sowie die Gruppe als Ganzes in ihrer Umwelt zu sehen, kann hier in ihrer Vielschichtigkeit exemplarisch erlernt werden. Die professionellen Wahrnehmungsmuster von Verhalten in Gruppen müssen im Sinne einer solchen Zielvorstellung ebenso erweitert werden. Das Verständnis sozialen Lernens müßte von der Selbsterfahrung in Gruppen, der Analyse und Veränderung individueller Verhaltensmuster, auf die Prozeßerfahrung, das Erleben und die Analyse des Gruppenprozesses übergehen. Soziale Prozesse, die sonst in Arbeitsgruppen, Teams, selbstorganisierten Gruppen weitgehend unbemerkt ablaufen, können hier bewußt selbstreferentiell gestaltet werden (vgl. Schmidt 1990,b). Die aus der Psychologie stammenden individualisierenden Begriffe und Interpretationen müssen durch Konzepte ersetzt oder zumindest ergänzt werden, die die Gruppe als sozialen Kontext erfassen können.

Folgende Erfahrungs- und Reflexionsbereiche erscheinen mir aufgrund der Untersuchung - und meinen Beratungserfahrungen mit selbstorganisierten Gruppen - besonders wichtig:

1. Die Gruppe als Prozeß mit ihren verschiedenen Möglichkeiten und Grenzen in den verschiedenen Phasen und Entwicklungsstufen. Hier wird die Eigenwertigkeit des sozialen Kontextes am spürbarsten und deutlichsten. Die Verläufe von Gruppen las-

sen sich z.B. nicht beliebig beschleunigen. Jede neue Gruppe beginnt - weitgehend unabhängig von der sozialen Kompetenz ihrer Mitglieder - ihren (Lern-)Prozeß von vorne. Die Regelmäßigkeiten dieses Phasenablaufes sowie die Eingebundenheit der einzelnen können im modellhaften Gruppenprozeß im "Labor" erlebt und analysiert werden. Davon abzugrenzen sind die Veränderungen 2. Ordnung, wie sie beschrieben wurden. In kurzfristigen Trainingsgruppen sind diese Entwicklungen nicht zu erleben. Die langfristigen und grundlegenderen Veränderungen können nur in Grupen erschlossen und analysiert werden, die diese tatsächlich durchmachen.

2. Selbststeuerung der Gruppe: Die untersuchten selbstorganisierten Gruppen versuchen, ohne hierarchische Leitungsstrukturen auszukommen. Alle sollen auf das Geschehen Einfluß nehmen können, es soll keine Konkurrenz aufkommen. Ansätze für einen funktionalen Umgang mit Leitung geschehen, wie beschrieben, automatisch und wenig reflektiert, da funktionale Differenzierungen zu unerwünschten Ungleichheiten führen. In der Situation des Trainings besteht ein ähnliches ("künstliches") Vakuum im Hinblick auf die sonst üblichen Leitungs- und Programmstrukturen in Lernsituationen. Die Beteiligten müssen selbst versuchen, über die Klärung ihrer individuellen Ziele die Gruppe zu steuern. Die formellen Leiter der Trainingsgruppen geben zwar den Rahmen der Lernsituation vor, greifen in das unmittelbare Geschehen nur kommentierend ein. Auf diese Weise kann eine Selbststeuerung der Gruppe (wie in jeder Gruppe *innerhalb* bestimmter Normen und Rahmenbedingungen) modellhaft erlebt werden. Es beginnt mit dem Vergleich der unterschiedlichen Perspektiven der einzelnen Beteiligten und ihrem Zusammenfügen zu einer Gesamtperspektive, die möglichst keine einzelne ausschaltet. Der dauernde Regelungsbedarf, der aus dem Fehlen normativer (Programm-)Vorgaben entsteht, kann erlebt, die sich selbstverständlich ergebende Verunsicherung durch die soziale Situation kann erfahren werden. Die gleichzeitige - angeleitete - Erforschung der Situation ermöglicht die Distanzierung. In der Labor- oder Modellsituation kann geübt werden, eigenes und fremdes Erleben als gleichberechtigte Realitäten zu sehen, über die man in Austausch treten kann, und sie nicht als exklusive und normative Sichtweise zu verstehen. Die eigenen und die fremden Normen und Sichtweisen werden sichtbar und relativierbar.[13]

3. Die spezifische Enthaltsamkeit der formellen Autoritäten läßt auf einem gruppendynamische Training eine Mangelsituation entstehen, die auch für selbstorganisierte Gruppen typisch ist. Es gibt niemanden, der sagt, was zu tun ist. Das führt zunächst bei den Teilnehmern zu einer intensiven Erfahrung der eigenen Abhängigkeit von (formellen) Autoritäten. Die eigenen Erwartungen an die Leitung

---

13 Überlegungen zu exemplarischen Selbststeuerungsprozessen in Lerngruppen finden sich bei O.Schäffter (1984), zu gruppendynamischen Trainingsformen von Selbstorganistion bei J. Schmidt (1989b).

und Bedürfnisse nach Führung und Orientierung können erfahren und reflektiert werden. Der Umgang mit der eigenen Autorität, der Autorität der Gruppe und der anderen Mitglieder, die den "Mangel" an formellen Vorgaben ausgleichen müssen, kann in der geschützten Situation einer Laborgruppe erkannt und analysiert werden.

Anhang

Frageleitfaden

1. Zum Einstieg

Der Weg in die Gruppe - die Situation damals, die Situation heute. Wie hat alles begonnen? Überlegt euch bitte anhand der vorgegebenen Fragen eueren Weg in die Gruppe: Wie seid ihr dazu gekommen, habt ihr sie kennengelernt, was war der Grund sich dafür zu interessieren, seit wann fühlt ihr Euch als zugehörig.

Wie sah die Gruppe zum Zeitpunkt eures Beitritts, oder der Gründung aus. Könnt ihr davon ein Bild malen?

* Wo seid ihr darin? Die Skizze soll darstellen, wie ihr die Gruppe, bei Eintritt/Gründung wahrgenommen habt, in bezug auf die Beziehungen der Mitglieder.
* Wie sah die Gruppe aus, was war typisch, bemerkenswert, besonders?
* Was war die Gründungsidee?
* Was wird als Beginn der Gruppe angesehen?

Wie sieht Euere Gruppe heute aus? Malt bitte noch ein Bild, das den heutigen Zustand ausdrückt? Was ist typisch, wie steht ihr zu der Gruppe, wo seid ihr auf dem Bild, was kennzeichnet die Beziehungen untereinander? Die Bilder werden nachher gemeinsam besprochen und gegenseitig erklärt, die Skizzen würde ich gerne mitnehmen, mit der Abschrift des Interviews kriegt ihr eine Kopie! (Malen anhand der Vorlage, solange jeder braucht, max. 2o Minuten)

2. Aufgaben

(Jeder der Interviewteilnehmer bekommt eine Aufgabe, die er für sich machen soll, die Ergebnisse werden dann gemeinsam besprochen und ergänzt!)

a) Lebenslinie der Gruppe

Seit der Gründung bis heute gab es in der Entwicklung: Höhen und Tiefen, Erfolge Mißerfolge, besondere Unternehmungen und Erlebnisse, Streits, Spaltungen, Kooperation mit anderen etc. Bitte zeichnet in die Lebenslinie v.a. die Ereignisse ein, von denen ihr glaubt, daß sie den Verlauf der Gruppe, die Lebenslinie verändert, umgeleitet, beeinflußt haben.

b) innere Grenzziehung

In einer Gruppe kann nie alles zur Sprache kommen, kann nicht alles gemacht werden, was der einzelne vielleicht tun möchte, nach was ihm (gerade) wäre. Schon die begrenzte Zeit macht es notwendig, sich auf Bestimmtes zu konzentrieren. In den meisten Gruppen ist die Grenze (Was gehört dazu, was nicht? Was kommt zu Sprache, was nicht?) nicht so genau definiert. Mich interessiert der Grenzbereich:

* Was gehört gerade noch dazu, was nicht, was fehlt?
* Was sollten/wollten wir immer schon besprechen, kommen aber nicht dazu? (Aus zeitlichen, sonstigen Gründen)
* Wie kommt etwas auf die "Tagesordnung"? Habt ihr schon mal entschieden: Das gehört nicht hierher!
* Was sollte besser nicht zur Sprache kommen, Tabus?
* Worüber will ich auf keinen Fall reden?

Schreibt das bitte links oder rechts von der Gruppengrenze auf bzw. in den "Unsicherheitsbereich", was euch einfällt, es muß nicht vollständig sein, wir tauschen nachher aus.

c) äußere Grenzziehung/Bezugsgruppen

Eine Gruppe hat immer ein Umfeld, mit dem es in Beziehung steht. Bitte male diese Umwelt und die Art der Beziehungen nach außen auf das Blatt. Die Fragen sollen als Anregung dienen.

* Mit welchen Gruppen, Organisationen, etc.um euch herum habt ihr zu tun?
* Wohin schickt ihr Vertreter ?
* Mit wem gibt's Konflikte?
* Mit wem arbeitet ihr zusammen, tauscht euch aus? Mit wem würdet ihr gerne?
* Wer macht/organisiert die Vertretung und Zusammenarbeit?
* Von wem kommen Anfragen an euch? Geht ihr darauf ein oder nicht?
* Wer erwartet etwas von euch?
* Schon mal etwas abgelehnt?
* Gegen wen/was, für wen/was seid ihr?
* Wen oder was würdet ihr gerne ändern?

(Zeit für das Malen max. 20 Min., die Bilder werden nicht der Reihe nach abgefragt, sondern in die anderen Fragen eingebaut)

3. Die Lebenslinie der Gruppe
Erzählen und gegenseitiges Ergänzen, was war noch wichtig, andere Einschätzungen, ungefähre zeitliche Einordnung.

4. Das "Normale Gruppenleben"
* Wie läuft ein "normales"Treffen der Gruppe ab? (Anfang, Schluß, Leitung, Regelmäßigkeiten)

* Hat sich das im Laufe der Zeit verändert? und wie?
* Häufigkeit der Treffen?
* Welche anderen "Arbeitsformen" gibt es? Ausschüsse, Bier danach, private Treffen?
* Welche Traditionen haben sich entwickelt? Feste, bestimmte Veranstaltungen, die in längeren Zeiträumen stattfinden.
* Was findet ihr daran gut, was macht Probleme?

5. Problembezogene Regelungen

Jede Gruppe hat, weil sie eben eine Gruppe ist, bestimmte Aufgaben zu bewältigen. Um diese geht es im folgenden bzw. um die Wege und Lösungen, die ihr dafür gefunden habt!

Aufnahme und Werbung von Mitgliedern Wie erfährt man von euerer Gruppe (Werbematerial, persönlich etc.), gibt es eine spezielle Aufnahmeprozedur, wie wird entschieden, wer dazu gehört?

Entscheidungen Wie trefft ihr wichtige Entscheidungen, worauf legt ihr dabei Wert, was macht euch Schwierigkeiten? (An einem Beispiel)

Aufgabenverteilung Gibt es bei Euch Zuständigkeiten für bestimmte Aufgaben (z.B. Werbung, Außenvertretung, Leitung der Treffen, Protokolle), wie werden diese verteilt?

Entwicklung, von Zielen/Programmen Wie werden bei euch Pläne gemacht? Gibt es solche Beschlüsse wie: Das machen wir in der nächsten Zeit?
* Schriftliche Programme etc.?
* Wie würdet ihr einem Außenstehenden kurz erklären, was euere Gruppe will?
* Wie entstehen bei euch neue Ideen? Oder braucht ihr keine?
* Wenn einer was vorhat, einen speziellen Wunsch, Plan hat, wie geht er vor?

Auswertung / Reflexion
* Wie wertet ihr, das, was in der Gruppe geschieht, aus?
* Gibt es dazu spezielle Formen (Nach einer Aktion z.B.), wird beim Bier geratscht? Gibt es z.B. einmal im Jahr eine Auswertungssitzung? Wie läuft sowas ab?
* Wie kann man Konflikte, Schwierigkeiten ansprechen? (Beispiel)

Organisation allgemein
* Wie steht ihr allgemein zu Regelungen, sind sie notwendig, soll sich möglichst viel "spontan" ergeben?
* Habt ihr zuviel/zuwenig Regeln/Vereinbarungen

Die Aktivitäten einer Gruppe lassen sich ganz grob in 3 Kategorien einteilen:
Planen   --   Handeln -- Auswerten
(Erwartun-   (Aus-   (Reflexion)
gen klären)   führung)
Was macht ihr vor allem, was kommt zu kurz, was fehlt, was fällt schwer in bezug auf euere Ziele?

6. (Innere) Grenzziehung

In den meisten Gruppen ist die Grenze (Was gehört dazu, was nicht? Was kommt zu Sprache, was nicht?) nicht so genau definiert. Mich interessiert der Grenzbereich:
*   Was gehört gerade noch dazu, was nicht, was fehlt?
*   Was sollten/wollten wir immer schon besprechen, kommen aber nicht dazu? (Aus zeitlichen, sonstigen Gründen)
*   Wie kommt etwas auf die "Tagesordnung"? Habt ihr schon mal entschieden: Das gehört nicht hierher!
*   Was sollte besser nicht zur Sprache kommen, Tabus? Worüber will ich auf keinen Fall reden?
*   Wenn ihr euere Mitglieder anschaut: Fehlen euch welche (zahlenmäßig)? Welche mit bestimmten Eigenschaften, Fähigkeiten?
*   Sucht ihr Mitglieder und welche?
*   Wer ist schon weggegangen und warum? Wen würdet ihr rauswerfen?
*   Wie sieht das ideale Mitglied aus? Wie das Typische?

7. (Äußere) Grenzziehung / Bezugsgruppen
*   Mit welchen Gruppen, Organisationen, etc. um euch herum habt ihr zu tun?
*   Wohin schickt ihr Vertreter ?
*   Mit wem gibt's Konflikte?
*   Mit wem arbeitet ihr zusammen, tauscht euch aus? Mit wem würdet ihr gerne?
*   Wer macht/organisiert die Vertretung und Zusammenarbeit?
*   Von wem kommen Anfragen an euch? Geht ihr darauf ein oder nicht? Wer erwartet etwas von euch?
*   Schon mal was abgelehnt?
*   Gegen wen/was, für wen/was seid ihr?
*   Wen oder was würdet ihr gerne ändern?
*   Jede Gruppe hat auch Vorbilder, negativ wie positiv, so wie man es machen oder auf keinen Fall machen will.
*   Mit wem vergleicht ihr euere Gruppe?
*   Habt ihr Vorerfahrungen in ähnlichen Gruppen?

8. Integrierendes / Differenzierendes

* Wer oder was hält euch zusammen? Warum gibt's euch (noch)? (Idee, bestimmte Personen, besondere Mittel finanziell/personell)
* Was ist Öl im Getriebe, was macht eueren Erfolg aus, warum seid ihr soweit gekommen?
* Wie kommt ihr mit unterschiedlichen Meinungen, Plänen, Vorhaben zurecht; was ist, wenn einem jemand auf den Wecker geht?
* Was läuft bei euch besser als in anderen Gruppen?

Rollen

In jeder Gruppe entwickeln sich mit der Zeit unterschiedliche Zuständigkeiten/ Aufgaben/Rollen für einzelne Mitglieder, auch wenn das nicht offiziell abgesprochen ist. Da gibt's die "Brückenbauer"/Vermittler, die Antreiber, die Planerinnen usw.

* Könnt ihr sowas bei euch feststellen?
* Welche solcher Rollen gibt's?
* Welche Pole sind in der Gruppe repräsentiert, das sollte ja so sein für die Auswahl zum Interview?
* Worüber könnt ihr euch streiten?
* Worin unterscheidet ihr euch in bezug auf euere Rolle in der Gruppe?

9. Zukunft

* Wie stellt ihr euch die Zukunft euerer Gruppe vor im besten Fall / im schlimmsten Fall?

10. Gesprächsauswertung

* Ist euch während des Gesprächs etwas neues aufgefallen, was?
* Was wurde mit den Fragen nicht erfaßt, was muß unbedingt noch gesagt werden?
* Gibt's bei euch manchmal ähnliche Reflexionen?
* In welcher Form wollt ihr eine Rückmeldung? Gespräch, mit meinen Beobachtungen? Protokoll des Gesprächs etc.?

Literatur

Andersen T. (Hrsg.) (1990) Das reflektierende Team. Dialoge und Dialoge über die Dialoge . Dortmund: Modernes Lernen.

Armbruster B. (1979). Lernen in Bürgerinititativen. Ein Beitrag zur handlungsorientierten Bildungsarbeit. In Friedrich Naumann Stiftung (Hrsg.), Bonn: Nomos.

Asam W.H., Heck M., Schneider M. (1984). Entwicklungsprozesse von Selbsthilfegruppen. Gruppendynamik, 15, 165-183.

Aulin A. (1986). The cybernetic Laws of Social Progress - Notes in the Concept of Self-Steering. In F.Geyer, J.van der Zouwen (Hrsg.), Sociocybernetic Paradoxes 1 (S. 100-118). London:.

Bachmann C.H. (Hrsg.) (1981). Kritik der Gruppendynamik. Grenzen und Möglichkeiten sozialen Lernens. Frankfurt: Fischer.

Badura B., Ferber Ch. v. (Hrsg.) (1981).Selbsthilfe und Selbstorganisation im Gesundheitswesen. München, Wien: Oldenbourg.

Bateson G. (1982).Geist und Natur, eine notwendige Einheit Frankfurt/M.: Suhrkamp.

Bateson G. (1985).Ökologie des Geistes. Frankfurt/M.: Suhrkamp.

Bateson G., Don Jackson D., Haley J. Weackland J.H. (1984). Auf dem Wege zu einer Schizophrenie - Theorie. In G. Bateson et al. (Hrsg.), Schizophrenie und Familie (S.11-43). Frankfurt: Suhrkamp.

Bateson G., et. al. (1984). Schizophrenie und Familie Frankfurt: Suhrkamp.

Bauer R. (1988). Wiederholt sich die Geschichte? Gruppen der Selbsthilfe-/Alternativbewegung und die Wohlfahrtsverbände. In Selbsthilfezentrum München (Hrsg.), Zurück in die Zukunft: Selbsthilfe und gesellschaftliche Entwicklung(S. 42-58). München: Profil.

Bavelas A. (1950). Communication Paterns in Task-Oriented Groups. J.Aconst. soc. Americ , 22, 725-730.

Beck U. (1986). Risikogesellschaft - Auf dem Weg in eine andere Moderne Frankfurt: Suhrkamp.

Beck U. (1983). Jenseits von Stand und Klasse? Soziale Ungleichheiten, gesellschaftliche Individualisierungsprozesse ...In R.Kreckel (Hrsg.), Soziale Ungleichheit (S. 35-74).Göttingen: Schwartz.

Behrendt J., Deneke Ch., Itzwerth R., Trojan A. (1981). Selbsthilfegruppen vor der Vereinnahmung? In B.Bandura, Ch.v.Ferber (Hrsg.), Selbsthilfe und Selbstorganisation im Gesundheitswesen. München, Wien: Oldenburg.

Benseler Frank (1980). On the History of System Thinking in Sociology. In F.Benseler et al. (Hrsg.), Autopoiesis, Communication, and Society (S. 33-44). Frankfurt/M., New York: Campus.

Benseler Frank, Heijl Peter M., Köck Wolfram K. (Hrsg.) (1980). Autopoiesis, Communication, and Society. The Theorie of Autopoietic Sytems in the social Sciences. Frankfurt/M., New York: Campus.

Berger J., Domeyer V., Funder M., Voigt-Weber L. (Hrsg.) (1986). Selbstverwaltete Betriebe in der Marktwirtschaft. Bielefeld: AJZ-Verlag.

Berger Johannes (1987). Autopoiesis: Wie "systemisch" ist die Theorie sozialer Systeme? In M.Schmid; H.Haferkamp (Hrsg.), Sinn, Kommunikation und soziale Differenzierung (S. 129-155). Frankfurt: Suhrkamp.

Berger P., Luckmann Th. (1969). Die gesellschaftliche Konstruktion der Wirklichkeit - Eine Theorie der Wissenssoziologie. Frankfurt: Fischer.

Bilden H., Keupp H. (Hrsg.) (1989). Verunsicherungen. Das Subjekt im gesellschaftlichen Wandel. Göttingen: Hogrefe.

Bloch J.R. (1984). Selbstorganisation und Demokratie: Zur Aktualität der Theorien offener Systeme. In J. R. Bloch, W. Maier (Hrsg.), Wachstum der Grenzen: Selbstorganisation in der Natur und die Zukunft der Gesellschaft (S. 319-363). Frankfurt/M.

Bloch J. R., Maier W. (Hrsg.) (1984). Wachstum der Grenzen: Selbstorganisation in der Natur und die Zukunft der Gesellschaft. Frankfurt/M.

Brand K.W. (1988). Selbsthilfe und soziale Bewegungen. Historische und internationale Vergleichsaspekte. In Selbsthilfezentrum München (Hrsg.), Zurück in die Zukunft: Selbsthilfe und gesellschaftliche Entwicklung (S. 72-86). München: Profil.

Brand K.W., Büsser D., Rucht D. (1986). Aufbruch in eine neue Gesellschaft. Neue Soziale Bewegungen in der Bundesrepublik Aktualisierte Neuauflage. Frankfurt.

Brocher T. (1967). Gruppendynamik und Erwachsenenbildung. Braunschweig: Westermann

Brück H. (1986). Seminar der Gefühle, Lernen als Abenteuer einer Gruppe. Hamburg: Rowohlt.

Brunner E.J. (1988). Einige Überlegungen zu einer Theorie und Methodologie systemischer Therapie. Z.system.Ther. , 6 (2), 90-95.

Buchinger K. (1988). Über eine Form von Widerstand - Trainingserfahrungen in der öffentlichen Verwaltung. Gruppendynamik, 19 (1)29-45.

Buchinger K. (1990). Der paranoide Firmenchef: Organisationsberatung gruppendynamisch und systemisch. Gruppendynamik, 21 (1)61-68.

Buchinger K. (1991) Orgenisationsbewußtsein und innerbetriebliche Selbstreflexion oder: Organisationen müssen radikale Veränderungen bewältigen. Gruppendynamik 22 (4), 391-414.

Bühl Walter L. (1987). Grenzen der Autopoiesis. Kölner Zeitschrift für Soziologie und Sozialpsychologie, 391, 225-254.

Claessens D. (1977). Gruppe und Gruppenverbände: Systematische Einführung in die Folgen von Vergesellschaftung. Darmstadt: Wissenschaftliche Buchgesellschaft.

Claessens D. (1983). Die Gruppe unter innerem und äußerem Organisationsdruck. In König, Neidhard, Lepsius (Hrsg.), Gruppensoziologie, Sondernummer der Köln. Z. f. Soziologie u. Sozialpsych. (Bd. 25, S. 484-496).

Cohn Ruth C. (1975). Von der Psychoanalyse zur Themenzentrierten Interaktion. Stuttgart: Klett-Cotta.

Cranach M., Ochsenbein G., Vlach L. (1986). The group as an self-active System: outline of a theory of group action. European Journal of Social Psychology, 16, 193-229.

Däumling A., Fengler J., Nelessen L., Svensson A. (1974). Angewandte Gruppendynamik. Selbsterfahrung, Forschungsergebnisse, Trainingsmodelle. Stuttgart: Klett-Cotta.

De Swaan A. (1981). The Politics of Agoraphobia. On Changes in Emotional and Relational Management. Theory and Society, 10, 359-385.

Deissler K.G. (1986). Brauchen wir die Machtmetapher, um unsere zwischenmenschliche Wirklichkeit zu konstruieren? Z.system.Ther., 4 (4) 258-268.

Dell P. F. (1986). Klinische Erkenntnis. Zu den Grundlagen systemischer Therapie. Dortmund: Modernes Lernen.

Dell P.F., Goolishian H.A. (1981). "Ordnung durch Fluktuation": Eine evolutionäre Epistemologie für menschliche Systeme. Familiendynamik, 104-122.

Domeyer V. (1986). Hierarchie - Partizipation - Kollektiv-Entscheidungsprozesse in selbstverwalteten Betrieben. In J. Berger, V.Domeyer, Funder M., Voigt-Weber L. (Hrsg.), Selbstverwaltete Betriebe in der Marktwirtschaft (S. 177-188). Bielefeld: AJZ.

Doppler K., Voigt B. (1981). Gruppendynamik und der institutionelle Faktor. In C.H. Bachmann (Hrsg.), Kritik der Gruppendynamik (S. 340-362). Frankfurt : Fischer.

Druwe U. (1988). "Selbstorganisation in den Sozialwissenschaften". Wissenschaftstheoretische Anmerkungen zur Übertragung der naturwissenschaftlichen .... Kölner Zeitschrift f. Soziologie und Sozialpsychologie, 40 (4)762-775.

Elias N. (1987). Engagement und Distanzierung, Arbeiten zur Wissenssoziologie I. Frankfurt: Suhrkamp.

Faltermaier T. (1987). Lebensereignisse und Alltag. München: Profil.

Fatzer G., Jansen H.H. (1980). Die Gruppe als Methode. Weinheim: Beltz.

Fengler J. (1981). Grenzen der Gruppendynamik. In C.H. Bachmann (Hrsg.), Kritik der Gruppendynamik (S. 118-156). Frankfurt: Fischer.

Foerster H. v. (1960). On Self-Organizing Systems and their Environment. In M.C. Youts, S.Cameron (Hrsg.), Self-Organizing Systems (S. 31-50). London.

Foerster H. v. (1981). On Cybernetics of Cybernetics and Social Theory. In G. Roth, H. Schwengler (Hrsg.), Self-Organizing Systems. An interdisciplinary approach (S. 102-1o5). Frankfurt, New York: Campus.

Foerster H. v. (1984). Principles of Selforganisation - In a Socio-Managerial Context. In H. Ulrich, G.J.B. Probst (Hrsg.), Self-Organisation and Management of Social Systems (S. 8-19). Heidelberg: Springer.

Foerster H. v. (1985). Sicht und Einsicht: Versuche zu einer operativen Erkenntnistheorie. Braunschweig: Vieweg.

Foerster H. v. (1987). Erkenntnistheorien und Selbstorganisation. In S. J. Schmidt (Hrsg.), Der Diskurs des radikalen Konstruktivismus (S. 133-158). Frankfurt/M.: Suhrkamp.

Foulkes S.H. (1974). Gruppenanalytische Psychotherapie. München: Kindler.

Frindte W., Schwarz H., Roth F. (1989). Selbst- und Fremdorganisation in sozialen Systemen - Ein neuer sozialpsychologischer Ansatz. In Friedrich-Schiller-Universität Jena (Hrsg.), Forschungsergebnisse. Jena: Manuskript.

Fröhlich D. (1983). Machtprobleme in teilautonomen Arbeitsgruppen. Kölner Zeitschrift f. Soziologie und Sozialpschologie, 25 , 532-551.

Froschauer U., Titscher S. (1984). Gruppe - soziales System - Organisation. Wien.

Gebhardt U. (1986). Patientenkarrieren. Frankfurt: Suhrkamp.

Gergen K.J. (1985). The Social Constructionist Movement in Modern Psychology. American Psychologist, 40, 266-275.

Giesecke M. (1988). Die Untersuchung institutioneller Kommunikation - Perspektiven einer systemischen Methodik und Methodologie. Opladen: Westdeutscher Verlag.

Glasersfeld E. (1981). Einführung in den radikalen Konstruktivismus. In P.Watzlawik (Hrsg.), Die erfundene Wirklichkeit (S. 16-38). München: Piper.

Grawe K. (1988). Der Weg entsteht im Gehen! Ein heuristisches Verständnis von Psychotherapie.. Verhaltenstherapie und psychosoziale Praxis, 39-49.

Guderian H., Schorsch E., Halves E. (1986). "Ohne Leithammel läuft es nicht ..." Arbeitsweise und -erfahrungen in Selbsthilfegruppen. In A. Trojan (Hrsg.), Wissen ist Macht (S. 108-137). Frankfurt/M.: Fischer.

Guntern G. (1985). Systemtherapie. In Kristine Schneider (Hrsg.) , Famlientherapie in der Sicht psychotherapeutischer Schulen (S. 38-77). Paderborn.

Habermas J; Luhmann N. (1971). Theorie der Gesellschaft oder Sozialtechnologie. Frankfurt: Suhrkamp.

Hahn A. (1987). Identität und Selbstthematisierung. In A.Hahn, V.Kapp (Hrsg.), Selbstthematisierung und Selbstzeugnis: Bekenntnis und Geständnis. Frankfurt: Suhrkamp.

Hahn K., Schraut M., Schütz K., Wagner Ch. (1988). Aspekte Themenzentrierter Interaktion. Auf dem Weg zur Arbeitsfähigen Gruppe. Mainz: Mathias Grünewald.

Halves E., Itzwerth R., Wetendorf H. W. (1984). Erfahrungen mit der Methode "teilnehmende Beobachtung" in Gesundheitsselbsthilferuppen. Gruppendynamik, 15, 197-212.

Halves E., Wetendorf H. (1986). "natürlich hat sich die Gruppe mit der Zeit verändert.." Verläufe von Selbsthilfegruppen. In A.Trojan (Hrsg.), Wissen ist Macht (S. 137-162).

Harrison R. (1970). Das Tiefenniveau in der Organisationsintervention. Gruppenpsychother.Gruppendynamik, 4, 296-312.

Hegner F. (1981). Zur Systematisierung nicht-professioneller Sozialsysteme. In B.Bandura, Ch.v. Ferber (Hrsg.), Selbsthilfe und Selbstorganisation im Gesundheistwesen (S. 219-253). München Wien: Oldenbourg.

Heigl-Evers A. (1972). Konzepte der analytischen Gruppentherapie. Göttingen: Vandenhoeck&Rupprecht.

Heigl-Evers A. (Hrsg.) (1979). Die Psychologie des 20. Jahrhunderts, Lewin und die Folgen, Sozialpsychologie, Gruppendynamik, Gruppentherapie. Zürich: Kindler.

Heigl-Evers A., Heigl F. (1975). Zur tiefenpsychologisch fundierten oder analytisch orientierten Gruppenpsychotherapie des Göttinger Modells. Gruppenpsychother. Gruppendynamik, 9, 237-266.

Hejl, P. M. (1982). Sozialwissenschaft als Theorie selbstreferentieller Systeme. Frankfurt, New York: Campus.

Hejl, P. M. (1987, a). Konstruktion der sozialen Konstruktion: Grundlinien einer konstruktivistischen Sozialtheorie. In Schmidt S.J. (Hrsg.), Der Diskurs des radikalen Konstruktivismus (S. 303-340). Frankfurt: Suhrkamp.

Hejl, P. M. (1987, b). Soziale Systeme: Körper ohne Gehirne oder Gehirne ohne Körper? Rezeptionsprobleme der Theorien autopoietischer Systeme in den Sozialwissenschaften. In Friedrich-Naumann-Stiftung (Hrsg.), Was bringen uns die Theorien selbstorganisierender Prozesse? (S. 55-81). Sankt Augustin.

Hentig, H. (1980). Gruppen-Verführung. Psychosozial, (2) 79-98.

Höflich, M. (1984). Über Mitgliedschaft in einer Friedensgruppe. Gruppendynamik, 15, 343-353.

Hoffmann L. (1987). Jenseits von Macht und Kontrolle. Auf dem Wege zu einer systemischen Familientherapie "zweiter Ordnung". Z.system.Ther., 5(2), 76-93.

Holl, H.G. (Hrsg.) (1985). Das lockere und das strenge Denken. Essays über Gregory Bateson. Weinheim, Basel: Beltz.

Hollstein W., Penth B. (1980). Alternativprojekte: Beispiele gegen die Resignation. Hamburg: Rowohlt.

Homans G.C. (1960). Theorie der sozialen Gruppe. Köln, Opladen: Westdeutscher Verlag.

Hopf C., Weingarten E. (Hrsg.) (1984). Qualitative Sozialforschung (2. Aufl.). Stuttgart: Klett-Cotta.

Huber J. (1987). Die neuen Helfer. München: Piper.

Hürter O. (1977). Gruppendynamik in Organisationen. Gruppenpsychother.-Gruppendynamik, 12, 151-168.

Jantsch E. (1987). Erkenntnistheoretische Aspekte der Selbstorganisation natürlicher Systeme. In S.J. Schmidt (Hrsg.), Der Diskurs des radikalen Konstruktivismus (S. 133-158). Frankfurt: Suhrkamp.

Jantsch E. (1978). Erkenntnistheoretische Aspekte der Selbstorganisation natürlicher Systeme. In P. M. Hejl, W. K.Köck (Hrsg.), Wahrnehmung und Kommunikation (S. 99-127). Frankfurt/Main, New York: Campus.

Jantsch E. (1982). Die Selbstorganisation des Universums. München: DTV.

Keupp H., Röhrle B. (Hg.) (1988). Soziale Netzwerke. Frankfurt: Campus.

Keupp, H. (1987). Psychosoziale Praxis im gesellschaftlichen Umbruch. Bonn: Psychiatrie-Verlag.

Keupp, H. (1988). Riskante Chancen. Das Subjekt zwischen Psychokultur und Selbstorganisation. Heidelberg: Asanger.

Keupp H. (1989). Auf der Suche nach der verlorenen Identität. In H.Bilden, H.Keupp (Hrsg.), Verunsicherungen. Das Subjekt im gesellschaftlichen Wandel. Göttingen u.a.: Hogrefe.

Kickbusch I., Trojan A. (Hrsg.) (1981). Gemeinsam sind wir stärker, Selbsthilfegruppen und Gesundheit. Frankfurt/M.: Fischer.

Kiss G. (1990). Grundzüge und Entwicklung der Luhmannschen Systemtheorie (2. Aufl.). Stuttgart: Enke.

Königswieser R., Pelikan J. (1990). Anders - gleich - beides zugleich. Unterschiede und Gemeinsamkeiten in Gruppendynamik und Systemansatz. Gruppendynamik, 21 (1)69-94.

Körner W., Zygowski H. (1988). Im System gefangen. Psychologie Heute (4)38-45.

Krainz E. E. (1990). Alter Wein in neuen Schläuchen? Zum Verhältnis von Gruppendynamik und Systemtheorie. Gruppendynamik , 21 (1)29-43.

Kreutz H. (1985). Eine Alternative zur Industriegesellschaft: Alternative Projekte. In Institut für Arbeitsmarkt und Berufsforschung (Hrsg.), Nürnberg.

Kriz J. (1987). Zur Pragmatik klinischer Epistemologie, Bemerkungen zu Paul Dells Klinische Erkenntnis". Z.system.Ther., 5 (1) 51-56.

Krüll M. (1987). Grundkonzepte der Theorie autopoietischer Systeme, Interview mit N.Luhmann und U. Maturana. Z.system.Ther., 5(1), 4-25.

Krüll M. (1987). Systemisches Denken und Ethik. Z.system.Ther., 5(4)1, 250-255.

Lapassade G. (1972). Gruppen, Organisationen, Institutionen. Stuttgart: Klett-Cotta

Levold T. (1986). Die Therapie der Macht und die Macht der Therapie. Z.system.Ther., 4 (4), 243-252.

Lippit R. (1979). Kurt Lewin und die Anfänge der Gruppendynamik. In Heigl-Evers (Hrsg.), Die Psychologie des 20.Jahrhunderts Bd. VIII: Lewin und die Folgen (S. 621-624). Zürich.

Ludewig K. (1987). 10 + 1 Leitsätze bzw. Leitfragen. Grundzüge einer systemisch begründeten Klinischen Theorie im psychosozialen Bereich. Z.system.Ther., 5 (3) 178-191.

Luft J. (1986, 6.Aufl.). Einführung in die Gruppendynamik. Frankfurt a.M.: Fischer.

Ludewig K. (1988). Schnee von gestern. Psychologie Heute (4) 1988.

Luhmann N. (1964). Formen und Folgen formaler Organisation. Berlin.

Luhmann N. (1984). Soziale Systeme - Grundriß einer allgemeinen Theorie. Frankfurt: Suhrkamp.

Luhmann N. (1987). Autopoiesis als soziologischer Begriff. In H.Haferkamp, M. Schmid (Hrsg.), Frankfurt: Suhrkamp.

Maturana H. R. (1980). Man and Society. In F. Benseler et al. (Hrsg.), Autopoiesis, Communication and Society (S. 11-32). Frankfurt, New York: Campus.

Maturana H. R. (1981). Autopoiesis. In Milan Zeleny (Hrsg.), Autopoiesis; A Theory of the Living Organisation (S. 18-33). New York: Elsevier North Holland.

Maturana, H. R.; Varela, Francisco J. (1987). Der Baum der Erkenntnis. Bern, München, Wien: Scherz.

Maturana H. R. (1987). Biologie der Sozialität. In S. J. Schmidt (Hrsg.), Der Diskurs des radikalen Konstruktivismus (S. 287-302). Frankfurt/M.: Suhrkamp.

Merton R.K., Kendall P.L. (1984). Das fokussierte Interview. In C. Hopf, E. Weingarten (Hrsg.), Qualitative Sozialforschung (S. 171-203). Stuttgart: Klett-Cotta.

Metzger W. (1979). Der Einfluß von Kurt Lewin auf die Entwicklung der Sozialpsycholgie. In A. Heigl-Evers (Hrsg.), Die Psychologie des 20. Jahrhunderts Bd. VIII: Lewin und die Folgen (S. 7-16). Zürich: Kindler

Mills T. M. (1969). Soziologie der Kleingruppe. München: Juventa.

Mills T. M. (1978). Seven steps in developing group awareness. Journal of Personality and Social Systems , 1 (4) 15-29.

Mills T. M., Farrell M. P. (1977). Group Relations and Science: The Question of Compability. Journal of Personality and Social Systems, 1, 11-31.

Nau E. (1983). Gruppendynamik in Deutschland - Ein Überblick. Köln. Zeitschrift f. Soziologie u. Sozialpsychologie, 25, 126-143.

Neidhardt F. (1979). Das innere System sozialer Gruppen. Köln. Zeitschrift f. Soziologie u. Sozialpsychologie, 31, 639-660.

Neidhardt F. (1983). Gruppierungsprobleme sozialwissenschaftlicher Forschungsteams. Kölner Zeitschrift f. Soziologie u. Sozialpsychologie, 25 , 552-573.

Neidhart F. (1983). Themen und Thesen zur Gruppensoziologie. Kölner Zeitschrift f. Soziologie u. Sozialpsychologie., 25, 12-34.

Neuberger O. (1989, a). Psychodynamische Aspekte der Zusammenarbeit zwischen Gleichrangigen. Augsburger Beiträge zur Organisationspsychologie und Personalwesen S. (3)1-36.

Neuberger O. (1989, b). Symbolisierung in Organisationen. Augsburger Beiträge zu Organisationspsychologie und Personalwesen. Augsburg, S. 25-36.
Neuberger O. (1989, c). Widersprüche in Ordnung. Augsburger Beiträge zu Organisationspsychologie und Personalwesen. Augsburg, S. 3-24.

Ohle K. (1983). Formalisierungsgrad und Gruppencharakter. Kölner Zeitschrift f. Soziologie und Sozialpsychologie, 25, 498-509.

Piaget J. (1973). Einführung in die genetische Erkenntnistheorie. Frankfurt/M.: Suhrkamp.
Piaget J. (1981). Jean Piaget über Jean Piaget. Sein Werk aus seiner Sicht. München:.
Portele G. (1989). Autonomie, Macht, Liebe. Frankfurt/M.: Suhrkamp.
Probst G., Ulrich H. (1984). Insights, Promises, doubts, and Questions Emerging from a Coloquium - A Summery. In Ulrich H., Probst G. (Hrsg.), Self-Organisation and Management of Social Systems (S. 148-152). Heidelberg: Springer.
Probst G.J.B. (1987). Selbst-Organisation: Ordnungsprozesse in sozialen Systemen aus ganzheitlicher Sicht. Berlin Hamburg: Paul Parey.

Quast H. (o.J.). Die Herausforderung von Tiefenpsychologie und Psychotherapie durch heutiges naturwissenschaftliches Denken (Manuskript).

Rappe-Giesecke K. (1990). Theorie und Praxis der Gruppen- und Teamsupervision. Berlin u.a.: Springer.
Richards J.,Glasersfeld E. (1987). Die Kontrolle von Wahrnehmung und die Konstruktion von Realität. Erkenntnistheoretische Aspekte des Rückkopplungs-Kontroll-Systems. In S.J.Schmidt (Hrsg.), Der Diskurs des radikalen Konstruktivismus (S. 192-228). Frankfurt: Suhrkamp.
Roth G. (1986). Selbstorganisation-Selbsterhaltung-Selbstreferentialität: Prinzipien der Organisation der Lebewesen... . In A. Dress, H. Hendrichs, G. Küppers (Hrsg.), Selbstorganisation: Die Entstehung von Ordnung in Natur und Gesellschaft. (S. 149-180). München.
Roth G. (1987, a). Autopoiese und Kognition: Die Theorie H.R. Maturanas und die Notwendigkeit ihrer Weiterentwicklung. In S. J. Schmidt (Hrsg.), Der Diskurs des Radikalen Konstruktivismus (S. 256-284). Frankfurt/M.: Suhrkamp.
Roth G. (1987, b). Erkenntnis und Realität: das reale Gehirn und seine Wirklichkeit. In S.J. Schmidt (Hrsg.), Der Diskurs des radikalen Konstruktivismus (S. 229-256). Frankfurt/M.: Suhrkamp.

Sampson, Edward E. (1985). The Decentralization of Identity. American Psychologist, 40, 11, 1203-1211.
Sandner D. (1976). Zur Pschodynamik in Arbeitsgruppen - Ein Beitrag zur angewandten Gruppendynamik. Z.f. Gruppenpädagogik (4)2-25.
Sandner D. (1978). Psychodynamik in Kleingruppen. Stuttgart: Reinhardt.
Sandner D. (1988). Qualitative Gruppentherapieforschung. Gruppenpsychother.Gruppendynamik, 24, 184-195.
Schäfers B. (Hrsg.) (1980). Einführung in die Gruppensoziologie. Heidelberg (UTB): Quelle & Mayer.
Schäffter O. (1984). Gruppendynamik und die Reflexionsfunktion in der Erwachsenenbildung. Gruppendynamik, 15, 249-271.
Schenk M. (1983). Das Konzept des sozialen Netzwerkes. Kölner Zeitschrift f. Soziologie und Sozialpsychologie, 25, 88-104.
Schiepeck G. (Hrsg.) (1987). Systeme erkennen Systeme: Individuelle, soziale und methodische Bedingungen systemischer Diagnostik. München, Weinheim: Beltz.
Schliehe F. (1988). Struktur und Entwicklung von Selbsthilfegruppen. Gruppendynamik, 19 (1)75-90.

Schmidt J. (1987). Von der Organisationsentwicklung zur Selbstorganisation: Prozeßbeschreibung und pragmatische Konsequenzen.. Organisationsentwicklung, 6 (4)43-61.

Schmidt J. (1989, a). Selbststeuernde Gruppen - Ein Erfahrungsbericht. Organisationsentwicklung, 8 (3)21-31.

Schmidt J. (1989, b). Systemisch denken lernen. Oder: Lernprozesse rekonstruieren, Lernprozesse konstruieren. Zeitschrift für Organisationsentwicklung, 8 (4).

Schmidt J. (1989, c). Unspezifische Gruppendynamik. Gruppendynamik, 20, 297-312.

Schmidt J. (1990, b). Schwierigkeiten mit der Autorität. Gruppendynamik, 21 (4)373-392.

Schmidt J.(1990, a). Mit einem Sprung in die 90er Jahre? Bemerkungen zu einer Fortbildung der 2. Generation. Organisationsentwicklung, 9 (1).

Schmidt S. J. (1987). Der radikale Konstruktivismus: Ein neues Paradigma im interdisziplinären Diskurs. In S. J. Schmidt (Hrsg.), Der Diskurs des radikalen Konstruktivismus (S. 11-89). Frankfurt/M. : Suhrkamp.

Schneider H. (1988). Veränderung in der Psychotherapie als selbstorganisierender Prozeß: Ein Modell der Entstehung einer neuen Struktur. Verhaltenstherapie und psychosoziale Praxis (1)24-37.

Schülein J.A. (1980). Beziehungsprobleme. In J.A. Schülein (Hrsg.), Alltagsprobleme und Perspektiven von Wohngemeinschaften (S. 145-168). Giessen: Focus.

Schülein J.A (Hrsg.) (1980). Vor uns die Mühen der Ebenen - Alltagsprobleme und Perspektiven von Wohngemeinschaften. Giessen: Focus.

Schülein J.A. (1983). Konstitution und Dynamik "Offener" Primärgruppen. Kölner Zeitschrift f. Soziologie und Sozialpsychologie, 25, 391-419.

Schülein J. A. (1979). Aktionsforschung als soziale Praxis, Voraussetzungen und Probleme alternativer Sozialwissenschaft. In K.Horn (Hrsg.), Aktionsforschung: Balanceakt ohne Netz? (S. 281-319). Frankfurt: Suhrkamp.

Schülein J. A. (1983). Normalität und Opposition. Über Ursachen und gesellschaftliche Funktionen der "Alternativbewegung". Leviathan, Zeitschrift für Sozialwissenschaft, 11, 253-274.

Schütz K.V. (1989). Gruppenforschung und Gruppenarbeit, Theoretische Grundlagen und Praxismodelle. Mainz: Grünewald.

Schwonke M. (1980). Die Gruppe als Paradigma der Vergesellschaftung. In B.Schäfer (Hrsg.), Einführung in die Gruppensoziologie (S. 35-50). Heidelberg: Quelle&Meier.

Selvini-Palazzoli M., Anolli L., Di Blasio P.,Giossi L., Pisano J., Ricci C., (1981). Hinter den Kulissen der Organisation. Stuttgart : Klett-Cotta.

Selvini-Palazzoli M., Boscolo L.,Cecchin G.,Prata G. (1977). Paradoxon und Gegenparadoxon. Stuttgart: Klett-Cotta.

Selvini-Palazzoli M., Boscolo L., Cecchin G., Prata G., (1981). Hypothetisieren-Zirkularität-Neutralität: Drei Richtlinien für den Leiter der Sitzung. Familiendynamik 6, 123-139.

Selvini-Palazzoli M., Cirillo S., D'Ettorre L., Garbellini M. Ghezzi D.,Lerman., (1978). Der entzauberte Magier. Stuttgart: Klett-Cotta.

Selvini-Palazzoli M. Cirillo S., Selvini M., Sorenntine A. (1987). Das Individuum im Spiel. Z.system.Ther., 5(3), 144-152.

Siebert H. (1984). Lernen zwischen sozialer Interaktion und dem Bemühen um Sachgerechtigkeit. Gruppendynamik , 15, 235-248.

Simon F.B. (1984). Die Sprache der Familientherapie: ein Vokabular; Überblick, Kritik und Integration systemtherapeutischer Begriffe, Konzepte und Methoden. Stuttgart: Klett-Cotta.

Smith P.B. (1976). Kleingruppen in Organisationen. Stuttgart: Klett-Cotta.

Stadler M., Kruse P. (1986). Gestalttheorie und die Theorie der Selbstorganisation. Gestalt Theory, 8 (2)75-98.

Tenbruck F.H., Ruopp W.A. (1983). Modernisierung - Vergesellschaftung - Gruppenbildung - Vereinswesen. Kölner Zeitschrift f. Soziologie u. Sozialpsychologie, 25, 66-83.

Tommel M.J. van (1987). Entwicklungen in der Anwendung kybernetischer Systemtherapie. Z.system.Ther., 5 (3)153-161.

Trojan A. (Hrsg.) (1986).Wissen ist Macht. Eigenständig durch Selbsthilfe in Gruppen. Frankfurt/M.: Fischer.

Tuckmann B.W. (1965). Developmental Sequence In Small Groups. Psychological Bulletin, 63 (6)384-399.

Türk K. (1976). Grundlagen einer Pathologie der Organisationen. Stuttgart: Klett-Cotta.

Tyrell H. (1983, a). Zwischen Interaktion und Organisation I: Gruppe als Systemtyp. Kölner Zeitschrift für Soziologie und Sozialpsychologie, 25, 75-87.

Tyrell H. (1983, b). Zwischen Interaktion und Organisation II: Die Familie als Gruppe. Kölner Zeitschrift f. Soziologie u. Sozialpsychologie, 25, 362-390.

Ulrich H., Probst G.J.B. (Hrsg.) (1984). Self-Organisation and Management of Social Systems. Heidelberg: Springer.

Uribe R. B. (1981). Modeling Autopoiesis. In Milan Zeleny (Hrsg.), Autopoiesis (S. 49-62). New York.

Varela F. J. (1987). Autonomie und Autopoiese. In S. J. Schmidt (Hrsg.), Der Diskurs des Radikalen Konstruktivismus (S. 119-132). Frankfurt/M.: Suhrkamp.

Varela F. (1984). Two Principles for Self-Organisation. In H.Ulrich, G.Probst (Hrsg.), Selforganisation and Management of social Systems. Heidelberg: Springer.

Varela F. J. (1981). Describing the Logic of the Living. The Adequacy and Limitations of the Idea of Autopoiesis. In Milan Zeleny (Hrsg.), Autopoiesis (S. 34-48). New York.

Vilmar F., Runge B. (1986). Auf dem Weg zur Selbsthilfegesellschaft? Essen: Klartext.

Walter, H.J. (1985). Gestalttheorie als klinisch-psychologische Theorie der Selbstorganisation. Gestalt Theory, 7 (4)260-271.

Watzlawik P. (Hrsg.) (1981). Die erfundene Wirklichkeit. München: Piper.

Watzlawik P.,Weakland J.H., Fisch R., (1974). Lösungen - Theorie und Praxis menschlichen Wandels. Bern: Hans Huber.

Watzlawik P., Beavin J. H., Jackson D. D. (1969). Menschliche Kommunikation. Bern Stuttgart Wien: Huber.

Weber G., Simon F.B. (1987). Systemische Einzeltherapie. Z.system.Ther., 5 (3) 192-206.

Willke H. (1976). Funktionen und Konstitutionsbedingungen des normativen Systems der Gruppe. Kölner Zeitschrift f. Soziologie u. Sozialpsychologie, 28, 426-450.

Willke H. (1978). Elemente einer Systemtheorie der Gruppe: Umweltbezug und Prozeßsteuerung. Soziale Welt, 29, 343-357.

Willke H. (1984). Zum Problem der Intervention in selbstreferentielle Systeme. Z.system.Ther., 2 (7) 191-205.

Willke H. (1987, a). Differenzierung und Integration in Luhmanns Theorie sozialer Systeme. In H. Haferkamp; M. Schmid (Hrsg.), Sinn, Kommunikation und soziale Differenzierung (S. 247-275). Frankfurt: Suhrkamp.

Willke H. (1987, b). Systembeobachtung, Systemdiagnose, Systemintervention. Weiße Löcher in schwarzen Kästen. In G. Schiepeck (Hrsg.), Systeme erkennen Systeme (S. 94-115). München, Weinheim: Beltz

Willke H. (1988, a). Methodologische Leitfragen systemtheoretischen Denkens: Annäherung an das Verhältnis von System und Intervention. VT und psychosoziale Praxis S. (1) 11-23.

Willke H. (1988, b). Therapeutisches Handeln - eine Risikoanalyse. Z.system.Ther., 6 (2), 110-114.

Willke H. (1982). Systemtheorie. Stuttgart, New York: Gustav Fischer.

Wimmer R. (1988). Was können selbstreflexive Lernformen in öffentlichen Verwaltungen bewirken? Zum Entwicklungspotential bürokratischer Systeme. Gruppendynamik , 19 (1)7-27.

Wimmer R. (1989). Ist Führung erlernbar? Oder warum investieren Unternehmungen in die Entwicklung ihrer Führungskräfte? Gruppendynamik, 20 (1)13-41.

Wimmer R. (1990). Wozu noch Gruppendynamik? Eine systemtheoretische Reflexion gruppendynamischer Arbeit. Gruppendynamik, 21 (1)5-28.

Wrede A. (1986). Die Theorie lebender Systeme von H. Maturana und einige Schlußfolgerungen für "professionelle Beeinflusser". Z.system.Ther., 4 (2),89-97.

Zeleny Milan (1981). Autopoiesis. A Theory of Living Organisation. New York.

Aus dem Programm
Sozialpsychologie

Jürgen Belgrad
Identität als Spiel
Eine Kritik des Identitätskonzepts
von Jürgen Habermas
1992. 300 S. (Beiträge zur psychologischen Forschung, Bd. 25)
Kart. DM 49,80
ISBN 3-531-12329-7

Ich-Identität führt zu Zwang, zu einer verknöcherten Persönlichkeit und dient höchstens einer Aufrüstung zur Normalität. Über spielerische und ästhetische Formen der Alltagsgestaltung können wir uns von Identitäts- und Kontrollzwängen lösen und zu einer „poetischen Subjektivität" gelangen. Diese Thesen werden am Beispiel einer Kritik des Identitätskonzepts von Jürgen Habermas entfaltet, wobei am Ende die Umrisse einer zwanglosen und doch gestalteten Subjektivität sichtbar werden.

Elmar Brähler, Michael Geyer und Modest M. Kabanow (Hrsg.)
Psychotherapie in der Medizin
Beiträge zur psychosozialen Medizin in ost- und westeuropäischen Ländern
1991. 353 S. Kart. DM 49,–
ISBN 3-531-12095-6

Dieser Band bietet einen Überblick über Aufgabenbereiche der psychosozialen Medizin in Deutschland, der Schweiz, Polen und der Sowjetunion. Neben theoretischen Konzepten wird über ausgewählte psychotherapeutische und medizinpsychologische Handlungsfelder berichtet, die zwar in der somatischen medizin liegen, aber auch funktionelle Erkrankungen umfassen. Behandelt werden außerdem die Rolle der Psychotherapie in der Neuropsychiatrie sowie Verlaufs- und Erfolgskontrollen bei Psychotherapien in verschiedenen Ländern. Schließlich werden neuartige psychotherapeutische Settings vorgestellt.

Manfred Clemenz, Christel Beier, Sylvia Buchen, Heinrich Deserno, Adrian Gaertner und Susanne Graf-Deserno
Psychoanalyse in der Weiterbildung
Zur Professionalisierung sozialer Arbeit
1992. 277 S. Kart. DM 49,–
ISBN 3-531-12279-7

Der Band dokumentiert im wesentlichen den praktischen Teil des am „Zentrum für psychosoziale Forschung und Beratung (ZFB)" in Frankfurt durchgeführten integrierten Weiterbildungsprojekts „Berufliche Bildung und Berufsberatung" für Sozialarbeiter/Pädagogen. In umfangreichen Detailanalysen der Selbsterfahrungs- und Supervisionsgruppenprozesse wird gezeigt, daß die Schwierigkeiten dieser Berufsgruppe im Umgang mit benachteiligten Jugendlichen oftmals auf komplementären affektiven Verstrickungen beruhen, die ein unbewußtes Zusammenspiel mit den Konflikten der Klienten ermöglichen. Diese können im Medium eines gruppenanalytischen Selbsterfahrungsprozesses sowie einer psychoanalytisch orientierten Supervision der Selbstreflexion zugänglich werden. Inwieweit diese Möglichkeiten von den Teilnehmern der Weiterbildung genutzt werden konnten, wird im anschließenden Evaluationsteil untersucht.

WESTDEUTSCHER
VERLAG
Postfach 58 29 · D-6200 Wiesbaden